아기는 이 세상에서 가장 빛나는 선물입니다.
— H. F. 아미엘

_____ 님께

엄마는 365 주치의

지은이 신윤정

신윤정 선생님은 순천향대학교 의과대학을 졸업한 뒤 서울대학교 의과대학에서 석사학위를 받았고, 이화여자대학교 의과대학에서 박사과정을 수료했습니다. 소아과 전문의가 된 후 서울대학교병원, 분당 서울대학교병원에서 신생아 분과 임상 강사, 대전 을지대학교병원에서 소아과 교수 및 신생아실 실장으로 근무했습니다. 2007년 4월부터 현재까지 서울 사당동에서 서울키즈소아과 원장으로 일하고 있습니다. 대한소아과학회, 대한신생아학회, 대한소아호흡기알레르기학회, 대한소아소화기영양학회, 대한유전대사질환학회의 회원, 미국 소아과 학회 International Member이기도 하며, 대한소아과학회 및 인터넷 상담 사이트인 엄마 젖 최고!(보건복지부 산하; www.mom-baby.org)에서 모유 수유 상담가로 활발히 활동하고 있습니다.

엄마는 365 주치의

초 판 1쇄 인쇄일 | 2010년 6월 10일
초 판 1쇄 발행일 | 2010년 6월 15일

지은이 | 신윤정
펴낸이 | 하태복

펴낸곳　　이가서
주소　　　서울시 마포구 서교동 469-5 정서빌딩 2F
전화·팩스　02-336-3502~3 02-336-3009
홈페이지　www.leegaseo.com
등록번호　제10-2539호

ISBN 978-89-5864-281-7 13510

가격은 뒤표지에 있습니다.
잘못된 책은 바꾸어 드립니다.

소아과 가기 전에 엄마가 꼭 알아야 할 육아백과

엄마는 365 주치의

신윤정 지음 _ 서울키즈소아과 원장

• 머리말

'인생의 길'이 미리 정해져 있을지도 모른다는 생각을 하게 된 계기는 소아과 의사로서의 사명감과 애정을 느끼기 시작했을 때부터였던 것으로 기억이 됩니다. 아이들이라면 시끄럽고 귀찮기만 한 존재로 알았던 제가 연약하지만 세상에서 가장 아름답고 소중한 존재가 바로 아이들이라고 생각을 전환하게 된 계기는 미숙아나 너무 많이 아픈 신생아들을 오랜 기간 돌본 경험 때문이었습니다. '바람 앞에 촛불'과도 같은 가녀린 생명의 끈을 붙잡고도 자신을 돌보는 사람에게 생명과 사랑을 느끼게 해주던 주먹만큼이나 작았던 아이들과 건강하게 태어나 하루가 다르게 쑥쑥 자라면서 생명의 신비와 시간의 흐름을 일깨워 준 아이들은 제가 서울의 한 구석에 개인 의원을 열고 더 큰 아이들을 많이 만나면서 그 아이들의 성장하는 모습과 아픔을 지금까지 공유할 수 있는 힘과 버팀목이 되어 주었지요.

사실, 개인 의원을 운영하면서 가장 어려운 점을 꼽으라면 아무래도 '시간의 한계'에 따른 의료의 질적, 양적 문제를 들 수 있을 것입니다. 그런 의미에서 유명한 어느 소아과 선생님도 진료 시간에 못다 한 이야기들을 책을 통해 전달하고 싶다고 하셨던 것 같구요. 저 자신도 현실적인 많은 한계들을 극복하기가 쉽지만은 않았습니다. 그럼에도 불구하고 가능하면 진료실 안에서 많은 문제들을 부모님들과 함께 공유하고 해결해 보려고 나름대로 애쓰고 있지만, 역시 모든 경우를 다 만족시킬 수는 없었습니다. 더구나 요즘 부모님들은 옛날에 비해 자녀를 적게 낳지만, 오히려 옛날 부모님들보다 자녀에게 집중할 시간을 더 많이 갖지 못한다는 사실도 알게 되었습니다. 과거에는 자녀들이 많고, 또 기본적인 생존의 문제들을 해결해야 했기 때문에 아이들과 많은 시간을 보낼 수 없었습니다. 하지만 요즘 부모님들은 자녀 한 명을 잘 키우기 위해 필요한 많은 것들을 준비하고 채우기 위해 분주하지만, 역시나 실제로 아이와 시간을 많이 보내지는 못합니다. 그러다 보니 의사가 아무리 시간을 들여 아이의 건강과 육아 문제를 부모님과 함께 풀어 가려 해도 부모님들이 너무 바빠 시간을 낼 수 없는 것이 현실입니다.

제가 개인 소아과 의원을 시작한 지 어느 덧 삼 년이 좀 지났습니다. 소아과에 입문하고 나서 십 년이라는 긴 시간을 신생아들과 보냈지만, 지난 삼 년의 경험은 온전한 소아과 의사로 다시 태어나는 기간이었다고 해도 과언이 아닙니다. 그 전에는 태어나면서부터 하루하루 아이들의 변화를 확인하는 것만으로도 놀랍고 멋진 경험을 했다면, 최근 삼 년은 신생아일 때 만나 어느새 돌이 되고, 누워만 있던 아이가 아장아장 걸어 다니고, 유치원에 다니던 아이가 초등학교에 들어가고, 울면 달래기만 해야 했던 아기가 어느새 차근차근 설명해 주고 동의를 구할 수 있을 정도로 대화가 가능해지는 변화들로 눈과 가슴이 따뜻해지는 순간들로 꽉 차 있습니다. 유명한 탤런트인 신애라 씨가 '가슴으로 낳은 아이들'이라는 표현을 했었지요. 제게는 이 아이들이 정말 '가슴으로 낳은 아이들'과도 같습니다.

아이들이 자라면서 부딪히는 많은 경험 중에 가장 반갑지 않은 것이 '질병'과의 만남일 것입니다. "할머니, 아이들은 자라면서 아프기도 하고 그래요." 이렇게 말은 하지만, 사실 아프지 않고 건강하게만 자라준다면 그보다 더 좋은 일은 없겠지요. 요즘은 돌도 되지 않은 아이들이 감기나 폐렴이나 중이염으로, 그리고 또 유행하는 많은 질병에 걸려 병원 문턱을 드나드는 경우를 아주 흔하게 볼 수 있습니다. 아직 고통에 대처하는 법을 익히지도 못한 여리디 여린 아이들과 허겁지겁 아이를 안고 병원으로 달려오는 부모님의 안타까운 마음을 접하는 제 마음도 늘 편치가 않습니다.

'어떻게 하면 좀 더 구체적으로 도울 수 있을까?' 그런데 병원이 모든 문제를 해결해 줄 수는 없습니다. 의사는 병을 치료하기도 하지만, 대부분의 경우, 실제로 아이가 병을 잘 이겨 내도록 돕습니다. 어쩌면 치료할 수 있는 병보다 아이가 이겨 낼 수 있도록 안내하는 역할을 더 많이 한다고도 할 수 있습니다. 환자인 아이뿐만 아니라 환자를 가장 가까이에서 돌보아야 하는 부모님들을 안내하는 역할도 중요하지요. 정말 많은 것을 알려주고 싶지만, 실제로 진료의 일선에서 그런 의사로서의 욕심을 채우기는 쉽지가 않습니다.

　서점에 나가 보면 '육아와 질병'에 관한 서적들만 모아 둔 코너가 있습니다. 많은 사람들이 육아와 더불어 아이들에게 흔한 질병에 대한 관심이 높아진 것 같아 너무나 반가운 마음이 듭니다. 또 인터넷 강국답게 육아 정보를 제공하는 수많은 블로그들이 있습니다. 그런데 안타까운 것은 제가 이 책을 쓰기 위해 세계 여러 나라의 웹 사이트를 검색해 보았지만, 미국이나 유럽 같은 일부 선진국들과는 달리 우리나라는 엄청난 양의 정보를 주고받으면서도 실제로 소아과 학회나 전문 소아과 의사들이 제공하는 검증된 양질의 정보가 많지 않다는 것입니다. 전문 의학 정보가 입에서 입으로 전달되는 과정에서 왜곡되는 경우가 많고, 특히 공인된 기관이 일반인을 상대로 발 빠른 정보를 제공하는 경우가 턱없이 부족한 것이 우리의 현실이더군요. 우연치 않게 육아서를 한 번 써보라는 제의를 받았을 때, 개인적으로는 건강과 시간의 문제로 망설여졌지만, 어쩌면 진료실에서의 한계를 극복하고 소아과 의사로서 제가 할 수 있는 최선의 일이 될 수 있을 것 같다는 생각에 도전해 보기로 결심하게 되었습니다.
　수십 년을 소아과 의사로 살면서 많은 경험과 노하우를 가지고 계신 선배 선생님들에 비한다면 개인적인 경험은 많이 부족합니다. 그러나 가능하면 의사와 부모가 함께 알아야 할 내용을 정석에 맞게 써서 올바로 전달하기 위해 열심히 공부하면서 저 자신의 육체적 고통과도 싸워 가며 짧지 않은 시간을 준비했습니다.
　앞으로 또 이 책의 부족한 부분을 더 채워 가면서 이 책을 처음 준비하기 시작했을 때의 초심을 성실하게 이행할 수 있게 되면 더 없이 좋겠지요. 그렇지만,

지금 저의 작은 바람은 가능한 많은 부모님들이 자녀들과 좀 더 많은 시간을 보냄과 동시에 아이들이 반갑지 않은 '질병'을 만났을 때 이 책을 길잡이 삼아 좀 더 현명하고 의연하게 질병에 맞설 수 있기를 바랍니다.

끝으로 이 책을 시작하기에 앞서 저에게 좋은 기회를 제안하고 도와준 김도연 님과 출판을 허락하신 이가서 출판사의 이숙경 사장님, 원고를 교정하고 좋은 틀을 잡을 수 있도록 너무나 애써 주신 나은수 님, 책이 나오기까지 여러 가지로 도움을 주신 허주영 님과 까다로운 요구에도 불구하고 묵묵히 예쁜 삽화를 그려 주신 삽화가와 디자이너 이현정 님에게도 감사의 인사를 전합니다. 또, 체력도 약하고 순발력도 없고 요구 사항도 많은 저를 언제나 묵묵히 도와주는 사랑하는 서울키즈소아과 간호사 여러분들께도 감사드립니다. 무엇보다 제가 소아과 의사가 된 것이 너무나 행운이라고 생각하게 해준 사랑하는, 너무나 사랑하는 우리 주호에게 이 책을 남겨 주고 싶습니다.

점점 더 사람이 살아가기 힘든 내적, 외적인 환경에도 불구하고 우리 아이들이 건강하고 아름답게 잘 자랄 수 있도록 '파이팅'을 보냅니다.

2010년 6월
신윤정

• 추천사

환자를 대할 때 언제나 열의와 성실함을 보이던 신윤정 선생과 사제간의 인연을 맺은 지도 어느덧 강산이 변할 만큼의 시간이 흘렀습니다. 함께 일하던 시절에도 환자에게 필요하다면 언제라도 새로운 지식에 도전하는 진취적인 면과는 달리 개인으로 돌아가면 수줍음도 많고 내성적이던 신윤정 선생이 갑자기 개원을 한다고 했을 때는 과연 잘해 낼 수 있을까 하는 걱정이 앞서기도 했습니다. 그런데 기우와는 달리 꿋꿋하게 병원을 잘 운영하고 있어서 대견하다고 생각하던 참이었습니다. 그런데, 어느 날 갑자기 불쑥 찾아와 두툼한 원고와 함께 육아서를 출판하게 되었다면서 저에게 조언을 구했습니다. 개인적으로도 평생을 소아과 의사로 살면서 현실적으로 국내에서 비교적 취약한 부분인 전문 육아서를 만들어 보아야겠다고 생각하고 있었지만 이런저런 사정으로 미루고 있었습니다. 그런데 진료하면서 공부하느라 바쁜 신윤정 선생이 먼저 해냈다는 사실에 여간 놀랍고 대견하지 않았습니다.

사실 요즘은 예전과는 달리 컴퓨터라는 매체가 급속히 발전하면서 손에 잡히는 서적 한 권을 통해 정보를 얻기보다는 인터넷 항해를 통해 원하는 정보를 짧은 시간 안에 공유할 수 있는 시대입니다. 제가 젊었을 때만 해도 의사의 한 마디가 환자에 대해 들을 수 있는 모든 정보라 해도 과언이 아니었지요. 그러나 요즘 부모님들은 의사가 특별히 언급하지 않아도 인터넷을 통해 다양한 경로로 엄청난 정보를 알아내고 있습니다. 미국이나 여러 선진국의 경우, 인터넷 사이트를 통해 소아과학회 차원에서 직접 부모들을 위한 유익한 정보를 부지런히 제공하고 있습니다. 그런데 우리의 현실은 몇몇 소아과 전문의가 개별적으로 제공하는 정보 외에는 범람하는 정보의 양에 비해 지식의 정확성 면에서 아쉬운 부분이 많습니다. 즉, 쉽게 접할 수 있는 정보는 많이 있지만, 실제로 문제를 해결하려면 부족한 무엇인가를 발견하게 되고, 결국 부족함을 보완하기 위해 더 많은 정보를 찾게 되면서 올바른 지침과 해결책에 대한 요구와 불만만 더 커지게 된다는 것입니다.

옛날 여성들은 대가족을 이루고 살면서 어머니는 할머니로부터, 할머니는 할머니의 어머니로부터 육아와 살림을 배울 수 있었습니다. 그러나 현대사회를 살아가는 여성들은 가정에서 살림을 배우고 가정사를 돕는 것이 아니라, 대부분 학교와 직장에 다니기 때문에 어머니로부터 실질적으로 배울 기회가 매우 적습니다. 그래서 결혼을 해서 아이를 낳아도 아이를 얻은 기쁨은 잠시뿐이고 두려움과 막막함이 앞서는 것이 사실입니다.

이번에 신윤정 선생의 책을 읽어 보면서 부모님들에게 꼭 필요한 전문적인 육아서라는 생각이 들었습니다. 단지 어떤 문제를 해결할 수 있는 요령만 알려 주는 것이 아니라, 제대로 알고 부모님 스스로 판단해서 대처할 수 있도록 안내 하는 것이 책을 쓰게 된 목적이라고 신 선생이 말한 것처럼, 이 책을 읽는 부모들이 아이를 기르면서 만나는 문제들을 지혜롭게 대처하고 또 적절한 시기에 전문 의료인의 도움을 받을 수 있게 되기를 바랍니다. 또한 일차 진료를 담당하는 의료인들도 참고할 만한 좋은 정보를 담고 있어, 처음 일선에 나가는 젊은 의사 후배들에게도 일독을 권하고 싶은 책입니다.

저는 이 책이 국내 육아서의 좋은 본보기가 되고, 아울러 아이가 태어나서 성장하는 동안 현명하고 건강하게 아이를 키우고자 하는 부모들에게 큰 도움이 되고, 젊은 의사 후배들에게도 좋은 안내서가 될 것이라 확신하기에 추천하는 바입니다.

2010년 6월
Dr. Hippo 최중환 (서울대학교 의과대학 소아과 교수)

차례

머리말 · 4
추천사 · 8

01. 열이 나요　　　　　　　　　　　　　　16

정상 체온은 얼마나 될까요? · 17　체온 정확히 재기 · 18　어떤 경우를 열이 난다고 할까요? · 20　해열제는 어떻게 먹여야 할까요? · 21　열이 나는 원인을 찾아야 해요 · 23　열이 날 때 응급 처치법 · 25

02. 엄마 젖 먹이기　　　　　　　　　　　　26

모유 수유는 자연스러운 것! · 27　모유 수유 잘하는 노하우! · 30　시계를 보지 말고 아기를 보세요 · 30　아기의 울음이 보내는 신호 · 31　수유를 충분히 했는지 어떻게 알 수 있을까요? · 33　물 젖에는 영양가가 없을까요? · 33　모유 양을 늘리는 방법은 무엇일까요? · 34　모유를 언제까지 먹여야 할까요? · 35　수유 전문가에게 물어보세요 · 36

03. 영양소 이야기　　　　　　　　　　　　38

수유와 이유식 · 39　출생에서 돌까지의 아이들 · 40　성장기 아이들의 영양 · 41 – 단백질 · 42 | 탄수화물 · 45 | 지방 · 46 | 비타민과 미네랄 · 49 | 철결핍과 빈혈 · 50 | 아연 · 51 | 불소 · 53

04. 예방접종 제대로 알기 56

예방접종은 왜 해야 할까요? · 57 미래세대를 위한 예방접종 · 58 예방접종으로 어떤 질병을 예방할 수 있을까요? · 58 기본 접종과 선택 접종 · 59 선택 접종은 왜 해야 하나요? · 60 예방접종을 하면 어떤 질병을 예방할 수 있을까요? · 61 −BCG · 62 | DTP · 64 | B형간염 · 68 | 뇌수막염 · 70 | 폐구균단백질결합 백신 · 73 | 소아마비 · 75 | MMR · 76 | 수두 · 81 | 일본뇌염 · 86 | 로타바이러스 · 89 | A형간염 · 92 | 인플루엔자 · 94 예방접종에 대한 오해와 진실 · 100

05. 항생제 바로 알기 106

세균과 바이러스는 어떻게 다를까요? · 107 독한 약은 항생제일까요? · 108 항생제 내성 · 109 항생제 내성을 줄이려면 어떻게 해야 할까요? · 110 −아이가 생후 2개월인데 항생제를 먹여도 되나요? · 110 | 항생제는 몸에 해롭지 않나요? · 110 | 항생제를 너무 오래 복용하면 면역력이 떨어지지는 않을까요? · 111

06. 코가 아파요 112

감기를 달고 사는 아이들 · 113 콧물 · 114 −콧물이 나는 원인 · 115 | 뒤로 흐르는 콧물 · 118 | 콧물 구별법 · 119 비염의 종류 · 120 알레르기 비염 · 122 −정말 우리 아이가 알레르기 비염인가요? · 122 | 알레르기 비염은 유전되나요? · 122 | 알레르기 비염의 증상 · 123 | 알레르기 비염은 치료할 수 없나요? · 124 콧물 다루기 124 코피 나는 아이 · 127 −코피 나는 아이 돌보기 · 128 | 코피가 날 때 응급 처치 · 129 코 고는 아이 · 129 −왜 코를 골까요? · 130 | 코골이가 심하면 반드시 수술해야 하나요? · 131 | 코골이를 치료하지 않으면 어떤 문제들이 생길 수 있나요? · 132 | 코 고는 아이 돌보기 · 132 부비동염 · 134 −부비동염이 생기는 이유 · 134 | 부비동염을 한 번 앓고 나면 재발한다? · 135 | 만성 부비동염 · 136 | 부비동염은 알레르기 질환인가요? · 136 | 부비동염 치료법 · 136

07. 귀가 아파요   138

귀의 구조 이해하기 · 140 | 중이염 · 142 | −중이염에 걸리면 항생제를 오래 먹어야 하나요? · 143 | 중이염에 한 번 걸리면 계속 걸리나요? · 143 | 누워서 수유를 하면 중이염에 잘 걸리나요? · 144 | 중이염이 있는데 수영해도 되나요? · 145 | 중이염을 예방할 수 있는 방법이 있을까요? · 146 | 예방접종을 하면 중이염을 예방할 수 있을까요? · 146 | 귀의 모양 이상 · 147 | 귀지 · 148 | −안전하게 귀지 제거하는 법 · 148 | 귀지 제거하는 순서 · 149 | 외이도염 · 149 | 곰팡이 감염 · 150 | 고막천공 · 150

08. 기침이 나요   152

기침 이해하기 · 153 | −컹컹거리는 기침 · 155 | 백일해 · 155 | 쌕쌕거리는 기침 · 155 | 야간 기침 · 156 | 낮에 하는 기침 · 156 | 발열을 동반한 기침 · 156 | 구토를 동반한 기침 · 156 | 잘 낫지 않는 기침 · 157 | 아이들에게 흔한 호흡기 질환 · 159 | −모세기관지염 · 159 | 폐렴 · 160 | 컹컹거리는 기침, '크룹' · 162 | 집에서 할 수 있는 응급처치 · 162 | 기침 치료하기 · 163 | 기침약 · 164

09. 입이 아파요   166

아이들에게 흔한 구강 질환 · 167 | 목감기 · 168 | 바이러스 감염 · 170 | −손발입병 · 171 | 헤르페스 목구멍염 · 172 | 급성 헤르페스 치은 구내염 · 172 | 구강 점막 질환 · 174 | −아구창 · 174 | 아프타 구내염 · 176 | 설소대 · 177 | 지도 모양 혀 · 177 | 음낭 모양 혀 · 177 | 침샘 질환 · 178 | −반복성 침샘 염증 · 178 | 구강 건강 관리 · 178 | −치아 우식증 · 179 | 치아 교정 · 181 | 이를 가는 아이 · 182 | 유치가 나기 시작할 때 · 183

10. 배가 아파요   186

복통의 여러 증상 · 187 | 주의해야 할 증상들 · 188 | 배가 아픈 아이 돌보는 법 · 189

11. 구토가 나요　　　　　　　　　　190

구토와 역류 · 191　구토하는 이유 · 192　−신생아가 토할 때 · 192 | 신생아기 이후의 구토 · 193 | 구토 증상을 보일 때 간과할 수 없는 몇 가지 경우들 · 195　토하는 아이 돌보기 · 197

12. 아기 변이 이상해요　　　　　　200

날마다 변을 보지 않으면 변비? · 201　대변의 색 · 202

13. 변비에 걸렸어요　　　　　　　204

아이들이 변비 · 205　아이들이 대변을 참는 이유 · 206　−감각의 이상 · 206 | 식이 습관 · 207　영아기의 변비 · 207　유아기의 변비 · 208　유아기 이후의 변비 · 208　변비 이럴 때는 위험해요 · 209　변비 치료하기 · 209　−영아기의 변비 치료 · 210 | 영아기 이후의 변비 치료 · 210

14. 설사가 나요　　　　　　　　　212

삼투성 설사 · 214 | 분비성 설사 · 214 | 삼출성 설사 · 215 | 운동 이상에 의한 설사 · 215　급성 설사 · 216　−장염은 어떻게 걸리나요? · 216 | 진단은 어떻게 할까요? · 217 | 대변에 피가 섞여 있어요 · 217 | 대변에 코 같은 것이 묻어 나와요 · 218 | 녹변이 나와요 · 218 | 급성 설사 치료법 · 218　만성 설사 · 220

15. 비뇨생식기 질환이 궁금해요   222

요로감염 · 223 −요로감염의 증상 · 223 | 요로감염은 한 번 걸리면 재발이 잘 된다면서요? · 223 | 재발할 수 있는 요인은 무엇인가요? · 224 | 아이들이 요로감염에 걸리면 꼭 입원 치료를 받아야 하나요? · 224 | 요로감염이 있었던 아이는 반드시 초음파나 다른 정밀 검사를 받아야 하나요? 다음에 혹시 재발할 경우 검사하면 안 될까요? · 224 **기타 질환** · 225 **고추가 아파요** · 226 **아기 고환이 내려오지 않았어요** · 227 **음낭수종** · 228 **포경수술** · 229 −포경수술과 요로감염 · 229 | 포경수술을 받지 않은 경우 특별한 관리가 필요한가요? · 230 | 병원에 가야 하는 경우는요? · 230 **습진** · 230 **외음부 질염** · 231 **신생아의 질 분비물** · 232 **음순유착** · 232

16. 피부 질환이 궁금해요   234

아이들의 피부는 어른들과 달라요 · 235 **신생아의 피부 질환** · 236 −신생아 중독 홍반 · 236 | 미립종−피지선 비대 · 236 | 비립종 · 237 | 연어반 · 237 **신생아 여드름** · 237 −신생아도 여드름이 나나요? · 237 | 신생아인데 왜 여드름이 나나요? · 238 | 치료는 어떻게 하나요? · 238 **습진성 질환** · 238 −습진이란? · 239 | 지루 피부염 · 240 | 치료는 어떻게 하나요? · 240 | 지루 피부염은 치료하지 않으면 아토피가 되나요? · 241 | 기저귀 피부염 · 241 **아토피 피부염** · 242 −아토피 피부염은 유전되나요? · 243 | 면역력이 약해서 아토피 피부염에 걸리는 건가요? · 243 | 아토피 피부염은 왜 생기나요? · 234 | 이제 3개월인데 어떻게 가려운지 알아요? · 245 | 아토피 피부염 치료 · 247 | 아토피의 치료와 예방은 어떻게 할까요 · 247 | 아토피 피부염에는 환경과 위생이 중요해요 · 248 | 목욕은 날마다 하면 안 되나요? · 249 | 가습기는 해롭다고 해서 빨래를 널어 두는데요 · 249 | 아토피 피부염과 음식 · 250 **외용제의 선택과 올바른 사용** · 251 −비누와 세정제 · 251 | 스테로이드 연고와 크림 · 252 | 항스타민제 · 255 | 습윤 드레싱 · 255 | 보습제 · 256

17. 눈이 아파요 260

태어나서 1개월까지는 신생아 결막염의 위험이 있어요 · 262 | 생후 2개월이 지나면 눈을 맞추기 시작해요 · 262 | 아이들에게 흔한 눈 질환 · 264 −결막염 · 264 | 눈다래끼 · 266 | 산립종 · 267 | 안와격막전봉소염 · 267 | 부안검 · 267 | 안검하수 · 268

18. 햇빛 손상 270

자외선 차단제 · 271 | 선스크린과 선블록 · 271 | 자외선과 눈 · 272

19. 아이들에게 흔한 외상과 응급 상황 274

머리 손상 · 275 −아이가 식탁에서 떨어졌어요. 처음에는 자지러지게 울었지만, 바로 괜찮아졌어요. 혹시 머리를 다친 것은 아닌가요? · 275 | 머리를 다치면 어떤 증상이 나타나나요? · 276 | 머리를 다쳤을 때 어떤 검사를 받아야 하나요? · 277 | 병원에 가지 않고 집에 아이를 살펴볼 때 어떡해야 하나요? · 277 | 흔들린 아이 증후군 · 278 화상 · 279 −화상을 입었을 때 응급 조치 · 279 | 집에서 화상 연고를 발라 주면 되나요? · 280 | 전기 화상 · 280 | 화상을 입으면 소주로 상처를 씻어도 되나요? · 281 피부의 창상 · 281 −밴드의 사용 · 282 | 소독약은 빨간 약? · 283 중독 · 283 −아이들이 흔히 실수로 먹는 약품들 · 284 | 돌보는 법 · 284

사진으로 보는 여러 질환 · 285

열이 나요

정상 체온은 얼마나 될까요?
어떤 경우를 열이 난다고 할까요?
해열제는 어떻게 먹여야 할까요?
열이 날 때 응급 처치법이 궁금해요

🍑 정상 체온은 얼마나 될까요?

아이가 한밤중에 갑자기 열이 나면 부모는 정말 당황스럽습니다. 해열제를 바로 먹여야 할지, 미지근한 물로 몸을 닦아 주기만 하면 될지, 아니면 바로 응급실로 달려가야 할지 결정하기도 쉽지 않습니다. 하지만 열은 몸에 이상이 있음을 알려 주는 신호이기 때문에 지레 겁먹을 필요는 없습니다. 아이들이 열이 날 때의 특징, 질병, 대처 방법 등을 알고 있으면 좀 더 도움이 될 것입니다.

체온은 온도에 민감한 신경세포들이 모여 있는 시상하부의 체온조절중추에 의해 조절됩니다. 체온조절중추의 조절 기능에 이상이 생기면 우리 몸이 더워지는 현상, 즉 '열'을 경험하게 됩니다. 그렇다면 정상 체온은 얼마나 될까요? 보통 직장 체온을 기준으로 36.1~37.8 ℃(97~100°F)를 정상 범위로 간주하지만, 사람에 따라서는 낮게는 35.3℃, 높게는 38.3℃까지 정상으로 간주해야 할 때도 있습니다. 예전까지 흔히 사용하던 액와(겨드랑이) 체온은 실제로 중심 체온인 직장 체온과는 차이가 있습니다. 나이가 어릴수록 직장 체온(중심 체온)은 성인에 비해 높은 편인데, 1개월 미만의 신생아의 직장 체온은 38.0℃까지, 2개월에는 38.2℃까지도 정상 체온의 범위에 속합니다.

또한, 하루 중 체온이 가장 낮은 시간은 새벽 2시부터 6시까지이고, 가장 높은 시간은 오후 5시부터 7시까지입니다. 이러한 하루 동안의 체온의 변화는 열이 나고 있을 때도 여전히 계속됩니다. 열이 오르면 우리 몸의 대사 활동이 왕성해지면서 평소보다 많은 에너지를 소모하게 됩니다. 특히 6개월부터 5세 사이의 어린이들은 열성 경련을 경험하기도 합니다.

💗 체온 정확히 재기

아이가 열이 나서 병원에 오면 엄마에게 "체온은 얼마나 올랐나요?" 하고 물어 봅니다. 그러면 엄마들은 으레 체온계로 재보지는 않았지만 아이의 머리나 몸이 뜨거워서 열이 나는지 알았다고 합니다. 하지만 체온은 몸의 표면 온도와 항상 일치하지는 않습니다. 옷을 많이 입고 있거나, 뜨거운 물로 목욕하고 난 직후의 몸의 표면 온도는 평소보다 일시적으로 높아집니다. 뿐만 아니라, 추운 겨울날 밖에 나갔다가 들어온 아이의 볼은 얼음처럼 차갑습니다.

체온은 '중심 체온'이라는 표현이 더 맞습니다. 열이 나는 것은 어떤 내부적인 문제나 외부의 자극 때문에 몸 안의 온도가 올라간 것입니다. 일반적으로 체온계를 이용하면 쉽게 체온을 확인할 수 있습니다. 요즘 가정에서는 귀 체온계를 가장 많이 사용하는 것 같습니다. 물론 병원에서도 다소 시간도 걸리고, 주의가 필요한 구강 체온계나 겨드랑이 체온계보다 간편하게 체온을 확인할 수 있어서 귀 체온계를 많이 사용하고 있습니다.

그러나 체온을 정확히 알기 위해서는 아이의 연령에 따라 알맞은 체온계를 사용해야 합니다. 예를 들어, 3세 미만 아이들에게는 항문 체온계가 가장 좋습니다. 특히 신생아부터 3개월 이전 아이들은 귀의 구조가 아직 성숙하지 않아 귀(고막) 체온계로는 정확하게 체온을 재기가 어렵습니다. 3개월이 지나면 겨드랑이(액와) 체온계를 사용할 수 있지만, 체온계를 겨드랑이에 끼우고 적어도 5분 정도 있어야 하기 때문에 움직임이 많은 아이들의 체온을 재기가 힘들 때도 있습니다. 겨드랑이의 정상 체온은 36.2℃에서 36.7℃ 정도입니다.

3세가 지나면 사용할 수 있는 구강 체온계 역시 일정 시간 동안 체온계를 물고 있어야 하는 단점이 있습니다. 보편적으로 가장 많이 사용하는 귀 체온계는 결과를 빨리 알 수 있습니다. 하지만 정확한 위치에 잘 맞아야 하고,

귀지가 너무 많으면 결과가 정확하지 않습니다. 또한 외이도가 충분히 발달하지 않은 신생아나 6개월 미만의 영아들의 체온을 측정하기에는 적합하지 않습니다. 고막의 정상 체온은 37.2℃에서 37.5℃ 정도입니다. 전문가들은 귀 체온계를 6개월 이후부터 사용하라고 권장하기도 합니다. 최근에는 공갈 젖꼭지처럼 입에 물려 주기만 하면 되는 체온계도 나와 있습니다.

항문 체온계나 구강 체온계는 사용하기 전에 미지근한 물이나 알코올로 닦은 뒤 찬물로 헹궈서 사용해야 합니다. 특히 구강 체온계로 체온을 잴 때에는 적어도 체온을 재기 15분 전에는 너무 차갑거나 뜨거운 음식을 먹지 말아야 합니다. 항문 체온계로 체온을 재는 것이 가장 정확하지만, 혹시 잘못해서 아이가 다칠까 봐 꺼려합니다. 더구나 초보 엄마라면 더 두려울 것입니다. 그러나 신생아들이 열이 나면 쉽게 중증 질환으로 진행할 수 있기 때문에 체온을 정확하게 재는 것이 무엇보다 중요합니다. 다만 사용할 때는 체온계 끝에 바셀린 같은 윤활제를 바르면 좀 더 부드럽게 항문에 넣을 수 있습니다. 항문에서 0.5에서 1인치 정도의 깊이로 넣으면 됩니다. 간혹 직장을 기준으로 4분의 1인치(0.65cm)를 삽입하라고 제시하는 경우도 있어 넣는 위치가 항문 입구인지, 직장인지를 정확히 확인해 두어야 합니다. 직장의 정상 체온은 37.2℃에서 37.5℃로 알려져 있습니다.

연령에 따른 권장 체온계

연령	권장 체온계
신생아~3개월	항문체온계
3개월 이후부터 만 3세	항문 또는 겨드랑이 체온계, 귀 체온계
만 3세 이후부터 만 5세	항문, 겨드랑이, 또는 구강체온계 귀 체온계
만 5세 이후부터 성인	구강 또는 겨드랑이 체온계, 귀 체온계

예전에는 수은 체온계를 가장 많이 사용했지만 깨지기도 쉽고 수은에 노출될 위험이 있어 최근에는 잘 사용하지 않습니다.

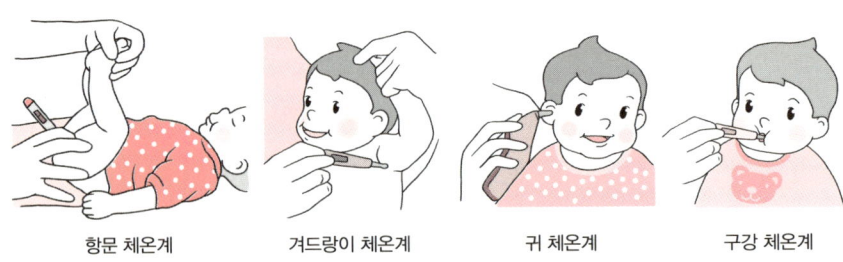

| 항문 체온계 | 겨드랑이 체온계 | 귀 체온계 | 구강 체온계 |

🌸 어떤 경우를 열이 난다고 할까요?

열이라는 증상은 소아과 의사가 가장 흔하게 접하는 증상의 하나입니다. 보통 체온이 37℃ 정도면 정상 체온이라고 간주합니다. 하지만 정상 체온도 약간의 개인차가 있어서 평소 건강할 때 체온을 알아 두면 아이의 체온이 평소보다 높아졌는지 쉽게 알 수 있습니다.

흔히 겨드랑이에서 체온을 재서 37℃ 이상이면 열이라고 생각합니다. 입에서 재는 체온은 37.5℃ 이상, 항문에서 재는 체온은 38℃ 이상을 열이라고 합니다. 하지만 앞서 말씀드린 것처럼 개인의 정상 체온은 약간씩 차이가 날 수 있어서 건강할 때 정상 체온을 알아 두면 아이들이 열이 나는지를 더 잘 알 수가 있지요.

> 지우는 이제 돌이 막 지났어요. 그런데 어젯밤에 갑자기 열이 39℃나 올랐어요. 열이 이렇게 나는데도 아이는 잘 자고 있었어요. 이럴 때 깨워서라도 해열제를 먹여야 하나요?

이런 경우 열은 열 자체보다는 아이의 '행동'이나 '전신 상태'가 더 의미가 있습니다. 열이 난다는 것은 어떤 병원체가 몸속에 침투했을 때, 이들을 물리치기 위한 전쟁이 시작되었다는 것을 의미합니다. 전쟁에서 누가 우위에 있느냐에 따라 아이의 전신 상태가 달라질 수 있어요.

아무리 40℃ 가까이 고열이 난다 하더라도 아이가 평소처럼 잘 놀고, 잘 먹고, 특별히 불편해하지 않는다면 그 싸움에서 아이가 유리한 고지에 있다는 뜻이랍니다. 반대로 37.8℃ 정도의 미열이 나는데도 아이가 잘 놀지 않고, 자꾸만 자려고 들고, 먹는 것도 신통치 않다면 아이는 도움이 필요한 상태입니다.

특별히 문제가 없는, 평소에 건강한 아이들이라면 39℃ 미만의 열은 대부분은 별다른 치료를 하지 않아도 잘 이겨 낼 수 있습니다. 하지만 주기적으로(보통 2~3시간 간격) 체온을 재서 계속 열이 오르는 추세라면 해열제를 먹이는 것이 아이가 편안하게 병마와 싸워 나갈 수 있도록 도와주는 것입니다.

다만 41℃가 넘는 고열은 심한 감염이나 다른 기저 질환이 있을 가능성이 높기 때문에 해열제를 반드시 먹여야 합니다. 물론 열이 높다고 해서 세균성 감염과 바이러스감염을 구별할 수 있는 것은 아닙니다.

💗 해열제는 어떻게 먹여야 할까요?

은수 엄마는 이제 막 6개월이 된 은수가 열이 나서 해열제를 먹이려고 하는데 어떤 해열제가 좋은지, 얼마나 자주 먹일 수 있는지, 한 번 먹일 때 얼만큼 먹여야 하는지, 좌약을 써도 되는지, 더구나 해열제를 많이 먹으면 독하다는데 어떻게 해야 할지 몰라 난감했습니다.

아이들에게 주로 먹이는 해열제는 흔히 타이레놀이라고 많이 알려진 아세트아미노펜 acetaminophen, 아스피린 aspirin, 부루펜 제제인 이부프로펜 Ibuprofen이 있습니다. 하지만 아스피린의 경우 라이증후군✚ Reye syndrome이라

✚ **라이증후군** - 인플루엔자를 비롯해 상기도 감염이나 수두를 앓고 있는 환자가 아스피린을 복용하면 갑자기 심하게 토하면서 의식이 흐려집니다. 그리고 경련을 일으키다가 혼수상태에 빠져 급성 뇌증과 급성 간부전으로 사망하게 되는 병입니다.

는 무서운 병을 일으킬 수 있어서 소아에게 추천하지는 않습니다.

보통 타이레놀로 알고 있는 아세트아미노펜은 10~15mg/kg의 용량(보통 아이 체중의 1/3~1/2 정도 되는 용량을 한 번 복용할 때 줍니다. 예를 들면 10kg인 아기는 타이레놀 3~5cc 정도를 먹일 수 있습니다)을 하루 4~6회 정도 복용할 수 있고, 부루펜은 5~10mg/kg(보통, 아이 체중의 1/3에 해당)을 하루 3~4회 정도 복용하도록 권장합니다. 두 약의 차이점은 효과를 나타내기 위한 경로가 다르고, 아세트아미노펜의 반감기가 4시간 정도라면 부루펜은 1~2시간에 불과하다는 점입니다.

아세트아미노펜 – 비교적 안전하게 사용할 수 있습니다. 하지만 급성 또는 만성 간염, 오랫동안 먹지 못했거나 극심한 영양 불량, 심한 비만이나 당뇨병을 앓고 있는 경우에 아세트아미노펜을 복용하면 간에 손상을 입을 수도 있습니다. 무엇보다 자주 그리고 장기간 해열제를 사용하거나, 한 번에 많은 양을 복용하면(보통 권장량의 10배 이상을 한 번에 복용한 경우) 간 손상이 생길 수 있습니다.

부루펜 – 신장 기능이 정상일 때 사용해야 합니다. 소화불량, 위장 출혈 등과 같은 부작용이 생길 수 있고, 간독성, 재생불량성 빈혈, 콩팥의 손상을 일으킬 수 있습니다.

어떤 소아과 의사들은 타이레놀과 부루펜을 2~3시간마다 번갈아 가면서 복용하라고 말합니다. 이 방법은 효과가 입증된 것은 아니지만 두 약이 우리 몸에서 처리되는 시간과 경로가 달라서 두 가지 해열제를 번갈아 사용하는 경우에는 각각 복용하는 간격을 달리하라고 권합니다. 예를 들면, 타이레놀은 4시간마다 복용하고, 부루펜은 6시간마다 복용합니다.

좌약 – 구토가 심하거나 약을 먹이기 어려운 아이들, 혹은 먹는 것이 쉽지 않은 돌 전의 아이들은 좌약을 사용해 볼 수도 있습니다. 하지만 좌약은 약의 효과가 나타나는 시간이 일정하지 않고, 또 적절한 용량이 충분히 흡수되었는지 알 수 없다는 단점이 있습니다. 가능하면 좌약은 일차로 선택할 만한 약은 아닙니다. 또 용량을 정량하기도 어려워서 아이가 어린 경우, 용량을 조절하기 위해 좌약을 반으로 갈라서 사용해서는 안 됩니다.

또 한 가지 유의할 점은 해열제를 다른 약물과 함께 복용했을 때 독성이 증가되는 경우가 있다는 점을 반드시 알아야 합니다. 약을 처방받을 때는 약의 설명서를 잘 읽어 보고 함께 복용하지 말아야 할 성분이 있다면 가능한 해열제의 사용을 자제하는 것이 안전합니다.

종합감기약 – 또한 복합 제제의 사용을 피할 것도 권고되고 있습니다. 특히 감기약 성분들이 해열제와 함께 들어 있는, 약국에서 처방전 없이 손쉽게 구할 수 있는 감기약(종합감기약)은 먹이지 않는 것이 좋습니다. 약물의 상호작용으로 인한 독성을 예방하기 위해서입니다.

● 열이 나는 원인을 찾아야 해요

어떤 부모님들은 해열제가 독하다고 생각해 고열에 시달리는 아기를 밤새도록 찬물로 몸을 닦아 주기만 하는 경우도 있습니다. 물론 약을 남용하는 것은 옳지 않지만 아이가 힘겨운 싸움을 하고 있는데 무조건 약물 치료를 거부하면 경우에 따라서 심각한 상황을 만들 수도 있습니다. 이럴 때는 반드시 의사에게 아이의 상태가 어떤지 진단받아야 합니다.

> 오늘 아침까지만 해도 멀쩡하던 아이가 갑자기 열이 난다고 어린이집 선생님이 연락하셨어요. 몸을 만져 보니 너무 뜨끈뜨끈하던데 이렇게 갑자기 열이 날 수도 있나요?

아이가 갑자기 열이 나면 가장 먼저 발열의 원인을 찾아야 합니다. 아이들이 병원을 찾는 이유는 대부분 열 때문일 것입니다. 흔히 바이러스 감염이 원인이면 갑자기 열이 납니다. 대부분의 유행성인 호흡기나 장염 바이러스들의 잠복기가 1~2일인 경우가 많기 때문인 것 같습니다. 열이 나면서 기침, 콧물과 같은 호흡기 증상을 동반하는 경우는 늦가을이나 겨울의 호흡기 바이러스 감염 때 흔하고, 설사나 구토, 복통을 호소하는 경우는 늦봄부터 여름철에 흔한 급성 장염과 관련된 여러 바이러스 감염을 생각할 수 있습니다.

대개 감기나 장염은 뚜렷한 치료 약이 없습니다. 그러나 다행히도 정상적인 면역력을 지닌 아이라면 적절히 도와주기만 해도 스스로 극복해 낼 수 있습니다. 말하자면 '시간이 해결사' 인 셈이지요.

흔한 발열성 질환 중 3세 미만 아이들이 3~4일 정도 고열이 난 후, 열이 내릴 무렵 피부 발진이 생기는 '돌발 발진' 이라고도 하는 인간헤르페스바이러스 6, 7형 Human Herpes virus type 6, 7 감염증이 있습니다. 발진이 생기는 동안은 아이가 좀 보채고 잘 먹지 않거나 묽은 변을 보기도 하지만, 일단 발진이 올라오면 아이가 가장 괴로웠던 고지를 넘어선 것으로 생각할 수 있습니다.

물론 발진과 열이 동시에 나타날 수도 있습니다. 지금은 많이 찾아보기 힘든 홍역은 발진과 발열, 기침, 콧물, 결막염을 특징으로 하는 바이러스 감염 질환입니다. 열이 나면서 여러 증상들이 함께 나타날 수 있습니다. 그중에서도 반드시 의사의 도움을 받아야 할 증상들이 있습니다.

- 귀가 아프다고 할 때
- 배가 아프거나 소변이 이상할 때
- 신생아나 3개월 미만의 갓난아기가 열이 날 때
- 호흡곤란을 보일 때
- 목이 쉬고 쇳소리 같은 기침을 할 때
- 두통이나 목구멍의 통증이 심할 때
- 밤에 발작적인 기침이나 화농성 콧물, 두통 등을 호소할 때
- 두통과 구토를 동반할 때
- 오랜 기간 계속 미열이 있을 때나 만성 기침을 할 때

🍑 열이 날 때 응급 처치법

<u>물수건으로 몸을 닦아 주세요</u> – 해열제를 사용할 수 없는 경우에는 미지근한 물을 적신 스펀지로 몸을 닦아 주세요. 물론 해열제를 먹여도 열이 잘 내리지 않는 경우, 너무 자주 약을 먹이기보다는 미지근한 물로 몸을 닦아 주는 방법을 병행하도록 합니다.

열을 빨리 내리기 위해 찬물이나 얼음물로 아이 몸을 닦아 주면 자칫 아이가 극심한 오한을 일으킬 수 있어서 주의해야 합니다. 미지근한 물이란 약간 따뜻한 정도입니다. 손바닥보다는 손등이나 손목의 안쪽을 물에 대어 보아 미지근한 정도가 적당합니다.

<u>되도록 옷은 가볍게 입히세요</u> – 아이가 열이 많이 날 때 물을 충분하게 먹이면 신체의 생리적인 순환을 원활하게 도와줍니다. 집 안이 너무 추워서도 안 되지만, 굳이 땀을 일부러 나게 해서 몸이 탈진되도록 만들 필요는 없습니다. 어떻게 생각하면 물을 많이 먹여야 한다는 생각과는 모순되는 방법인 셈이지요.

🍑 이럴 땐 꼭 응급실로 가세요

- 생후 2~3개월 미만의 갓난아기가 열이 날 때
- 40.5℃ 이상의 고열이 날 때
- 열의 높고 낮음과 관계없이 아이가 쳐질 때
- 심한 구토와 두통이 있을 때
- 경련이 있을 때
- 목이 경직되어 있을 때
- 해열제를 먹여도 열이 내리지 않고 심하게 보채기만 할 때

엄마 젖 먹이기

모유는 하루에 몇 번이나 먹여야 하나요?
모유를 먹으면 아이 머리가 나빠지나요?
물 젖에는 영양가가 없나요?
모유는 언제까지 먹여야 하나요?

🍑 모유 수유는 자연스러운 것!

모유 수유는 너무나도 아름답고 당연한 자연의 섭리이자 선물입니다. 엄마가 아기에게 젖을 먹이는 모습은 마음을 따뜻하게 해줍니다. 예전에는 분유가 모유보다 영양가가 더 뛰어나다고 생각해 너도나도 모유를 끊고 분유를 먹이기도 했습니다. 하지만 요즘은 모유가 아기에게 가장 좋다는 사실이 널리 알려져 있습니다. 또한 다이어트 열풍으로 아기를 낳은 엄마들이 몸매가 망가질까 봐 모유 수유를 꺼리기도 했습니다. 하지만 오히려 모유 수유가 임신과 출산으로 불어난 몸무게를 줄이는 데 더 효과가 있다는 연구 결과가 알려져 모유 수유를 하는 엄마들이 늘어나고 있는 추세입니다.

그러나 처음 모유 수유를 하는 초보 엄마들은 많은 어려움을 호소합니다. 혹시 모유의 영양가가 분유에 비해 떨어지는 것은 아닌지, 언제까지 모유를 먹여야 하는지, 엄마가 조심해야 할 것은 무엇인지 등 걱정이 한두 가지가 아닙니다.

'캥거루 캐어'라는 육아법이 있습니다. 마치 어미 캥거루가 아기를 키우는 방법과 같습니다. 저체중이거나 미숙아로 태어난 아기를 산모의 배 위에 올려놓고 산모와 아기가 직접 피부를 접촉해서 정신적, 육체적인 교감을 나누도록 하는 것입니다. 이 방법은 아기에게는 감염의 위험을 줄여 주고, 산모의 우울증 치료에도 효과적인 것으로 알려져 있습니다. 아기는 엄마의 체온과 숨결을 느끼면서 안정과 사랑을 느끼고 자신감을 갖게 됩니다. 산모는 아기에 대한 애착과 사랑의 감정이 충만해지면서 새로운 생명체에 대한 두려움을 없애고 기분 좋은 자극을 통해 유즙 분비를 자극하는 효과도 얻을 수 있습니다.

몇 해 전 신생아실에서 경험한 일입니다. 회진을 마치고 시간이 날 때면 신생아실에 들러 아기들을 가슴에 올려놓고 앉아 있곤 했습니다. 그럴 때면 아기들은 마치 제가 엄마인 것처럼 젖가슴을 파고들었습니다. 여성의 가슴에는 아기들만 느낄 수 있는 특별한 무언가가 있는 것 같습니다. 엄마가 아니어도 그때의 경험은 정말 행복하고 사랑이 충만해지는 시간이었습니다. 아기에게 젖을 먹이는 것은 바로 이런 느낌으로 해야 합니다. 수유는 이렇듯 엄마와 아기에게 자연스럽고 어렵지 않은 것입니다.

모유 수유 상담 사이트에는 수유 간격과 아기의 체중의 변화에 대한 질문들이 많이 올라옵니다. 너무 자주 수유하는 경우, 조금 먹다 잠드는 경우, 또 수시로 먹는 아이가 체중이 한 달 사이에 엄청나게 늘어난 경우 등 고민의 종류도 무척 다양합니다. 하지만 이런 고민들에서 한 가지 공통점을 발견할 수 있습니다. 그것은 바로 아이를 건강하게 키우고 싶은 엄마의 바람입니다.

아기는 작은 어른이 아닙니다. 열 달 동안 자궁 안에서 지내면서 모든 것을 엄마의 몸을 통해 공급받고 통제받던 아이들이 이제 막 세상에 나온 것입니다. 수십 년 동안 세상을 살아온 어른들과 동일한 방식으로 적응해 살아갈 리는 만무합니다. 출생과 더불어 엄마의 보호와 통제에서 벗어나 조금씩 스스로 대처해 가는 능력을 키워야 하는 것입니다. 아기에게는 모든 것이 낯설고 놀랍기만 할 것입니다. 많은 실패와 성공을 경험하면서 아기는 자라납니다. 그런데 안타깝게도 엄마들은 아기들이 겪어야 하는 시행착오의 과정을 이해하지 못합니다.

일전에 '사람의 울음'을 분석한 프로그램을 방송에서 보았습니다. 특히 신생아의 울음을 분석한 부분이 흥미로웠습니다. 신생아의 울음을 상황에 따라 소리의 파장을 통해 분석해 본 결과, 배가 고플 때, 기저귀가 젖었을 때, 깜짝 놀랐을 때, 공포를 느낄 때의 울음소리가 각각 다르게 나타났습니다. 울음소리의 높낮이와 길고 짧음의 차이가 분명하게 차이가 난다는 것입니다. 아무 말도 하지 못하는 아기도 이렇듯 자신의 의사를 울음소리로 표현할 수 있습니다. 아기는 아무것도 하지 못하는 존재가 결코 아닙니다.

진료실 이야기

　　　　　　　　　몇 해 전, 20대 중반으로 보이는 여성이 아이를 안고 진료실로 들어왔습니다. 친정어머니와 함께 온 아이 엄마는 안색이 몹시 좋지 않았습니다. 생후 3주가 된 아이의 체중은 2.9kg이었는데, 태어날 당시에는 3.2kg이었다고 합니다. 모유를 먹이고 있는데, 아이가 잘 먹지 않고 자꾸 칭얼거려서 너무 걱정이 된다고 했습니다. 정상적인 수유 상태라면 생후 3주에는 거의 4kg은 되어야 합니다. 게다가 더욱 걱정스러운 것은 아이의 피부가 거의 흑빛이었고, 몸은 너무 말라서 만지기가 조심스러울 정도였습니다. 아이를 진찰하면서 가슴 한켠이 아려 왔습니다.

　아이 엄마와 이야기를 나누어 보니 모유를 먹이는 데 큰 문제도 없어 보였고, 검사 결과도 이상이 없었습니다.

　"말씀을 들어 보니 별 문제는 없는 것 같네요. 다만 엄마가 수유를 너무 어렵게 생각하는 것 같아요. 무엇이든 마음의 부담을 갖게 되면 더 어려워져요. 마음을 편하게 가져야 젖도 잘 나와요. 가장 중요한 것은 스트레스예요. 힘들어하는 엄마의 젖은 독과도 같아요. 젖 양도 줄고 영양과 효과 면에서 모두 손해예요."

　그런데 내 말이 끝나자마자 아이 엄마는 갑자기 낯빛이 변하더니 함께 온 친정어머니를 쏘아보면서 "그러기에 내가 뭐랬어. 그냥 간다고 했지!" 하며 소리를 쳤습니다. 딸의 갑작스런 행동에 친정어머니는 눈물을 흘리며 진료실을 나가 버렸습니다. 순식간에 일어난 사태에 당황스러웠지만 잠시 숨을 돌린 뒤 아이 엄마에게 사연을 물었습니다. 아이 엄마는 그동안 힘들었던 이야기를 빠르게 이어갔습니다. 산후 조리를 하려고 친정집에 왔는데 알코올중독인 친정아버지가 날마다 술에 취해 소란을 피운다고 했습니다. 하지만 어머니는 그런 아버지에게 아무런 대항도 하지 못했습니다. 그 모습을 지켜보는 아이 엄마의 마음도 편하지 않았다고 합니다. 그러다 보니 아이를 돌보는 일이 너무 힘들었던 것입니다.

　그로부터 3주가 지난 뒤 아이 엄마가 다시 병원을 찾아왔습니다. 그런데 예방접종을 하러 온 아이는 체중이 놀랍게도 4.3kg으로 불어 있었습니다. 아이 엄마도 훨씬 여유로워 보였습니다. 그날 이후 친정어머니는 남편이 소란을 피우지 않도록 적극 대처했고, 딸과 손자를 위해 최선을 다했다고 합니다. 다행히 친정아버지의 상태도 조금씩 좋아져서 아이 엄마는 여유롭게 수유를 할 수 있게 되었던 것입니다.

🍑 모유 수유 잘하는 노하우!

모유 수유를 잘하기 위한 방법은 무엇일까요? 수년간 진료실에서 혹은 온라인 상담실을 통해 모유 수유 상담가로 활동해 왔습니다. 하지만 아직도 '과연 모유 수유를 잘할 수 있는 방법은 무엇일까?', '왜 이렇게 모유 수유를 어려워 하는걸까?'라는 의문이 듭니다. 지금 우리는 정보의 홍수 시대에 살고 있습니다. 모유 수유에 대한 수많은 자료들을 책이나 인터넷, 혹은 의사나 수유 전문가에게서 얻을 수 있습니다. 그런데 왜 엄마들 대부분은 여전히 모유 수유를 두려워하고 힘들어하는 것일까요?

무엇보다 먼저 짚고 넘어가야 할 문제는 '모유 수유'라는 말인 것 같습니다. 굳이 모유 수유라는 단어를 사용하지 않고 '수유'라고 생각하면 어떨까요? '동물의 왕국'이나 '내셔널지오그래픽'을 시청해 보라고 권하지 않더라도 수유는 신이 모든 포유동물에게 부여한 의무이자 본능입니다. 지식과 수단이 발달한 인간만이 굳이 모유 수유라는 말을 사용합니다. 왜냐하면 사람만이 모유를 대체할 만한 다른 식품을 개발해서 필요에 따라 사용할 수 있기 때문입니다. 동물의 세계에서는 적자생존의 법칙이 잘 지켜지고 있습니다. 환경오염 등 특별한 이유가 아니라면 수유에 실패해서 새끼를 양육하지 못하는 경우는 없을 것입니다. 새끼들은 태어나자마자 본능대로 어미의 젖을 뭅니다. 모유 수유를 잘할 수 있는 방법을 고민하기 전에 수유를 편하게 생각할 것을 강조하고 싶습니다.

🍑 시계를 보지 말고 아기를 보세요

모유는 하루에 몇 번이나 먹이는 것이 좋을까요? 아기가 먹고 싶을 때마다 먹이라는 말대로 해서 생후 3개월인데 거의 9kg이나 나가는 아이도 있습니다. 자주 젖을 물렸지만 보채기만 하고 잘 먹지 않아 오히려 체중이 잘 늘지 않는 경우도 있습니다. 또 수유한 지 3시간이 되기 전에는 절대로 젖을 물리지 않는 엄마도 있습니다.

미국에는 "Do not watch the clock, watch your baby"라는 말이 있다고 합니다. 신생아가 위를 비우는 시간은 보통 1시간 반에서 2시간 정도입니다. 대체로 모유의 수유 간격은 위를 비우는 시간 정도가 지나야 할 것입니다. 물론 아이가 점차 자라면서 수유 간격과 양이 늘어납니다. 이런 현상은 생리적으로 아이 스스로 자신의 위가 감당할 수 있는 양을 조절해 가면서 자신에게 가장 좋은 수유 패턴을 찾아 가기 때문입니다. 그러니 굳이 3시간에 맞추어 수유를 하는 것도 자연스럽지 않습니다. 누구에게나 개인차가 있을 수 있고, 저마다 적응 방식에도 차이가 있기 때문입니다.

🩷 아기의 울음이 보내는 신호

몸도 가누지 못하고 누워 있기만 하는 아기들은 울음으로 모든 의사 표현을 합니다. 따라서 무엇보다 아기의 울음을 이해할 수 있어야 합니다.

아파서 우는 아기의 울음은 찢어지는 듯한 고음이 특징입니다. 안아 주거나 젖을 물려도 잘 그치지 않습니다. 열이 나는 아기는 몸이 뜨겁고, 피부는 창백합니다. 잠투정을 하느라 우는 아기는 칭얼대면서 얼굴을 부비고 눈이 거의 감기려고 합니다. 이럴 때는 젖을 물려도 힘차게 빨지 않고 약하게 유두만 물다가 곧 잠이 들어 버립니다. 또한 심심해서 우는 아기는 안아 주고 얼러 주면 이내 울음을 그칩니다. 콜릭colic은 흔히 영아 산통이라고 합니다. 콜릭 때문에 우는 아기는 몹시 괴롭고 찢어지는 듯한 울음소리를 냅니다. 울면 울수록 공기를 많이 마시게 되어 오히려 더 심하게 울고 잘 그치지도 않습니다. 이럴 경우 엄마들은 무척 당황해서 응급실이라도 찾고 싶은 심정이 들기도 합니다. 다만 콜릭 때문에 우는 아이는 일단 울음이 멈추면 언제 울었냐는 듯이 아무렇지도 않은 표정을 보이지만, 실제로 아파서 우는 아이는 다릅니다. 콜릭과 질병의 상태를 구별하기 어려울 때는 반드시 병원에서 진료를 받아 보는 것이 좋습니다.

배가 고파서 우는 아이는 대개 수유를 한 지 최소한 1시간이 지나야 웁니다. 울면서 몸을 뻗대고, 젖을 물리면 힘차게 빨면서 울음을 그칩니다. 배가 고파서 우는 아이는 안아 주어도 계속 웁니다. 하지만 가능하면 아이가 울 때까지 수유를 기다리지 않는 것이 더 좋습니다. 이미 울기 시작하면 아이가 조급하게 먹는 경향이 있고, 사래가 자주 걸리고 충분히 여유 있게 수유하지 못하는 경우가 많습니다. 이런 경우 '아이를 보는 것'이 정말 중요합니다. 아이와 자주 눈을 맞추고 아이의 표정을 읽어 보려고 노력한다면 배가 고파질 즈음 아이의 눈이 초롱초롱해지고, 움직임도 늘어나고, 입가에 무언가 닿으면 힘차게 빨려고 한다는 사실을 알 수 있습니다. 물론 포유반사(rooting reflex, 신생아의 입 옆을 문지르거나 누르면 신생아가 그 방향으로 고개를 돌리는 현상. 생후 6주 무렵 소실)나 **빠는 반사**(sucking reflex, 신생아의 입술을 건드리면 신생아가 빠는 행동을 함. 생후 6개월 무렵 소실)와 같은 정상 신생아 반사와 구별을 해야 합니다.

프로이트는 생후 1년까지를 '구순기'라고 해서 이 시기는 입을 통해 만족감을 얻는 시기라고 했습니다. 어느 정도 자라면 아이는 손을 깨물고, 무엇이든 입으로 가져가길 좋아합니다. '엄마의 마음은 아가의 마음'이라는 광고 문구가 기억납니다. 이 세상에서 아이의 마음을 가장 잘 읽어 줄 수 있는 사람은 바로 엄마입니다.

🍑 수유를 충분히 했는지 어떻게 알 수 있을까요?

아기는 태어나서 1주일 동안 초유를 먹습니다. 물론 처음 2~3일간은 젖이 잘 나오지 않을 수 있습니다. 또 아기들은 몸속에 수분이 충분해서 수유가 충분하지 않더라도 견딜 수 있습니다. 경우에 따라서는 생리적인 수분 소실로 인해 체중이 줄어들 수 있습니다. 하지만 이내 아기가 먹는 양이 늘면서 엄마의 젖 양도 늘어납니다.

처음에는 태변과 함께 하루 2~3회 소변을 보는데, 태변은 처음에는 검고 끈적끈적하지만 점차 초록색으로 변합니다. 성숙유가 나오면서부터는 소변도 하루 6~8회 보고, 대변도 하루 2~3회로 늘어납니다. 모유를 먹는 아기들은 처음 몇 주간은 조금씩 지리는 듯한 변을 수시로 보곤 하는데, 모유만 먹는 아기라도 며칠 간 변을 보지 못할 수도 있습니다. 설사나 변비를 의심하기 전에 아이가 건강해 보이고, 평소처럼 잘 먹고 잠도 잘 자고 체중도 잘 늘고 있다면 굳이 병원을 찾을 필요는 없습니다. 아기의 위장관은 아직 미숙하기 때문에 성장하는 동안 여러 번 변화와 적응기를 거칩니다. 이 시기에 엄마가 임신 중에 먹지 않던 음식을 먹거나 지나치게 자극적인 음식을 먹을 경우, 우유를 많이 마시거나 혹은 어떤 이유에서든 엄마가 심리적으로나 육체적으로 스트레스를 받으면 젖 양과 맛이 달라질 수 있어서 아기도 이내 불편한 심기를 드러냅니다.

🍑 물 젖에는 영양가가 없을까요?

모유는 소화 흡수가 좋아서 찌꺼기가 거의 없는 편입니다. 또 녹색 변을 보더라도 걱정할 필요가 없습니다. 대변의 색이나 냄새가 아기의 질병 상태를 반영하는 것은 아니기 때문입니다. 다만 혈변을 보거나, 지나치게 하얀 변을 계속 본다면 반드시 의사의 도움을 받아야 합니다. 대변의 빈도, 색, 모양 보다는 아기의 상태가 가장 중요합니다. 아기가 잘 먹고, 잘 놀고, 잘 잔다면 괜찮습니다.

때로는 젖을 먹는 아기가 무른 변을 너무 자주 보는 경우 '물 젖' 때문이라고 생각하는 경우가 있습니다. 그러나 수유를 잘하고 있다면 물 젖을 걱정할 필요는 없습니다. 엄밀히 말하면 물 젖이란 없기 때문입니다. 그런데도 물 젖을 대신해서 분유를 선택하는 경우를 종종 봅니다. 당연히 분유를 먹이면 대변 횟수가 줄어들 수 있습니다. 그만큼 소화되는 데 시간도 많이 걸리기 때문에 너무 자주 수유하는 엄마에게 분유를 선택하는 것이 최선의 선택인 듯 보이지만, 그만큼 아기가 소화하기 어렵다는 뜻이 됩니다.

간혹 젖을 먹는 아기들 중 모유 알레르기가 걱정되어 분유를 선택하는 경우도 있습니다. 그러나 모유 알레르기가 있는 아기들은 아주 드뭅니다. 이런 경우는 일반 분유를 먹여서는 안 되고 정제된 특수 분유를 먹여야 합니다.

❤ 모유 양을 늘리는 방법은 무엇일까요?

모유를 만들도록 조정하는 곳은 유방이 아니라 뇌에 있는 뇌하수체에서 만들어지는 호르몬입니다. 옥시토신이라는 호르몬이 젖의 유출을 촉진시키고, 유방은 이러한 명령에 따라 생성된 젖을 보유하고 있는 창고와 같습니다.

젖의 양을 늘리기 위해 유축기를 사용하거나 각종 약이나 대체 의학을 이용하는 엄마들이 있습니다. 갖은 방법을 다 동원해도 젖 양이 늘지 않으니 '특별한 방법'을 알려 달라는 엄마들을 실제로 자주 만나곤 합니다. 모유 수유로 인한 스트레스가 이만저만이 아닙니다. 물론 유방 마사지나 충분한 수분 섭취와 같은 일반적인 방법들도 중요합니다. 하지만 가장 중요한 것은 엄마의 안정입니다. 젖 양을 늘려야 한다는 압박감을 갖는 것 자체가 모유 수유를 방해하는 가장 큰 적이 된다는 점을 명심해야 합니다.

　제 3세계의 엄마들은 본인들의 생존조차 위협받을 만큼 굶주리고 있습니다. 하지만 우리나라의 경우, 엄마가 젖을 만들지 못할 정도로 굶주리는 경우는 흔치 않습니다. 오히려 너무 많은 먹거리들 앞에서 고민을 하고 있습니다. 다시 한 번 강조하지만, 아이에게 엄마의 젖이 가장 좋습니다. 모유는 자연스럽고 당연한 것이며 '분유는 선택' 입니다.

❤ 모유를 언제까지 먹여야 할까요?

언제부턴가 모유만 먹는 아기들은 머리가 나빠진다는 믿음이 생겨났습니다. 그래서 모유가 잘 나오는데도 억지로 끊고 분유를 먹이는 엄마들이 있습니다. 왜 이런 인식이 퍼졌는지 알 수가 없습니다. 또 모유만 먹는 아기들은 빈혈이 잘 생긴다고도 합니다. 과연 그럴까요? 물론 아기들은 정상적으로도 생후 6개월 무렵이면 자신의 체내에 보유하고 있는 철분이 현저히 낮아져 이 시기부터는 외부에서 철분을 공급받아야 합니다. 당연히 이 무렵에는 아이들이 이유식을 시작하기 때문에 부족한 철분을 이유식으로 보충할 수 있습니다. 그러나 그것은 이유식을 잘 진행하라는 의미이지 6개월이 지나면 모유의 영양가가 떨어진다는 의미가 아닙니다. 첫 돌이나 혹은 두 돌까지 모유를 먹이라고 권합니다. 그러나 한두 살이 되면 엄마의 가슴으로부터 아이를 밀어내라는 뜻은 아닙니다.

　이유식을 시작하면 대개 모유와 이유식의 비율이 역전됩니다. 돌이 되면 이유식이 주식이 되고 모유는 보충식이 됩니다. 간혹 아이가 심하게 아프고 나면 엄마 젖을 다시 찾는 경우가 있습니다. 간신히 젖을 끊었는데 아프고 나서 엄마 젖만 찾는 아이를 어떡하면 좋을지 상담해 오는 엄마들이 많습니다. 이럴 때는 마음껏 젖을 물리는 것이 좋습니다. 아픈 아이는 엄마 품에 더 많이 안기고 싶을 것입니다. 심심해서 젖을 찾는 경우도 있고, 잠이 오거나 짜증이 날 때 엄마 젖가슴을 파고드는 아이도 있습니다. 그렇다고 해서는 그 아이가 수유를 원하는 것은 아닙니다. 일정한 시기가 지나고 아이 스스로 안정이 되면 다른 관심거리를 찾아가게 되고 식사 습관도 바로 잡히게 됩니다. 결론적으로 언제까지 모유를 먹여야만 한다는 원칙을 세울 필요는 없습니다. 오히려 수유를 갑자기 중단할 경우, 유방 울혈이나 유선염을 앓기도 하고, 아이의 불만도 커질 수 있습니다.

그러나 직장 생활을 하는 엄마의 경우는 다릅니다. 요즘에는 직장에도 수유 시설이 잘 갖추어져 있지만 그래도 여전히 자유롭게 수유를 준비하기에는 역부족인 경우가 많습니다. 그런 경우에는 아이에게 적응 기간을 충분히 두고 서서히 수유를 중단하는 것이 좋습니다. 아이도 그런 상황을 받아들일 준비를 해야 하는 것입니다.

❤ 수유 전문가에게 물어보세요

요즘 엄마들은 정보를 공유하는 인터넷 사이트들을 잘 활용할 줄 압니다. 가능하면 공식적으로 인정받는 사이트에서 수유에 대한 정보와 조언을 받기를 권합니다. 대한소아과학회나 인구보건복지협회, 모유수유학회 등에서 운영하는 사이트들은 검증받은 수유 전문가들의 상담과 정보를 받을 수 있는 곳입니다.

모유 수유를 잘하기 위한 방법들은 이미 많이 나와 있습니다. 그래서 이 책에서는 흔히 알려진 사실들을 굳이 다시 언급하고 싶지는 않습니다. 다만, 진료실에서 엄마들을 상담하면서 모유 수유를 원하는 엄마들이 반드시 알아야 하는 수유의 본질적인 부분에 대해 말하고 싶었습니다. 모유를 먹이든 분유를 먹이든 가장 중요한 것은 엄마가 편안한 마음을 가져야 한다는 것입니다. 그리고 수유를 하면서 어려움이 생기면 여러 사람의 말을 듣기보다는 수유 전문가에 상담하는 것이 가장 좋은 방법입니다.

❤ 수유 상담 사이트

- 인구보건복지협회, 엄마 젖 최고! http://www.mombaby.org
- 대한소아청소년과 http://www.pediatrics.co.kr
- 대한모유수유의사회 http://www.bfmed.co.kr
- 대한소아청소년과 개원의사회 http://www.lovenkid.com

03 영양소 이야기

아이의 체중이 늘지 않아 속상해요
생선을 많이 먹으면 수은에 중독되나요?
아이들도 빈혈이 있나요?
아연이 알레르기 비염과 아토피 피부염에 효과가 있나요?

🍒 수유와 이유식

아기에게 모유를 먹이고 있지만 체중이 잘 안 늘고 이유식도 잘 먹지 않으면 걱정이 됩니다. 모유를 끊고 분유를 먹여야 할지, 영양제를 먹이는 것이 좋을지 고민하는 엄마들이 참 많습니다. 영양제는 어떤 것을 먹여야 할까? 비타민제를 많이 먹여도 될까? 철분제를 복용하면 아이들 식욕이 돌아올까? 아이들의 먹거리와 성장에 대한 궁금증은 점점 더 많아지는 것 같습니다. 예전과는 달리 오히려 먹을 것이 많아진 지금은 선택의 폭이 넓어진 대신 오히려 정답을 찾기가 어렵기 때문입니다.

사실 아이들은 수유 문제를 해결하는 과정에서 부모님과 가장 먼저 유대감을 형성합니다. 처음 수유를 시작하는 엄마들은 아기의 먹으려는 욕구를 잘 이해하기가 어렵지요. 언제 배가 고픈지, 얼마만큼 먹어야 배가 부른지, 자꾸만 칭얼거리는 아이에게 계속 수유를 하는 것이 옳은지 도통 알 수가 없습니다. 언제 그리고 얼마나 먹을지는 아이가 결정해야 합니다. 수시로 칭얼거리는 아이의 마음을 읽어 주는 것이 아마도 부모가 되는 첫 번째 통과의례가 아닐까 생각합니다. 갓난아기들의 언어는 오직 울음뿐이니 말입니다. 이 책의 초반에 잠깐 언급했지만, 수유를 할 때 긴밀한 신체 접촉을 통해 엄마와 아기 사이에 깊은 유대감과 신뢰감이 생깁니다. 이것은 아이의 정서와 사회성이 발달하는 데 가장 중요한 요소입니다.

수유하는 데 어느 정도 익숙해질 무렵 엄마들은 이유식을 시작합니다. 이유식에 관한 책이 많이 나와 있고, 참고할 수 있는 표준 지침이 많이 소개되어 있습니다. 특히 중요한 점은 수유 못지않게 이유식도 아기마다 다양한 특성과 차이를 보인다는 것입니다. 이런 개인의 특성을 잘 이해하지 못하면 또 다른 어려움을 겪을 수 있습니다. 영양이 부족한 것은 아닌지, 이유식을 잘 먹지 않으면 분유를 많이 먹여야 할지, 모유 대신 분유로 바꾸어야 할지, 영양제를 따로 먹이는 것이 좋을지 고민들이 점점 늘어 갑니다.

🍎 출생에서 돌까지의 아이들

성장하는 아이들은 어른들과는 달리 각 시기마다 성장에 따른 영양의 요구량이 달라지는 것이 특징입니다. 처음 6개월은 급성장기로 몸이 아주 빠른 속도로 성장합니다. 6개월 이후 돌까지는 성장 속도가 다소 느려집니다. 수유 외에도 이유식을 시작하면서 다양한 음식들을 먹습니다. 그리고 신생아기에 보였던 여러 원시 반사들이 사라지고, 의미 있는 움직임들을 익혀 가는 시기입니다.

태어나서 처음 1주일은 출생 당시보다 체중이 오히려 빠지는데, 대개 출생 당시의 체중에 비해 10%까지 줄어듭니다. 이후 적절한 영양을 섭취하는 아이들은 다시 체중이 늘기 시작해서 보통 4~6개월에는 출생 당시 체중의 2배가 됩니다. 처음 2개월 동안에는 매달 거의 1kg씩 체중이 늘고, 그 이후 3~4개월 동안은 매주 120~300g씩 체중이 증가합니다. 보통 돌이 되면 출생 당시의 체중의 3배가 됩니다. 요즘은 6개월 정도면 벌써 출생할 때 체중의 3배가 되는 경우를 많이 봅니다. 일반적으로는 모유를 먹는 아이들이 처음 6개월 동안에는 체중이 더 잘 느는 경향이 있습니다. 하지만 6개월 이후 돌 전까지는 분유를 먹는 아이들의 체중이 더 잘 느는 편입니다. 하지만 이런 유형이 성장에 어떤 영향을 미치는지에 대해서는 아직 정확히 알려져 있지 않습니다. 다만, 아이들은 영양 상태와 주산기 병력(임신 28주부터 출생 후 28일까지의 기간), 유전적 소인(부모가 비만인 경우나 다른 유전적 질환이 있는 경우), 환경적 요인들이 복합적으로 작용해 나름대로 독특한 성장 유형을 보이게 됩니다.

> 우리 아이는 3kg으로 태어났어요. 4개월에 9kg이었는데, 그후로는 통 체중이 늘지 않아 지금은 10개월인데도 여전히 9kg 정도입니다. 체중이 늘지 않아서 너무 걱정입니다.

실제로 진료실에서 흔히 접하는 질문입니다. 하지만 10개월에 보일 수 있는 정상적인 발달 상태와 실제로 건강해 보이는 아이라면 별로 걱정하지 않아도 됩니다. 처음 몇 개월 동안 빠르게 성장한 아이들은 이후 영양분을 발달과 적응하는 데 씁니다. 대부분 처음에 급성장을 보인 아이들도 돌 무렵이면 다른 아이들과 비슷한 정도로 자랍니다. 반대의 경우도 있습니다.

🍓 성장기 아이들의 영양

4kg으로 건강하게 태어난 준이는 6개월이 되어서도 고작 7.5kg이에요. 수유를 못하는 것도 아닌 것 같은데 무슨 문제가 있는 것은 아닐까요?

나연이는 3kg으로 태어났습니다. 그런데 도무지 잘 먹지를 않아요. 이유식도 다 밀어내고 젖만 물려고 합니다. 이제 15개월이 되었는데 체중은 여전히 7~8개월 이후 늘지 않아 8kg입니다.

처음 2개월은 한 번 먹을 때마다 200cc를 먹었어요. 하루에 7~8번 먹었어요. 그런데 3개월에 들어서면서 먹는 양이 급격하게 줄었어요. 하루 7~8번 수유하는 것은 똑같은데 이제는 예전의 절반도 채 안 먹을 때가 많습니다. 무슨 문제가 있는 것은 아닐까요?

한나는 15개월입니다. 밥을 잘 안 먹고, 아직도 젖만 찾아요. 주변에서는 어서 젖을 끊으라고 합니다. 분유를 먹여야 할지, 영양제라도 먹여야 할지, 막막하기만 합니다.

> 모유를 먹이고 있는데 아이의 체중이 잘 늘지 않아요. 주변에서는 젖을 끊고 분유로 바꾸라고 하세요. 젖을 끊고 분유로 바꾸어야 할까요?

먹거리에 대한 고민은 정말 엄마를 많이 힘들게 합니다. 성장기에는 단순히 건강을 유지하고 생활하는 데 필요한 것보다 더 많은 칼로리를 섭취해야 합니다. 탄수화물, 단백질, 지방, 비타민과 무기질을 비롯한 각종 미네랄을 골고루 섭취해야 하는 것은 물론입니다. 특히 이유식을 시작하면서부터는 아이들의 성장과 발달에 필요한 영양을 공급하는 것은 물론, 다양한 맛과 질감을 경험하게 하고 편식하지 않는 올바른 식습관을 가질 수 있도록 엄마들이 노력해야 합니다.

01_ 단백질

단백질은 몸을 구성하는 여러 기관이나 조직을 만드는 데 이용됩니다. 집을 짓는 데 비유하자면, 집의 골격을 만드는 벽돌이나 콘크리트와 같은 역할을 한다고 볼 수 있습니다. 물론 집의 어느 부분이 파손되었을 때 필요한 재료처럼, 우리 몸이 손상되었을 때 회복하고 재생하기 위해 꼭 필요한 영양소입니다. 혈색소나 여러 효소, 호르몬, 그리고 감염에 대해 저항력을 지닌 항체를 만드는 데도 단백질이 필요합니다. 20여 가지의 아미노산의 종류와 구성에 따라 단백질의 종류와 역할이 정해집니다. 더욱이 필수아미노산에 속하는 것들은 우리 몸에서 스스로 만들어 내지 못해 반드시 음식으로 섭취해야만 합니다. 이런 필수아미노산들이 모두 공급되어야 우리 몸에서는 제대로 기관이나 조직을 만들 수 있습니다.

따라서 보통 6세까지의 성장기 아이들은 상대적으로 필수아미노산을 충분히 섭취해야 합니다. 뿐만 아니라 어른에 비해 체중에 따른 단백질의 필요량도 상대적으로 높을 수밖에 없습니다. 더구나 단백질은 몸에서 사용되고 남는 것이 따로 저장되지 않고 소변을 통해 배출됩니다. 또 지나치게 섭취하면 오히려 몸에 독성을 일으키기도 합니다. 단백질은 적당량을 꾸준히 섭취하는 것이 무엇보다 중요합니다.

다음으로 중요한 문제는 양질의 단백질을 섭취하는 것입니다. 양질의 단백질이란 필수아미노산이 적절하게 구성되어 있고, 불필요한 부산물이 생기지 않아 최적의 효과를 나타낼 수 있는 단백질을 말합니다. 모유나 분유, 달걀, 그리고 육류에 포함된 단백질은 양질의 단백질에 속합니다. 반면에 과일, 감자, 쌀, 정제되지 않은 곡류들은 단백질의 효율이 거의 제로에 가깝습니다. 특히 동물성 단백질인 육류, 생선, 우유, 달걀 등은 95%까지 소화, 흡수될 뿐만 아니라 필수아미노산이 들어 있습니다. 반면에 견과류, 곡류, 콩 등의 식물성 단백질은 70~80%가 소화, 흡수되고 몇몇 아미노산이 부족합니다. 특히 육류 중 붉은색의 소고기나 돼지고기는 철과 아연 등의 미네랄이 풍부하고 몸에서 흡수가 잘 되어 성장기 아이들에게 이로운 반면, 콜레스테롤 수치를 올릴 수 있는 포화지방산이 많아 가능한 삼겹살이나 베이컨은 피하고 살코기만 먹는 것이 좋습니다.

생선 단백질은 양질의 단백질이면서 불포화지방산이 풍부합니다. 특히 등푸른생선(고등어, 꽁치, 정어리, 청어, 삼치, 가다랑이, 참치, 장어, 연어, 방어, 멸치, 뱅어 등)은 DHA로 알려진 불포화지방산이 풍부하게 들어 있고, 지방의 함량도 많아 맛이 좋은 편이지요. 그러나 생선을 지나치게 많이 먹으면 '수은'에 중독될 염려가 있습니다. 대부분의 생선은 어느 정도의 수은을 함유하고 있지만 인체에 해를 끼칠 정도는 아닙니다. 반면 덩치가 큰 생선일수록 수은 함량이

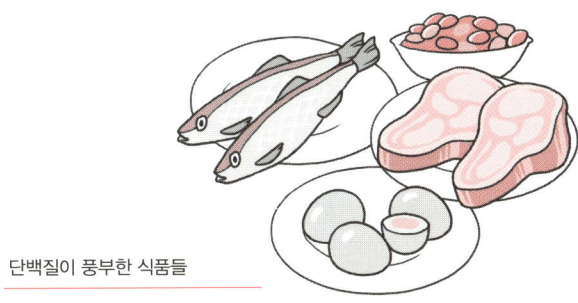

단백질이 풍부한 식품들

높아 주의가 필요합니다. 수은 함량이 높은 생선으로는 옥돔, 황새치, 큰 고등어, 상어, 동갈삼치 등의 대형 어류가 있습니다.

대표적인 식물성 단백질인 강낭콩 류와 완두콩은 비교적 양질의 단백질에 속하기 때문에 채식주의라도 육류를 대신해 충분히 섭취하면 단백질이 부족하지 않습니다.

> 우리 아이는 키에 비해 체중이 너무 적게 나갑니다. 또래 아이들에 비해 너무 작아서 걱정입니다. 밥을 잘 먹지 않아서 영양제라도 먹이고 싶어요. 비타민제만 먹이려니 좀 부족한 것 같은데, 단백질 보충식을 함께 먹이면 더 나을까요?

보충식이나 영양제를 먹이는 문제는 그렇게 간단하지가 않습니다. 실제로 아이의 성장과 영양의 관계를 정확하게 평가한 후에 보충식을 선택해야 합니다. 체중이 적게 나가는 것은 영양의 문제일 수도 있지만, 가족력이나 다른 환경 요인이 함께 작용할 수 있습니다. 물론 절대적으로 먹는 양이 적을 수 있지만, 체질에 따라서는 조금씩 자주 먹는 아이, 먹는 양에 비해 활동량이 많은 아이, 부모님이 모두 마른 체형인 경우도 고려해야 합니다. 만성 질환이나 특별한 병력이 있는 경우라면 아이의 상황에 맞게 음식을 섭취하도록 신경을 써주어야 하겠지요.

앞에서도 말씀드린 것처럼, 양질의 단백질을 적당량 섭취하는 것은 아주 중요합니다. 하지만 단백질은 지나치게 섭취한다고 해서 남는 것을 몸에 저장해 두었다가 필요할 때 꺼내 쓰는 일은 없습니다. 오히려 남는 것은 몸 밖으로 내보내거나 아미노산의 형태로 쌓여서 몸에 독성이 나타나기도 합니다. 게다가 수분을 충분히 섭취하지 않으면 체내의 삼투압을 높여서 소변으로 많은 양의 수분을 내보내서 심한 경우 탈수 상태에 빠지기도 합니다. 또 음식의 열효율을 높여서 체온이 올라가 열이 날 수도 있습니다.

반대로 단백질을 부족하게 섭취하면 제대로 성장하기 어렵습니다. 몸의 기관이 제 기능을 발휘하기도 어렵게 됩니다. 근육이 작아지고, 체중도 줄어듭니다. 감염에 대한 저항력이 떨어지고, 의식이 흐려지고, 심한 경우 사망할 수도 있습니다.

꼭 알고 넘어가기

- 단백질은 우리 몸을 구성하고 유지하는 데 아주 중요한 영양소입니다.
- 단백질은 부족해서도 지나쳐서도 안 됩니다. 부족하면 성장 장애나 면역 결핍을 일으킬 수 있고, 너무 많이 먹어도 몸에 저장되지 않고 오히려 탈수나 심한 산혈증과 같은 독성 작용을 나타낼 수 있습니다.
- 음식으로 섭취한 아미노산에 의해 체내 단백질의 합성이 촉진됩니다. 저장하고 남은 단백질은 몸에 따로 저장되지 않기 때문에 성장기 어린이는 단백질을 매 끼니마다 먹어야 합니다.
- 하루에 필요한 총 열량(칼로리)의 10~15%를 단백질로 보충해야 합니다. 보통 10kg 정도의 아이라면 하루에 약 35~40g의 단백질을 섭취하면 됩니다.
- 채식주의자라도 다양하게 골고루 섭취하기만 하면 열량은 부족할 수 있어도 단백질 공급은 충분합니다. 다만 식물성 단백질이 풍부한 콩류나 곡류 등은 반드시 조리해서 먹어야 맛과 소화를 도울 수 있습니다. 특히 아이들은 어른들보다 상대적으로 필수아미노산이 2배 이상 필요하기 때문에 단백질의 양과 질, 소화 여부가 매우 중요합니다.

02_ 탄수화물

탄수화물은 가장 많은 에너지를 공급해 주는 주요 에너지원입니다. 하루에 필요한 총 에너지의 약 50%(45~ 65%) 이상을 공급하지요. 식품에 포함된 탄수화물은 단당류(포도당, 과당), 이탄당(유당, 자당, 말토스), 다당류(복합 탄수화물)로 나눌 수 있습니다.

설탕과 같은 단당류는 맛이 좋아 아이들의 입맛을 쉽게 유혹하고, 실제로 시중에서 쉽게 사 먹을 수 있는 스낵류에 이용되곤 합니다. 그런데 이런 단순당은 우리 몸에서 당 수위를 조절하는 인슐린이라는 호르몬에 의해 쉽게 분해되어 금세 배고픔을 느끼게 합니다. 한꺼번에 많이 먹는 습관이 있는 아이들은 인슐린이라는 호르몬이 갑자기 바빠져 몸 안에서 어느 정도의 적정 수준을 유지하기가 어렵습니다. 이런 식습관이 오래 계속되면 잦은 혈당 변화와 인슐린 변화가 결국 인슐린 저항성인 체질로 바뀌게 되어 당뇨병에 걸리기 쉽습니다. 게다가 지나치게 먹으면 설사나 흡사 장애를 겪기도 하고, 치아에 흡착되어 충치가 생기기도 합니다. 반면, 복합 탄수화물은 천천히 소화되고 흡수되기 때문에 인슐린의 변화가 심하지 않고 또 쉽게 배가 고프지도 않습니다. 특히 탄수화물은 식이 섬유를 함께 섭취하면 좋은데, 대표적인 복합 탄수화물인 통밀, 현미, 잡곡 등 도정하지 않은 곡물은 식이 섬유와 무기질의 함량도 풍부합니다.

아이들의 입맛을 돋우기 위해서라면 설탕이나 인공감미료를 선택하기보다는 자연스럽게 맛을 낼 수 있는 과일 등을 이용하는 것이 더 바람직합니다.

탄수화물이 풍부한 식품들

03_ 지방

지방은 우리 몸을 구성하는 데 단백질만큼 중요한 역할을 합니다. 집을 지을 때 콘크리트로 기둥을 세우고 벽을 만드는 것처럼, 단백질과 함께 우리 몸을 이루는 여러 기관들의 골격을 이어 주는 역할을 합니다. 물론 에너지로 저장되고, 추위로부터 우리 몸을 보호해 주는 역할도 합니다. 뿐만 아니라 음식의 맛과 포만감을 느끼게 해줍니다. 또한 지용성비타민의 흡수를 돕기도 합니다.

지방은 에너지원으로 중요한 역할을 하는데, 만 2세 이전까지는 전체 필요한 열량의 30~40%, 그후 성인기까지 25~35%를 지방으로 공급할 것을 권장하고 있습니다. 말하자면, 빠르게 성장하는 2세 이전 시기에는 함부로 지방 섭취를 제한하지 말아야 합니다.

지방의 구성 성분인 지방산은 포화지방산과 불포화지방산(단일불포화지방산, 다중불포화지방산), 트랜스지방산으로 구분합니다. 포화지방산은 실온에서 고체 상태이며 주로 동물성 지방이 속합니다. 몸에 콜레스테롤 수치를 높이기 때문에 주의가 필요하고, 육류(소고기나 돼지고기 기름, 껍질을 벗기지 않은 가금류)나 우유, 치즈, 버터에 많이 들어 있습니다. 식물성 지방 중에서도 코코넛이나 팜오일은 포화지방산이 풍부합니다.

불포화지방산은 실온에서 액체 상태입니다. 단일불포화지방산은 몸에 이로운 고밀도 콜레스테롤을 높이고, 저밀도 콜레스테롤을 낮춥니다. 올리브유나 카놀라유, 참기름, 땅콩, 아보카도 등에 풍부합니다. 다중불포화지방산은 우리 몸에서 합성되지 않는 필수지방산으로, 요즘 너무나 유명세를 타고 있는 오메가-3, 오메가-6가 다중불포화지방산에 속합니다. 옥수수유, 대두기름, 등푸른생선, 연어, 해바라기 씨, 참깨, 호두 등이 대표적인 식품입니다. 오메가-3는 신경계 발달에 중요한 성분으로 알려져 있고, 오메

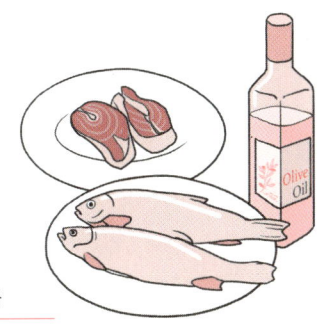

불포화지방산이 많이 들어 있는 대표적인 식품들

가-6는 성장 발육에 필수적입니다. 특히, DHA는 오메가-3 계열의 필수지방산인데, 시판되고 있는 이유식이나 어린이 우유, 또는 치즈, 조제 분유 등에 첨가되어 엄마들의 사랑을 받고 있기도 합니다.

　트랜스지방산은 자연에는 아주 소량 존재하고, 주로 불포화지방산을 포화지방산처럼 만드는 과정에서 생겨납니다. 특히 햄버거, 도넛, 피자, 케이크, 파이, 쿠키, 팝콘 같은 패스트푸드에 트랜스지방산이 많이 들어 있습니다. 마가린이나 쇼트닝과 같은 유지, 마요네즈, 양념 소스에도 많이 들어 있습니다. 우리나라 사람들은 하루 평균 2~4g 정도를 먹고 있는 것으로 알려져 있는데, 세계보건기구인 WHO에서는 하루 2.2g 이하로 섭취할 것을 권하고 있지요. 트랜스지방산은 몸에 좋은 고밀도 콜레스테롤을 낮추고 해로운 저밀도 콜레스테롤을 높이는 작용을 하기 때문에 몸에 가장 해로운 지방산입니다.

트랜스지방산이 많이 들어 있는 대표적인 식품들

꼭 알고 넘어가기

2세 이전에는 지방 섭취를 제한하지 않도록 하세요. 성장기 아이들(특히 만 2세 이전)은 저지방식이나 저지방 우유, 두유, 탈지분유 등 지방을 일부러 낮추거나 제거한 식품을 함부로 먹여서는 안 됩니다. 특히 탈지분유는 칼로리가 적고 단백질이 상대적으로 많이 들어 있어 필수지방산의 섭취가 부족해지기 쉽습니다.

04_ 비타민과 미네랄

비타민은 미네랄과 함께 소량 존재하면서 우리 몸을 구성하거나 기능을 수행하는 데 꼭 필요한 조력자 역할을 합니다. 비타민은 크게 수용성비타민과 지용성비타민으로 구분합니다. 수용성비타민은 비타민 B 복합체와 비타민 C를 말합니다. 수용성비타민을 적게 섭취하면 빈혈이나 피부 질환, 통증과 같은 다양한 증상이 나타날 수 있지만, 많이 섭취하더라도 대부분 큰 문제를 일으키지 않습니다. 많이 섭취해도 남은 양은 소변 등을 통해 쉽게 배설됩니다.

지용성비타민에는 비타민 A, D, E, K가 있습니다. 비타민 D는 햇빛을 통해 피부에서 합성되고, 비타민 K는 장내 세균에 의해 직접 합성됩니다. A와 E는 음식으로 섭취해야 하지요. 수용성비타민과는 달리 지용성비타민이 결핍되면 질환이 생길 뿐 아니라, 지나치게 많이 섭취해도 독성이 문제가 될 수 있습니다. 대개 비타민 제제로 나와 있는 제품들은 달콤한 맛 때문에 아이들이 한꺼번에 많이 먹어 버릴 위험이 있습니다. 따라서 어린이용 비타민제의 구성 성분과 함량을 반드시 확인해 두어야 하고, 가능하면 아이들의 손이 닿지 않는 곳에 보관하는 것이 좋습니다.

또한 나트륨, 칼슘, 마그네슘, 철, 요오드, 아연, 크롬, 망간 등 참으로 다양한 종류의 미네랄들을 적당하게 보충해야만 우리 몸을 균형 있게 유지할 수 있습니다. 최근에는 비타민이나 철분 못지않게 아연이나 구리와 같은 소량의 미네랄이, 특히 아이들의 성장과 질병 발생에 연관이 있다는 사실이 많이 알려져 있습니다. 부족하면 만성 습진이나 만성 설사, 성장 부진을 일으킬 수 있어서 간과할 수 없습니다.

철분 결핍으로 인한 빈혈 외에도 아연이 부족해서 생기는 빈혈에도 관심을 갖게 되었습니다. 물론 철결핍성 빈혈이 돌 전의 아이들에게 끼치는 영향은 중요합니다. 특히 모유만 먹는 아이들은 4개월 이후부터 모유만으로는 충분한 양의 철분을 섭취할 수 없습니다. 따라서 4개월 이후부터는 철분 강화 보충식이나 이유식을 통해 모자라는 철분을 공급해 주어야 합니다. 이 연령의 아이들에게 육류는 철분과 함께 미네랄이 풍부하게 들어 있고 흡수율이 좋아 가장 좋은 철 공급원이 됩니다. 하루 500cc 이상 철분이 강화된 분유를 먹는 아이에게는 따로 철분을 더 줄 필요는 없습니다. 철분이 풍부한 식품으로는 육류와 달걀노른자, 녹색 채소나 견과류 등이 있습니다.

05_ 철결핍과 빈혈

철결핍성 빈혈은 가장 흔한 영양 결핍증입니다. 특히 태어나서 처음 두 해는 아이들이 빠르게 성장하는 시기여서 철 요구량이 증가할 뿐 아니라, 철분이 많이 들어 있는 음식을 충분히 먹지 못하면 결핍되기 쉽지요. 철분이 부족하면 물론 빈혈이 생기지만, 아이들의 경우는 식욕이 떨어지고 자주 보채거나 체중이 잘 늘지 않고 발달이 늦어지기도 합니다. 철결핍이 심한 아이들은 흙이나 종이 같은 것들을 주워 먹는 이미증을 보이기도 합니다. 철분을 보충해 주면 식욕이나 체중이 늘어날 수는 있지만 발달 장애까지 교정되지는 않는다고 합니다.

정상적으로 모유만 먹는 아이들도 4~6개월까지는 모유만으로도 충분한 철분을 공급받을 수 있습니다. 하지만 이후부터는 모유만으로는 부족하고 이유식 등을 통해 외부에서 따로 철분을 공급해 주어야 합니다. 부족한 경우에는 보통 9~12개월 사이에 철결핍성 빈혈이 생길 가능성이 높습니다. 분유를 먹는 경우는 철분이 강화된 분유가 많이 시판되고 있어 돌 전까지는 철분이 강화된 분유만으로도 충분히 철분 공급이 가능합니다. 하지만 일반 분유를 먹는 아이들은 철결핍성 빈혈에 대비를 잘해야 합니다.

아이가 4~6개월이 되고 음식을 삼킬 수 있으면 이유식을 시작합니다. 이전까지는 모유를 먹는 아이들은 가능한 6개월이 지나서 이유식을 하도록 권장했습니다. 하지만 최근에는 많은 연구들을 통해서 너무 늦게 이유식을 시작하는 것이 장관의 발달이나 적응, 알레르기 발생의 예방에 도움이 되지 않는다는 사실들을 밝혀 냈습니다. 특별히 알레르기의 가족력이 있거나 아토피성 피부염을 앓고 있는 경우라면 알레르기를 잘 일으키는 식품군들을 나중에 먹이더라도 이유식을 시작하는 시기를 늦출 필요는 없습니다.

빈혈 검사 – 일반적으로 정상 영아는 생후 9~12개월 사이에 빈혈 검사를 하고, 6개월 후인 15~18개월에 2차 검사를 할 수 있습니다. 6개월 이전에는 저장철이 충분하고, 2세 이후에는 철결핍성 빈혈이 드물어서 일반적인 선별 검사를 할 필요는 없습니다.

꼭 알고 넘어가기 ??

- **모유 먹는 아기**

  보통 4~6개월까지는 모유만으로도 충분히 철분이 공급됩니다. 이유식을 시작하게 되면 철분과 철분의 흡수를 촉진하는 식품을 첨가해 줍니다. 보통 육류에는 철이 풍부하고 흡수율도 좋고, 유제품은 중간 정도, 야채가 가장 낮습니다. 비타민 C는 철분의 흡수를 돕지만 칼슘이나 섬유질, 인산 등은 철분의 흡수를 방해합니다.

- **분유 먹는 아기**

  철분 강화 분유를 먹는 경우에는 따로 철분을 공급해 주지 않아도 됩니다. 철분 강화 분유가 아닌 일반 분유를 먹는 경우는 별도로 철분을 보충해 주어야 합니다.

- 6개월이 되면 이유식에 육류를 포함하도록 합니다. 육류는 철분이 강화된 곡류보다 철분 공급에 더 유리합니다. 물론 육류를 먹일 수 없는 경우에는 철분이 강화된 시리얼과 같은 곡류를 보충해 줍니다.

- 두유는 돌 이후에 먹이도록 합니다.

- 2~5세에는 우유를 하루 500cc 정도 먹으면 칼슘을 충분히 섭취할 수 있습니다. 칼슘을 지나치게 많이 섭취하면 철의 흡수를 방해하기 때문에 우유를 너무 많이 먹지 않도록 해 주세요. 우유를 많이 먹지만 다른 음식도 골고루 잘 먹는 아이라면 우유를 더 많이 먹어도 해롭지는 않습니다.

06_ 아연

아연은 철분 다음으로 우리 몸에 풍부한 미네랄입니다. 더구나 아연이 하는 일은 철분보다 훨씬 더 다양합니다. 아연은 몸을 구성하고 성장하는 데 깊이 관여하고 있을 뿐 아니라, 면역 기능을 원활하게 조절하는 데도 중요한 역할을 합니다. 특히 골수나 흉선, 위장 관계의 조직 분화를 돕는 역할을 하고 있어, 선천적이든 후천적이든 아연이 부족하게 되면 급성 또는 만성 설사, 피부 습진, 성장 부진과 더불어 식욕이 떨어지고, 병원균에 대한 저항력이 떨어지기도 합니다.

최근에는 아연이 알레르기 질환을 조절하는 데도 기여하고 있다고 알려져서 만성 알레르기 질환으로 고생하는 아이들에게 의사들도 아연을 보충할 것을 권하는 경우가 늘고 있습니다. 심한 습진으로 고생하는 아이들에게 아연을 보충해 주면 4~5일 이내에 좋아지기도 합니다. 또한 히스타민 조절과도 관계가 있어서 알레르기 비염이나 아토피성 피부염 환자에게 치료 보조 요법으로 아연을 보충해 주기도 합니다. 특히 아연이 위장 관계의 방어 영양소라고도 알려져 있어, 급성 또는 만성 설사의 치료에도 이용됩니다.

> 15개월인 주원이는 또래에 비해 체중이 너무 적게 나가고 잘 먹지 않아서 빈혈 검사를 받았습니다. 혈액 검사 결과는 빈혈이 약간 의심되긴 했어도 따로 치료를 해야 하는 정도는 아니었어요. 피부도 약간 창백해 보이고, 갈색인 머리카락도 유난히 가늘고 숱이 없어 보였습니다. 평소 잘 먹는 편도 아니고, 편식도 심한 편이어서 영양 평가를 해보기로 했습니다. 혈액 검사와 모발 검사를 통해 아연 결핍이 심한 상태인 것을 알았습니다.

아연이 풍부한 식품으로는 정백하지 않은 곡류와 콩류, 소고기, 돼지고기, 양고기, 닭고기, 조개, 달걀, 모유, 분유 등이 있습니다. 이들 식품들 중, 소고기와 같은 붉은 살 육류는 단백질과 미네랄, 철분이 풍부하게 들어 있고 흡수율도 좋아 이유기와 성장기의 아이들에게 훌륭한 보충식이 됩니다.

6개월 이전, 수유기에는 모유가 분유보다 아연의 흡수율이 뛰어납니다.

하지만, 6개월 이후의 모유에는 아연의 함량이 현저하게 줄어들어 보통 6~12개월 사이에 이유식을 통해 아연이 충분히 보충되지 않으면 아연 결핍이 생길 수 있습니다.

아연의 흡수율은 함께 섭취하는 음식에 따라 달라집니다. 조리되지 않은 콩류나 곡류에 들어 있는 피틴산은 아연의 흡수를 방해하기 때문에 가능하면 아연이 상대적으로 많이 필요한 2세 이전의 성장기 아이들에게 분유를 대신해서 두유를 주는 것은 좋지 않습니다. 통밀 식빵보다 발효시킨 빵은 효모균에 의해 피틴산이 파괴되어 아연의 흡수를 도와줍니다. 또한 아이들에게 식이 섬유를 지나치게 먹이는 것도 주의해야 합니다. 상대적으로 위가 작은 아이들이 식이 섬유를 많이 먹고 헛배가 부르게 되면 열량 섭취도 적어질 뿐 아니라, 칼슘이나 구리, 마그네슘, 인, 아연 등의 무기질을 섭취해도 흡수가 잘 되지 않아 결핍증이 생길 수도 있습니다.

07_ 불소

불소는 자연적으로 물에 존재합니다. 불소는 충치 예방의 효과가 있는 것으로 아주 잘 알려져 있지요. 충치는 치아에 쌓인 세균의 막(플라그)이 음식에 있는 당분을 분해하면서 생깁니다. 이때 세균이 산을 생성하게 되는데, 이렇게 생긴 산은 치아 표면의 단단한 에나멜을 녹여 버리지요. 바로 치료하지 않으면 세균이 에나멜을 뚫고 들어가 충치를 만들게 됩니다.

충치가 생기면 치아가 약해지고 통증을 일으키고, 심한 경우에는 더 심각한 세균 감염이 일어나기도 합니다. 불소는 치아의 구조를 형성하고 치아 표면에 부착되어 치아를 보호하는 역할을 합니다. 세균에 의해 생성된 산이 치아를 부식시키고 미네랄이 손실되는 것을 막아 줍니다. 이렇게 불소의 역할이 잘 알려져 있지만, 충치가 가장 흔한 어린이 질병의 하나라는 것도 놀라운 사실입니다.

마시는 물에 불소를 첨가할 경우, 충치 발생률을 20~40%까지 줄일 수 있다는 사실이 보고 되어 있습니다. 보통 마시는 물에는 0.7~1.2ppm 정도의 불소가 포함되어 있습니다. 모유에는 대략 5~25mcg/L 정도의 불소가, 우유에는 20mcg/L 정도 포함되어 있습니다. 대개 생후 6개월까지는 0.7mg, 6~12개월에는 0.9mg, 1~3세에는 1.3mg, 4~8세에는 2.2mg, 9세 이상은 10mg까지 매일 섭취할 수 있습니다. 일반적으로 6개월까지는 불소를 별도로 보충할 필요는 없습니다. 그러나 6개월 이후부터는 불소의 섭취가 충분한지 점검해 볼 필요가 있지요. 흔히 불소화된 수돗물을 마시는 경우에는 문제가 되지 않지만, 불소화가 시행되지 않는 지역에 살거나 생수 또는 정수기 물을 마시는 사람들은 불소가 함유된 시럽이나 비타민제 등을 복용해야 할 수도 있습니다.

분유를 먹는 아이들도 가능한 수돗물을 끓여서 사용할 것을 권장합니다. 생수의 경우는 음용수의 수질 기준에 적합한지를 확인해야 합니다. 현재 국내에서 시판되고 있는 생수나 일부 천연 광천수에는 불소가 전혀 포함되어 있지 않은 상품들이 있습니다. 또 최근에는 정수기를 이용하는 사례가 늘고 있습니다. 실제로 정수기 물이 얼마나 안전한지에 대해서도 고려해 보아야 합니다. 음용수에는 적당량의 미네랄이 들어 있어야 하지만, 정수 방식에 따라서는 세균과 부유물뿐 아니라 우리 몸에 유익한 미네랄까지 모두 걸러 내 버리기도 합니다. 정수기를 선택할 때는 '정수성능품질검사'의 기준에 적합한 '물마크'를 획득했는지 확인해 보아야 합니다.

치약에도 불소가 포함되어 있습니다. 하지만 2세 이전에는 불소가 포함된 치약을 사용하지 말아야 합니다. 시중에는 불소 함량을 낮추거나 불소를 첨가하지 않은 유아용 치약들이 판매되고 있지만 실제로 이런 치약들이 표시된 규정을 제대로 지키고 있는지 논란이 되기도 했습니다. 가능한 2세 전에는 깨끗한 거즈로 잇몸에 남아 있는 음식 찌꺼기를 하루 1~2회 정도 닦아 주는 것이 좋습니다. 치아는 벌써 임신 2기가 되면 형성되기 시작해서 태어났을 때도 잇몸 아래 이미 형성된 치아들이 숨어 있습니다. 이때 잇몸 관리를 철저히 해주지 않으면 역시 충치가 생길 수 있습니다.

　물론 불소를 과다하게 섭취한 경우 불소의 독성도 고려해야 합니다. 치아의 착색이나 골경화증을 일으킬 수도 있고, 간혹 불소 중독 증상인 구토, 설사, 복통을 일으키기도 하고, 침을 지나치게 많이 흘리거나 심한 갈증을 호소할 수 있습니다. 무분별하게 영양제를 먹어 불소를 과다 섭취해서 불소 중독으로 응급실에 실려 오는 아이들도 있습니다.

꼭 알고 넘어가기

- 치과나 소아과 의사의 특별한 처방이 아니라면 2세 이하의 아이들은 불소가 포함된 치약을 사용하면 안 되요.
- 6세 이전의 아이들은 치약을 너무 많이 묻혀서 이를 닦거나 이를 닦는 동안 치약을 삼키지 않도록 부모님이 옆에서 이 닦는 모습을 지켜봐 주세요.
- 치약은 콩알만큼만 짜서 이를 닦도록 지도해 주세요.
- 치약이나 가글액, 혹은 불소가 함유된 식품이나 영양제는 가능한 아이들의 손이 닿지 않는 곳에 보관해 주세요.
- 정수기 물만 고집하지 말고 불소 처리가 된 음용수를 꼼꼼히 확인하고 마시도록 하세요.

04 예방접종 제대로 알기

예방접종은 왜 해야 하나요?
예방접종을 하면 어떤 질병을 예방할 수 있나요?
달걀 알레르기가 있으면 MMR 접종을 받으면 안 되나요?
독감 예방접종은 해마다 해야 하나요?

아이가 태어나면 병원이나 보건소에서 정기적으로 예방접종을 합니다. 그런데 예방접종의 종류도 많고 값도 만만치 않습니다. 의사 선생님이 꼭 맞혀야 한다고 해서 시간과 돈을 들여 예방접종을 하지만, 왜 해야 하는지 정확히 아는 엄마들은 아주 드뭅니다. 게다가 가끔 예방접종이 잘못되어서 사망하는 끔찍한 뉴스도 들려옵니다. 이래저래 엄마들은 불안합니다. 무엇을 해야 하는지, 비용은 얼마나 드는지, 아이가 힘들어하지는 않을지 등 궁금하기도 하고 걱정스럽기도 하지요. 또 어떤 것은 거의 무료로 접종이 가능하고, 어떤 것은 다소 비용이 비싸서 아이들에게 좋은 것은 다 해주고 싶은 엄마를 갈등하게 만들기도 합니다.

예방접종은 왜 해야 할까요?

가장 기본적인 질문입니다. 예방접종은 어떤 특정 질병에 대해 사전에 면역력을 갖도록 인위적으로 조치하는 것입니다. 예방접종으로 면역 형성을 유도하려는 질병들은 오랜 시간에 걸쳐 수많은 사람들의 목숨을 앗아 갔거나, 치료나 관리에 드는 비용이 사회적으로 매우 크다고 판단된 경우입니다. 예를 들면, 불과 몇 십 년 전만 해도 주변에서 소아마비로 불구가 된 친구나 이웃의 이야기를 심심치 않게 들을 수 있었지만, 지금은 단지 예방접종을 할 때만 소아마비라는 단어를 접하게 됩니다.

가끔은 과연 소아마비 접종을 왜 하게 되었는지 부모님들은 알고 있을까 하는 의문이 들기도 합니다. 실제로 소아마비는 예방접종을 시행한 이후 거의 지구상에서 사라진 것처럼 여겨졌습니다. 예방접종을 시작한 후로 지구상에서 거의 찾아보기 힘들어진 질병도 있고, 중증 감염의 발생률이 현저히 낮아진 경우도 있습니다. 하지만 완전히 사라졌다고 단정할 수 없기 때문에 여전히 접종을 계속해야 합니다. 만일 예방접종을 중단하면 그동안 몸을 사리고 숨어 있던 병원균이 접종받지 않은 사람들을 다시 공격하게 되고, 결국은 감염된 사람들에 의해 질병이 다시 전파될 수 있습니다.

🍑 미래 세대를 위한 예방접종

한 사람이 예방접종을 잘 받으면, 개인적인 사정으로 혹은 여러 병적인 상태로 접종받지 못하는 가족이나 친구들을 간접적으로 보호할 수 있습니다. 더 나아가서는 세대를 넘어, 우리의 자녀, 손자, 그리고 손자의 손자까지도 그 질병으로부터 보호할 수 있습니다.

다시 말해, 한 사람의 접종이 그 사람의 가족과 친구, 이웃의 건강에 기여할 뿐 아니라, 더 나아가서는 지구라는 커다란 공동체의 건강과 앞으로 우리 뒤를 이을 다음 세대의 건강까지 책임지는 것입니다. 이제 얼마나 예방접종이 중요한지 아시겠지요?

🍑 예방접종으로 어떻게 질병을 예방할 수 있을까요?

예방접종으로 면역력을 획득할 수 있다는 것은 알았습니다. 그렇다면 과연 면역력이란 어떤 것일까요? 병원체가 우리의 몸을 습격해 오면 우리 몸은 외부 침입자를 곧 알아차리고 이에 맞설 준비를 합니다. 여러 가지 다양한 전술과 전략이 동원되지만, 특히 '항체 antibody'라고 하는 특수 단백질이 침입에 대항하기 위해 급히 만들어집니다. 항체는 침입자를 처치하는 일을 하지만, 처음에는 자신의 역할을 충분히 하지 못합니다. 하지만, 나중에 같은 병원체가 다시 우리 몸을 습격해 오면 이번에는 이미 만들어져 있던 항체가 제 역할을 발 빠르게 수행해서 질병으로부터 우리를 보호할 수 있습니다.

이런 상태를 이른바 '면역'의 상태라고 합니다.

그런데 이렇게 직접 병원체가 공격해 오기 전에 병원체에서 추출한 일부 성분이나 병원체의 독성을 약화시켜 우리 몸에 노출시키면, 우리가 크게 아프지 않고도 다음에 병원체가 직접 공격해 오더라도 막아 낼 수 있는 면역력을 만들어 냅니다. 바로 이런 과정에 백신이 이용됩니다.

 기본 접종과 선택 접종

대한소아과학회에서는 예방접종을 각각 필요에 따라 4가지로 분류했습니다. 즉, 기본 접종, 선택 접종, 선별 접종, 임시 접종 등입니다. 백신의 효과와 경제적 비용, 유행 양상의 차이 등에 따라 학회에서 임의로 구분했습니다. 특히 기본 접종은 일정 지역이나 국가에서 감염의 유행 양상을 고려할 때 반드시 시행해야 할 예방접종을 말합니다. 선택 접종은 기본 접종에 포함시키지 않았지만 권장해야 할 접종으로 보호자가 접종을 선택할 수 있

예방접종의 분류

대한소아과학회 추천 소아 및 청소년 정기 예방접종표(기본 접종 및 선택 접종)			
연령	백신	연령	백신
출생시	B형간염	12~15개월	MMR, 수두, Hib, PCV7
0~4주	BCG	12~23개월	일본뇌염, A형 간염
1개월	B형간염	15~18개월	DTaP
2개월	DTaP, 폴리오, Hib, PCV7, Rotavirus	4~6세	DTaP, 폴리오, MMR
4개월	DTaP, 폴리오, Hib, PCV7, Rotavirus	6세	일본뇌염
6개월	B형간염, DTaP, 폴리오, Hib,	11~12세	성인용 Td, HPV
	인플루엔자, PCV7, Rotavirus	12세	일본뇌염

＊2008년 기준, 대한소아과학회

습니다. 실제로 특별한 경우에만 접종을 고려할 수 있는 선별 접종이나 임시 접종을 제외하면, 기본 접종과 선택 접종을 명확하게 구분하기보다는 개인의 여건에 따라 더 중요한 측면을 고려해 접종 여부를 결정하는 것이 더 낫습니다.

<u>기본 접종</u> – BCG결핵, B형간염, DTaP, Td, 소아마비, 일본뇌염, MMR홍역, 볼거리, 풍진, 수두, 인플루엔자, Hib뇌수막염 백신.
<u>선택 접종</u> – 폐구균단백결합 백신, A형간염, 로타바이러스, 인유두종바이러스자궁경부암백신 등.

❤ 선택 접종은 꼭 해야 하나요?

BCG, DTaP, 뇌수막염Hib, 폐구균단백결합, B형간염, 인유두종바이러스, 소아마비, 홍역 백신 등 8가지 백신은 세계보건기구에서 모든 국가에서 기본적으로 접종하도록 권장하는 기본 접종입니다. 또 지역적 특성에 따라 일본뇌염, 황열, 로타바이러스 백신을 기본에 추가해 접종할 수 있습니다. 고위험군에 속하는 경우에 선택적으로 장티푸스, 콜레라, 수막구균, A형간염, 공수병 등의 백신 접종을 권장합니다.

우리나라의 경우, BCG, DTaP, 소아마비, MMR(홍역, 볼거리, 풍진), B형간염, 뇌수막염, 수두, 일본뇌염이 각각 기본 접종으로 정해져 있습니다.

물론 이들 접종을 기본 접종으로 포함시키기 위해서는 정책적, 경제적, 사회적 상황이 뒷받침되어야 합니다.

♥ 예방접종 부위

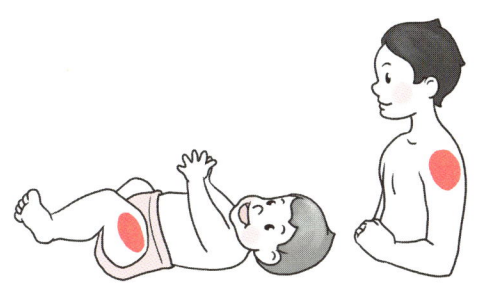  

근육주사
(예:대부분의 사백신을 접종할 때)

피하주사
(예:생백신과 일본뇌염 사백신이 해당됨)

💗 예방접종을 하면 어떤 질병을 예방할 수 있을까요?

아기를 출산한 병원에서 받은 아기 수첩에는 예방접종 스케줄이 나와 있습니다. 그래서 대부분의 엄마들이 아기 수첩에 나온 대로 예방접종을 합니다. 가끔 왜 예방접종을 해야 하는지 혹은 어떤 접종을 꼭 해야 하는지, 어떤 백신은 맞고 나면 열이 난다는데 굳이 해야 하는지 질문을 하는 엄마들도 있습니다. 그런데 정작 예방접종이 어떤 질병을 예방할 수 있고, 어떤 효과가 있는지 궁금해하는 엄마들은 드뭅니다.

어떻게 보면, 굳이 아프지 않아도 병원에 가야 하고, 아기가 아픈 주사를 여러 번 맞아야 하고, 열처럼 아기가 예상하지 못한 고통을 일부러 겪게 해야 합니다. 비용도 만만치 않아 꼭 맞혀야 하는지 의구심이 들기도 합니다. 그러나 이렇게 힘들게 예방접종을 받는 것이 아기에게 어떤 좋은 점이 있는지, 또는 어떤 질병으로부터 아기를 보호할 수 있는지를 알게 된다면 접종으로 인한 걱정과 고통을 조금은 덜 수 있을 것입니다.

01_ **BCG** (결핵 예방접종)

BCG 백신은 결핵을 예방하기 위해 접종합니다. 오래전부터 많은 사람들의 생명을 앗아 간 질병의 하나가 결핵입니다. 결핵 환자는 지금도 전 세계 인구의 3분의 1이 감염되어 있을 정도로 흔하고, 결핵균이 발견되지 않는 나라가 없을 정도입니다.

<u>증상</u>-결핵균에 감염되면 감염된 사람의 연령, 환경, 면역 상태에 따라 증상이 다양하게 나타납니다. 대부분 폐결핵으로 나타나지만, 뇌, 척수, 내장 기관 등 다른 기관들을 침범하기도 합니다. 보통 결핵에 걸리면 오랜 기간 계속 기침이 나고, 이유 없이 열이 계속되고 식은땀이 나고 쉽게 피곤해지며 식욕이 없어 체중도 줄어드는 증상이 나타납니다. 그러나 결핵균이 침범한 기관에 따라 더 다양한 증상이 나타나기도 합니다. 과거에는 결핵에 걸리면 으레 오래 아프다가 결국은 죽는 심각한 질병으로 생각했습니다.

<u>접종 스케줄</u>- 출생 후 4주 이내에 1회 접종합니다.

알아 두면 좋은 상식

BCG 접종은 미국과 네덜란드를 제외한 전 세계에서 기본 접종에 포함시키고 있고, 대부분 태어나자마자 바로 접종하는 것을 원칙으로 합니다. 하지만 각 나라의 사정에 따라 접종의 원칙이 달라지기도 합니다. 예를 들면, 영국은 12~13세에 결핵 반응 검사를 해서 음성으로 확인된 아이들은 BCG 접종을 받도록 정했고, 스위스, 포르투갈, 러시아, 헝가리 같은 나라들은 사정에 따라 2~5번까지 재 접종을 기본으로 정하고 시행하기도 합니다.

백신 Q&A

Q_ 보건소에서 접종하는 것과 병원에서 접종하는 백신은 어떻게 다른가요?

A_ BCG 백신은 경구용, 피내용, 경피용 등 3가지 유형이 있습니다. 현재 가장 널리 사용되는 백신은 피내용 백신과 경피용 백신입니다. 우리나라의 보건소에서는 피내용 백신을, 병의원에서는 피내용과 더불어 선택 사양으로 경피용 백신을 접종받을 수 있습니다. 경구용 백신은 현재 비용과 효과 면에서 좋은 평가를 받지 못하고 있습니다.

전 세계적으로 가장 많이 사용하는 방법은 피내용 접종입니다. 우리나라의 보건소에서 접종하고 있으며, 아직까지는 효과와 관리 면에서 가장 널리 사용되고 있습니다. 그러나 피내용 접종은 숙련된 전문가가 하지 않으면, 백신의 효과가 잘 나타나지 않을 뿐 아니라 부작용 발생(접종 기술에 따라 접종 부위의 염증과 궤양, 경부 림프절염, 액와 림프절염 등 부작용이 발생할 가능성이 높음)의 증가 등이 문제가 될 수 있습니다.

이런 문제를 해결하기 위해 일본에서 개발된 방법이 경피용 접종입니다. 여러 개의 바늘을 사용해 쉽게 접종할 수 있고, 또 부작용이 적어 일본이나 우리나라의 병의원에서 많이 접종받고 있습니다. 간편하고 부작용이 덜 생기는 반면, 적정량의 백신을 잘 접종하는 것이 가장 중요한 관건입니다.

Q_ BCG 백신을 접종했는데, 처음부터 접종 흔적이 전혀 나타나지 않았어요. 다시 접종해야 하는지요?

A_ BCG 백신을 접종한 뒤 접종의 흔적이 처음부터 나타나지 않았다고 백신의 효과가 없다고 단정지을 수는 없습니다. 최근에는 접종 후 접종 효과를 확인하기 위해 결핵 반응 검사를 하거나, 또 검사한 결과가 음성으로 나왔다고 하더라도 BCG 접종 사실을 확인할 수 있으면 다시 접종을 하지 않도록 권하고 있습니다.

Q_ 백신을 접종하고 염증이 생겼습니다. 치료는 어떻게 하나요?

A_ 접종한 부위에 생긴 염증이나 림프절염은 치료하지 않습니다. 간혹 심한 염증이나 부작용이 생기면 항결핵제로 치료하기도 하지만, 염증의 정도에 따라 치료 여부를 결정하게 됩니다.

02_ DTP (디프테리아, 파상풍, 백일해)

DTP 백신은 디프테리아, 파상풍, 백일해를 예방하기 위해 접종하는 혼합 백신입니다.

디프테리아(Diphtheria)

디프테리아균은 겨울철 감염을 일으킵니다. 주로 이 균에 감염된 사람의 구강이나 콧속에 살면서 기침이나 재채기를 통해 공기 중으로 퍼져 호흡기를 통해 다른 사람을 감염시킵니다. 일단 균이 우리 몸에 들어오면 2~6일의 잠복기를 거친 후 증상이 나타납니다. 감염된 사람은 2~4주 동안 다른 사람에게 균을 전염시킬 수 있습니다.

증상-처음에는 열이나 오한이 나고, 목구멍이 아프고 편도나 인두, 후두 주변에 염증성 궤양이 생깁니다. 자칫하면 보통의 편도염이나 인후염으로 오진할 수 있습니다. 적절하게 치료받지 못하면 디프테리아균이 만들어 낸 독소에 의한 심근염이 합병증으로 나타날 수 있고, 심한 경우에는 사망하기도 하는 무서운 병입니다. 과거에는 어린아이들의 사망의 주요한 원인이기도 했지만, 예방접종이 의무적으로 시행된 후에는 거의 찾아볼 수 없게 되었습니다.

파상풍(Tetanus)

파상풍균은 근육을 경직시킵니다. 과거에는 분만할 때 소독하지 않은 가위로 탯줄을 자르거나 비위생적인 처치를 해서 신생아 파상풍으로 사망하는 아기들이 많았습니다. 또 상처를 통해 균이 감염되기도 하는데, 예방접종을 받지 않은 사람이 외상을 입으면 파상풍 예방을 위한 조치를 반드시 해주어야 합니다.

증상-보통 2~14일의 잠복기를 거쳐 증상이 나타납니다. 두통이나 미열, 오한, 통증과 더불어 목과 턱의 근육이 경직되어 입을 열지도 못하고 음식을 삼키지도 못합니다. 신경이 극도로 과민해지고, 더 진행하면 근육이 수축되거나 경련을 일으키기도 합니다. 미미한 자극에도 경련이 일어나고, 온몸으로 진행하면 몸이 굳어져 활처럼 휘어지기도 하는데, 결국 호흡기 근육이 마비되면 호흡곤란을 일으켜 사망하게 됩니다.

알아 두면 좋은 상식

요즘은 생후 2개월부터 예방접종을 시작하고, 의술이 발달하면서 대부분 위생적인 분만을 하고, 외상을 입었을 때 즉각 조치를 해서 어린아이들이 파상풍에 걸리는 경우는 아주 드뭅니다. 하지만 20세가 지나면 소아기에 접종한 백신의 효과가 약해져서 성인이 되어도 매 10년마다 Td를 접종받아야 합니다.

백일해(Pertussis) 중국에서 '100일 동안의 기침'이라고 불러서 오늘날 백일해라는 명칭을 얻은 이 질병은 어린아이들이 걸리면 전염력이 가장 강한 감염성 질환 중의 하나입니다. 특징은 발작적인 기침을 연발하다가 끝에 가서 거칠게 숨을 들이마시다 멈추는 듯한 소리인 '훕' 하는 소리를 냅니다. 'Pertussis'는 심한 기침이라는 뜻이며, 마지막 거친 흡기성 호흡음이 마치 기쁨이 넘쳐 기절할 듯이 외치는 비명 같다고 해서 '훕 소리가 나는 기침(Whooping cough)'이라고도 합니다.

증상 – 아이들이 백일해균에 감염되면 1주일 정도의 잠복기를 지나 밤에 심해지는 짧고 마른 기침으로 시작해서 1~2주가 지나면 특징적인 기침을 하는 발작기에 접어듭니다. 주로 1세 미만의 어린아이들이 심한 증상을 나타내고, 나이가 들면 증상이 덜 심하거나 증상이 나타나지 않는 무증상 감염이 되기도 합니다. 하지만 무증상 감염이라도 직접 접촉하거나 기침, 재채기로도 전염시킬 수 있습니다. 심한 경우 폐렴이나 기관지확장증, 무기폐, 중이염 등이 될 수도 있습니다. 간혹 저산소증이나 두개골 내 출혈로 인한 발작이나 뇌 손상을 일으킬 수도 있습니다. 백일해는 예방접종이 시작된 후로는 발병이 현저하게 줄었습니다.

접종 스케줄 – 2, 4, 6개월에 기본 접종 3회를 접종합니다. 그리고 18개월, 만 4~6세에 각각 2회 추가 접종을 받습니다.

백신 Q&A

Q_ DTP 백신은 보건소에서 하는 것과 일반 병원에서 하는 것이 다른가요?

A_ DTaP는 백일해 백신의 성분이 백일해균 전체가 아닌 일부만을 포함하고 있다는 의미로 acellular라는 단어의 'a'를 명칭에 붙인 것입니다. 현재까지 알려진, 드물지만 매우 심한 백신 접종에 의한 부작용이 백일해균 성분 때문인 것으로 알려져서 학자들이 연구를 통해 백일해균이 일부만 들어 있는 백신을 만들어 부작용을 최소화하려고 노력했습니다. 그러나 현재까지도 DTP 백신은 DTaP 백신과 함께 사용되고 있고, 대부분 비용이 다소 저렴한 DTP 백신을 공공기관에서 무료로 접종하고 있습니다.

다시 말해, 보건소에서는 아직 DTP 백신을 접종하고 있지만, 대부분의 병원에서는 백신의 부작용을 줄이기 위해 백일해균의 일부만 포함한 DTaP 백신을 기본으로 접종하고 있습니다. 물론 DTP 백신도 일반 병원에서 접종할 수는 있습니다.

Q_ DTP 백신을 접종하고 나면 어떤 부작용이 있나요?

A_ DTaP백신을 접종받은 아이의 약 3분의 1 정도는 접종 부위의 부종이나 통증, 발적과 같은 아주 미미한 부작용을 경험합니다. 접종 후 2일 이내에 생기고, 심한 경우 접종받은 쪽의 팔이나 다리 전체가 붓기도 합니다. 보통 4일 정도 계속되다가 자연히 사라지고 후유증은 남지 않습니다.

37.7℃ 정도의 미열이 나기도 하고, 접종 후 며칠 간 식욕을 잃거나 의식이

몽롱해질 수도 있습니다. 접종받은 아이의 약 절반 정도는 졸려하고 잠을 많이 자기도 합니다. 그러나 이런 부작용도 역시 일시적이어서 대부분 1~2일쯤 지나면 호전됩니다.

드물긴 하지만 1천~1만 명 중 한 명은 40.0℃ 이상 고열이 나거나 3시간 이상 계속 심하게 울고, 경련을 일으키기도 합니다. 하지만 이 경우의 경련은 백신과 직접 관련된 부작용은 아닌 것으로 생각되며, 접종 후 고열이 나는 아이들이 '열성 경련'을 일으키는 것으로 알려져 있습니다. 때로는 접종 후 고열이나 경련이 염려되어 아세트아미노펜 성분의 해열 진통제를 미리 먹일 것을 권하기도 합니다.

알아두면 좋은 상식

최근 국내에서도 DTP 접종을 받은 후 영아돌연사증후군이 발생해 문제가 되었던 적이 있습니다. 덕분에 백신 접종 자체를 꺼려하는 분들이 많아졌습니다. 그러나 이 역시도 그동안 엄청난 수량의 백신이 접종되면서 불과 몇 건 발생한 것이라 백신과 직접적인 연관성을 찾기는 어렵다고 합니다. 우리나라 속담에 '까마귀 날자 배 떨어진다'라는 말이 있듯이, 그동안 알지 못했던 개인적인 문제가 접종과 동시에 나타난 것으로 보고 있지만, 아직도 원인 규명을 위해 많은 학자들이 연구 중입니다.

다만, 백신을 접종하고 40.5℃ 이상의 고열과 뇌 손상을 경험한 적이 있다면 백일해균을 포함한 백신은 더 이상 접종하지 않도록 하고 있습니다. 대신 7세 이하의 어린이에게 DT를 접종할 수 있습니다.

Q_ Td 백신은 꼭 접종해야 하나요? 또 언제부터 접종이 가능한가요?

A_ Td는 DT와 마찬가지로 백일해균이 들어 있지 않은 백신이지만, 차이점은 디프테리아 독소가 소량 들어 있다는 것입니다. Td는 7세 이상의 어린이나 성인에게 접종해야 하고, 특히 매 10년마다 추가 접종할 때 사용됩니다.

최근에는 Tdap라는 백신이 새로 개발되었는데, 백일해균의 일부와 소량의 디프테리아 독소가 있는 백신입니다. Td를 대신해 한 번 추가 접종만 할 수 있도록 개발되었는데, 곧 국내에서도 접종이 가능합니다.

03_ B형간염(Hepatitis B)

B형간염 백신은 최근 자궁경부암 백신이 도입되기 전까지는 유일하게 암을 예방할 수 있는 백신으로 알려져 왔습니다. 간암은 흡연으로 인한 폐암 발생 다음으로 흔한 암의 원인입니다.

일반적으로는 오염된 혈액이나 주삿바늘, 수혈, 성 접촉 등에 의해 전파됩니다. 임산부가 B형간염에 걸리면 신생아의 70~90%가 감염됩니다. 분만 중 태반을 통과하거나 신생아가 양수나 혈액을 마셔 일어나는 것으로 여겨집니다.

증상 - B형간염의 증상은 경미하거나 식욕 부진, 피로감, 근육통, 구토, 설사, 황달과 같은 증상이 나타나기도 하지만, 대부분은 몇 주 뒤에 회복됩니다. 하지만, 그중 약 10% 정도는 만성 감염의 형태로 남아 성인이 되어서 간경화나 간암으로 진행하기도 합니다.

최근에는 청소년기에 약물 남용이나 이른 성 접촉 등이 문제가 되어 청소년 정신 건강뿐 아니라 AIDS 후천성 면역결핍증의 발생이나 결핵, B형간염 등 신체적 질병 발생률이 증가하고 있어 여전히 백신 접종의 중요성을 간과할 수 없게 되었습니다.

접종 스케줄 - 0, 1, 6개월 또는 0, 1, 2 개월에 총 3회 접종합니다. 국내에서는 출생 직후 1회 접종, 생후 1개월에 2회 접종, 생후 6개월에 3회 접종을 합니다. 총 3회 접종을 받으면 더 이상 추가 접종을 받지 않는 것으로 되어 있습니다. 부득이한 경우 각 회당 접종을 위한 최소 간격은 4~8주인데, 최소 간격을 유지하고 다음 접종을 받아야 백신의 효과를 기대할 수 있습니다.

알아 두면 좋은 상식

1983년에 처음 예방접종이 정책적으로 도입되어 시행되면서부터 국내에서의 B형간염 표면 항원 양성률은 약 7% 정도에서 3% 정도로 감소되었습니다. 세계보건기구에서는 B형간염 표면 항원의 양성률이 8% 이상인 국가를 B형간염 유행 지역으로 정해 출생 후 24시간 이내에 백신을 접종하도록 권장하고 있습니다. 그 밖의 나라들도 필수 접종에 포함시켜 상황에 맞게 접종 스케줄을 정하도록 하고 있습니다. 우리나라의 경우는 비교적 B형간염이 빈발하는 지역으로 알려져 출생 직후 24시간 이내에 의무적으로 백신을 접종받도록 하고 있습니다.

백신 Q&A

Q_ B형간염은 타사 제품과 교차 접종이 가능한가요?

A_ B형간염 백신은 타사 제품과 교차 접종이 가능합니다. 하지만 경우에 따라서 DTaP와 같은 백신은 타사 제품들과 서로 교차 접종할 수 있는지 연구가 충분치 않고, 또한 안정성이나 효과 면에서 확인되지 않은 백신끼리의 교차 접종을 금하고 있긴 합니다. 하지만 B형간염 백신은 교차 접종이 가능합니다.

Q_ 1차, 2차 접종을 받고 3차 접종을 받지 않았습니다. 처음부터 다시 접종을 시작해야 할까요?

A_ 접종 스케줄 3회를 다 마치지 못했더라도 다시 처음부터 접종을 시작할 필요는 없습니다. 기간이 얼마가 지났더라도 가능한 빨리 접종을 받으면 됩니다.

Q_ 백신 접종을 완료했는데, 얼마 전 혈액 검사를 받고 B형간염 항체가 형성되지 않았다고 들었습니다. 처음부터 다시 접종해야 하나요?

A_ 이 문제에 대해서는 소아과 의사들도 조금씩 입장이 다르긴 합니다. 실제로

B형간염 백신은 접종 후 5~10년이 지나면 항체 역가가 현저히 낮아지는 것으로 확인되었습니다. 하지만 전문가들은 이후의 면역력이 생기는 것은 항체 자체에 의해서가 아닌 '기억 면역'에 의해서 이루어진다고 말합니다. 말하자면, 이미 B형간염에 대한 면역 정보를 가지고 있어서, 실제로 간염 바이러스가 침투하더라도 지니고 있는 정보를 이용해 기억을 되살려 감염에 대항해 싸울 수 있다는 것입니다. 그렇기 때문에 다시 접종할 필요는 없다고 말합니다. 그러나 이런 장기 면역력 유지에 대한 연구는 백신 접종이 기본 3회로 축소되고 나서 그리 오랜 시간이 지나지 않았기 때문에 앞으로 접종에 대한 입장이 변할 수도 있을 것 같습니다. 이런 점을 알고 있는 소아과 의사들도 확신할 수는 없는 단계여서 안전하게 다시 한 번 접종을 받도록 권하기도 합니다.

Q_ B형간염 바이러스에 노출된 후에도 백신으로 예방이 가능한가요?
A_ 실제로 B형간염 바이러스에 노출되었더라도 7일 이내에 접종을 받으면 면역력을 얻을 수 있습니다.

04_ 뇌수막염(헤모필루스 인플루엔자 b, Hemophilus influenza type b) 백신
얼마 전까지 Hib(b형 헤모필루스 인플루엔자)은 어린아이들에게 세균성 뇌수막염을 일으키는 중요한 세균이었습니다. 헤모필루스 인플루엔자균에 감염되면 보통 중이염, 부비동염, 후두개염, 폐렴, 뇌수막염 등을 앓게 됩니다. 특히 2세부터 4세 사이에 b형 균에 감염되면 폐렴, 패혈증, 뇌수막염 등 중증 감염증이 흔하게 발생합니다.

증상– 주로 사람만 감염됩니다. 다른 대부분의 전염성 질환과 마찬가지로 기침, 재채기, 심지어는 호흡을 통해서도 공기로 전파됩니다. 뇌수막염균이 코나 입안에 국한되어 있을 때는 증상이 심하지 않은 편입니다. 하지만, 일단 폐나 혈액으로 유입되면 폐렴, 후두개염, 관절염 등 심한 감염증을 일으킬 뿐 아니라, 심각한 후유증이 생기거나 사망하기도 합니다.

일단 감염이 되면 빠르게 진단해서 적절한 항생제로 치료할 경우 2~4일이면 균이 더 이상 퍼지지 않지만, 치료를 제대로 하지 않아 몸 안에 균이 거주하는 동안은 계속해서 감염이 전파됩니다.

접종 스케줄 – 2, 4, (6)개월에 기본 접종 3(2)회, 12~15개월에 추가 1회 접종합니다.

1980년대 말 이후 서구에서는 Hib을 기본 접종에 포함시켜 Hib으로 인한 어린아이들의 중증 감염증의 발생이 급격히 낮아졌습니다. 최근 우리나라에서도 기본 접종에 포함시켜 2, 4, 6 개월에 기본 접종을 받고, 12~15개월 사이에 추가 접종을 받도록 하고 있습니다. 백신의 종류에 따라서는 2, 4개월에 기본 접종을 2회만 받는 것도 있습니다.

뇌수막염 백신의 접종 스케줄

종류	백신명(제조사)	기본 접종	추가 접종
PRP-T	악티브(사노피 파스퇴르) 히베릭스(GSK)	2, 4, 6 개월	12~15개월
PRP-OMP	페드힙(Merk)	2, 4 개월	12~15개월
HbOC	히브티터(Lederie-Praxis) 퍼스트힙(SK생명공학) 박셈힙(보령바이오파마, 노바티스)	2, 4, 6 개월	12~15개월

＊12~24개월 사이에 처음 접종을 받는 경우는 어느 백신이든 한 번만 접종합니다.
＊5세 이후에는 특별한 적응증이 없다면 접종하지 않습니다.

백신 Q&A

Q_ 뇌수막염 백신은 부작용이 없나요?

A_ 뇌수막염 백신은 매우 안전한 백신 중의 하나입니다. 현재까지 특별히 보고된 심각한 이상 반응이 없고, 보통은 접종 부위에 발적이나 통증이 있고, 부어

오를 수도 있지만 접종 후 1~2일 안에 가라앉습니다. 38.3℃ 이상 열이 나거나 보챌 수도 있지만 이도 역시 접종 후 2~3일 안에 사라집니다. 간혹 발열이나 통증을 조절하기 위해 타이레놀과 같은 해열 진통제를 복용하기도 합니다.

Q_ 뇌수막염 백신은 어떤 종류가 있나요? 서로 교차 접종이 가능한가요?
A_ 뇌수막염 백신은 서로 교차 접종이 가능합니다. 뇌수막염 백신은 백신의 효과를 항진시키기 위해 붙여 놓은 단백질의 종류에 따라 몇 가지로 분류됩니다. 국내에서 사용되는 백신은 5가지입니다. 이들 백신은 서로 교차 접종이 가능합니다.

다만, 기본 접종이 2, 4개월 2회로만 이루어진 백신을 기본 접종 중 한 번이라도 받은 적이 있다면 3회 접종을 마쳐야 하고, 이때 3회에 사용되는 백신은 이미 접종받은 백신 중 어느 것이라도 상관없습니다.

Q_ 뇌수막염 백신을 생후 50일에 처음 접종했는데 괜찮을까요?
A_ 뇌수막염 백신은 생후 6주(42일) 이후면 받을 수 있습니다. 단, 6주 이전에 조기 접종을 할 경우 백신의 효과가 충분히 나타날 수 있을지 확신할 수 없기 때문에 6주 이후에 처음 접종을 시작합니다. 조기 접종을 했다고 해서 부작용이 더 심해지는 것은 아닙니다.

Q_ 기본 접종을 마쳤는데 추가 접종을 그만 놓쳤습니다. 15개월이 지났어도 추가 접종이 가능한가요?
A_ 모든 뇌수막염 백신의 추가 접종은 12~15개월에 해야 합니다. 간혹 15개월에서 5세 사이에 추가 접종을 받아야 하는 경우, 최근 미국 질병관리센터CDC에서는 Hiberix 히베릭스, GSK를 접종하도록 허가했습니다. 특별한 경우(만성 질환이나 백혈병과 같은 암 환자, 혹은 면역 결핍 상태)가 아니라면 5세 이후에 뇌수막염 백신을 접종하라고 권장하지 않습니다.

05_ 폐구균단백결합 백신 (Pneumococcal conjugate vaccine)

폐구균은 어린아이들에게 균혈증, 폐렴, 중이염, 뇌수막염을 일으키는 중요한 원인 균 입니다. 폐구균단백결합 백신은 2000년도부터 접종이 허가되었습니다. 폐구균은 90가지의 혈청형이 알려져 있습니다. 그중 흔히 어린아이들에게 중증 감염을 일으키는 것으로 알려진 혈청형 중 7가지에 대한 면역력을 형성하도록 만들어진 백신이 현재 2세 미만의 영·유아에게 접종되고 있는 폐구균단백결합 백신입니다. 최근에는 더 많은 혈청형에 대한 항체를 형성할 수 있는 새로운 백신이 개발되어 접종될 예정입니다.

증상 – 특히 중이염, 부비동염, 인두염, 폐렴, 후두기관지염 등을 앓게 됩니다. 균혈증이 생기면 뇌수막염, 화농성 관절염, 골수염, 심내막염, 뇌농양과 같은 심각한 중증 질환에 걸려 심한 경우 사망할 수도 있습니다.

접종 스케줄 – 2, 4, 6개월에 기본 접종과 12~15개월에 추가 접종 1회(총 4회 접종) 접종합니다. 6~12개월에 처음 접종을 받는 경우, 처음 접종한 후 2개월이 지나 2회, 12~15개월에 추가 1회(총 3회 접종) 접종합니다. 12개월 이후 처음 접종을 받는 경우는 1회 접종 후 추가 접종은 하지 않습니다. 접종을 늦게 시작할 수록 접종 횟수는 줄어들게 됩니다. 그러나 백신의 효과를 극대화하기 위해서는 가능한 생후 6개월 이전에 1회 접종을 시작하는 것이 좋습니다.

알아 두면 좋은 상식

우리나라에서 폐구균은 대표적인 선택 접종에 속하지만, 세계보건기구에서는 어린아이들의 필수 접종 항목에 포함시켜 접종을 적극 권장하고 있습니다. 뇌수막염과 마찬가지로 폐구균 백신도 5세 이후에는 고위험군을 제외하고 접종을 권장하지 않습니다. 고위험군에는 무비증, 낫적혈구 빈혈, 체액 면역 결핍증, AIDS, 만성 폐질환, 신증후군 등이 속합니다.

백신 Q&A

Q_ 폐구균 백신을 접종하면 중이염이나 폐렴에 걸리지 않나요?

A_ 중이염이나 폐렴을 일으키는 원인은 매우 다양합니다. 여러 호흡기 바이러스와 세균에 감염되면 중이염이나 폐렴을 일으킬 수 있습니다. 다만, 뇌수막염의 경우와 마찬가지로 폐구균이 원인인 경우에 한해서 면역력이 생깁니다.

일단 폐구균에 감염이 되면 2세 이전의 어린아이는 심각한 감염성 질환을 일으킬 수 있어 예방이 필요합니다. 설령 폐구균이 폐렴이나 중이염의 원인 균이라도 실제로 백신에 포함된 혈청형이 아닌 다른 혈청형이 감염을 일으킨 경우에는 항체를 만들지 못할 수도 있습니다. 현재 7가지 혈청형을 포함하고 있는 7가단백결합 백신이 접종되고 있지만, 곧 10가지, 13가지 혈청형을 포함하는 백신이 접종될 예정입니다.

Q_ 선택 접종은 꼭 맞아야 하나요?

A_ 선택 접종은 각 나라의 상황에 따라 결정합니다. 우리나라에서는 뇌수막염이나 폐구균의 원인 균으로 Hib이나 폐구균이 확인된 사례가 아직 정확하게 통계로 나와 있지 않고, 접종 가격도 높아 기본 접종으로 정하기에는 무리가 있기 때문에 선택 접종으로 구별했습니다. 그러나 5세 미만의 아기에게는 Hib과 폐구균이 높은 사망률과 심각한 후유증을 일으키는 원인으로 밝혀져 세계보건기구에서 이들 두 접종을 국제적인 기본 접종 사항으로 규정하고 있다는 사실은 매우 중요합니다. 따라서 가능하다면 선택 접종으로 정해져 있더라도 할 수만 있다면 접종을 받을 것을 권합니다.

Q_ 폐구균 백신은 부작용이 너무 심해 오히려 맞지 않는 것이 좋다는데요?

A_ 폐구균 백신을 접종받은 아이가 열이 날 수 있다는 사실은 많이 알고 있습니다. 간혹 39℃ 이상 고열이 나는 아이도 있습니다. 그러나 폐구균 백신을 접종

받은 후 생길 수 있는 부작용은 다른 접종들과 크게 다르지 않습니다. 접종 부위의 부종, 발적, 통증과 발열 등이 있지요. 이런 국소 부작용의 빈도가 10~20%로 다소 높은 편이긴 하지만, 실제로 폐구균 백신 접종을 통해 예방 가능한 중증 감염과 심각한 후유증을 생각한다면 접종을 거부할 만한 근거는 없습니다. 실제로 심각한 백신 부작용이 보고된 사실도 없습니다.

06_ 소아마비(Polio)

소아마비는 장바이러스 Enterovirus에 속합니다. 많이 알려진 장바이러스들은 주로 영·유아의 여름철 장염이나 발진성 감염의 원인입니다. 대표적으로 수족구바이러스로 알려진 콕사키바이러스나 에코바이러스, 장바이러스 들이 있습니다.

소아마비는 장바이러스의 일종인 폴리오바이러스에 감염되는 것입니다. 소아마비 백신은 폴리오바이러스에 대한 면역력을 얻기 위해 접종합니다. 소아마비 백신은 경구용 백신과 주사용 백신이 있습니다. 경구용 백신은 바이러스의 독성을 약하게 만들어 사람이 감염되어도 증상이 나타나지 않을 정도로 투여해 몸에서 항체를 만들도록 유도하는 약독화 생백신입니다. 반면, 주사용 백신은 사백신인데, 얼마 전까지 경구용 백신을 접종했지만, 최근에는 경구용 백신을 접종한 후 감염증이 발생한 사례가 알려진 후 국내에서는 사백신을 접종하도록 하고 있습니다.

소아마비는 사람 간 감염으로 전파됩니다. 주로 분변이나 입을 통해 전파되지만 간혹 인두나 후두 감염도 가능합니다. 폴리오바이러스가 위장관을 통해 소장에서 증식하면서 혈액을 타고 골격근이나 신경계로 흘러 들어가면서 척수염을 일으켜 일시적인 감염증 외에도 여러 장기나 사지 마비 혹은 말초 및 중추신경을 마비시킬 수 있습니다. 일반적으로 감염자 중 95% 이상은 증상이 나타나지 않지만 1% 미만의 극소수는 이완성 마비가 오고, 예방접종이 없던 시대에는 사망하기도 했습니다.

Ⅰ. 약독화 생백신의 종류
1. MMR
2. 홍역 단독 백신
3. 풍진 단독 백신
4. 수두
5. 경구용 소아마비
6. 로타바이러스
7. BCG
8. 경구용 장티푸스
9. 일본뇌염 생백신

Ⅱ. 불활성화 사백신의 종류
1. 주사용 인플루엔자
2. 주사용 소아마비
3. A형간염
4. B형간염
5. 일본뇌염 사백신
6. DTP
7. 주사용 장티푸스
8. 인간 유두종 바이러스 (자궁경부암 백신)
9. 폐구균
10. 뇌수막염 (b형 헤모필루스 인플루엔자)

예전에는 소아마비를 앓고 나서 다리를 절거나 크고 작은 장애를 얻은 사람들을 주변에서 드물지 않게 볼 수 있었습니다. 하지만 예방접종이 널리 보급되면서 요즘은 거의 찾아볼 수 없게 되었지요. 우리나라는 2000년에 소아마비 박멸 지역으로 선언되었습니다.

<u>접종 스케줄</u> – 2, 4, 6~18개월에 기본 3회 접종과 4~6세에 추가 1회 접종을 받습니다.

백신 Q&A

Q_ 경구용 백신과 주사용 백신은 어떻게 다른가요?

A_ 경구용 백신은 약독화 생백신에 속합니다. 예방접종을 시작하고 소아마비가 거의 사라진 듯했으나 최근 백신을 접종받은 사람들 중에 소아마비에 걸린 사례가 알려지면서 대부분의 선진국에서는 불활성화 사백신으로 접종을 대체하게 되었습니다. 현재 사용하고 있는 주사제는 불활성화 사백신에 속합니다.

Q_ 소아마비 백신은 안전한가요?

A_ 소아마비 백신은 매우 안전합니다. 접종 부위의 발적이나 부종, 통증과 같은 일반적인 부작용이 생길 수 있지만, 그 외의 다른 이상 반응은 알려진 것이 없습니다. 다만 불활성화 사백신⁺에는 네오마이신이나 스트렙토마이신과 같은 항생제가 일부 포함되어 있어, 이런 항생제에 과민 반응을 보이는 경우에는 접종받지 않도록 합니다.

✚ **불활성화 사백신**– 병원체를 물리적·화학적 방법으로 완전히 불활성화시킨 것으로 인체 내에서 증식하지 못하지만 면역 획득을 유도하도록 만든 백신.

07_ MMR (홍역, 볼거리, 풍진)

MMR 백신은 홍역, 볼거리, 풍진 Measles, Mumps, Rubella에 대한 3가지 백신이 혼합되어 있습니다. 이 백신은 약독화 생백신으로 바이러스의 병독성을 약하게 만들어 체내에 주입하면 병을 일으키지 않으면서 면역력을 얻을 수 있습니다.

기본적으로 총 2회 접종을 받도록 되어 있습니다. 접종을 하면 홍역은 99% 이상, 볼거리와 풍진은 95% 이상 항체를 형성해 거의 평생 면역력을 유지할 수 있는 백신입니다. 물론 각각에 대한 단독 백신도 나와 있지만, 현재 국내에서는 단독 백신이 사용되고 있지 않습니다.

가끔 홍역, 볼거리, 풍진은 다른 질병에 비해 심각한 편은 아닌 것 같은데 굳이 접종해야 하냐고 질문을 받을 때가 있습니다. 예방접종을 하는 이유는 질병의 심각성도 중요하지만, 질병의 발생 빈도나 유행 양상과 관련된 사회적, 경제적 손실을 줄이고 가능한 모든 사람이 건강하게 살아갈 수 있도록 예방하기 위해서입니다.

이 세 질병의 특징은 무엇보다 전염력이 강합니다. 그럼, 각각의 질병에 대해 간단하게 살펴볼까요?

홍역(Measle)

홍역은 전염성이 매우 강한 급성 유행 전염병입니다. 피부의 특징적인 발진, 고열, 기침, 콧물, 결막염 증상이 약 1주일 간 나타납니다. 홍역에 걸리면 12명 중 1명은 중이염이나 폐렴으로 진행하기도 합니다. 심한 경우, 뇌염으로 인한 경련, 청력 또는 지능 저하와 같은 후유 장애를 일으킬 수도 있습니다.

1988~1989년과 1993~1994년에 걸쳐 국내에서도 홍역이 크게 유행했습니다. 백신이 접종되기 전에는 홍역으로 사망하는 경우가 드물지 않았습니다. 하지만 접종을 시작한 후 홍역의 발생은 물론이고 홍역의 합병증으로 인한 뇌염과 신경계 후유증, 사망 등 심각한 경우는 현저하게 낮아졌습니다.

볼거리(Mumps)

유행성 귀밑샘염이라고도 합니다. 옛날 어른들은 아이가 볼거리에 걸리면 '항아리 손님'이 왔다고 했습니다. 볼거리 역시 전

세계적인 유행 양상을 나타내는 감염성 질환입니다. 주로 젊은이나 어린아이들이 감염됩니다. 보통은 발열과 두통, 근육통, 식욕 부진과 같은 흔한 증상이 나타나지만, 볼거리 환자의 10%는 뇌수막염을 앓기도 합니다. 볼거리 역시 사람 간에 전파되고, 호흡기 감염과 같이 공기 중에 전파되기 때문에 전염력이 매우 강합니다.

<u>풍진(Rubella)</u>   풍진은 '3일열'이라고도 합니다. 풍진은 미열, 발진, 림프절 비대 등의 증상이 나타납니다. 발열과 함께 발진이 생기는 점이 홍역과 비슷해서 오래전에는 홍역의 다른 종류라고 생각한 학자들도 있었습니다. 하지만 풍진과 홍역은 서로 원인 바이러스가 다릅니다.

  풍진도 다른 두 질환과 마찬가지로 공기 중으로 전파되는 전염력이 매우 강한 감염성 질환입니다. 풍진에 감염되면 증상은 비교적 심하지 않습니다. 하지만 임산부가 감염되면 태반을 통해 태아가 감염되어 '선천성 풍진 증후군'에 걸리고, 경우에 따라서 사산이나 유산이 될 가능성이 있습니다.

  <u>접종 스케줄</u> - 생후 12~15개월에 1차 접종, 4~6세에 2차 접종합니다. 4~6세는 2회 접종을 권장하지만, 실제로 1회 접종을 받고 최소 28일(4주)이 지나면 언제든 2차 접종을 받을 수 있습니다.

백신 Q&A

Q_ MMR 백신은 생백신이라고 들었는데 혹시 전염력이 있을까요? 접종하고 얼마 동안 격리하는 것이 좋을까요?

A_ MMR 백신은 약독화 생백신입니다. 이 외에도 수두, 일본뇌염 생백신 등이 현재 기본 접종에 속하는 생백신들입니다. 생백신을 접종해도 전염력이 생기는 것은 아닙니다. 평소대로 생활하면 됩니다.

Q_ MMR 백신을 접종받고 언제부터 면역력이 생기나요? 접종한 지 얼마 안 되어 홍역에 걸린 아이와 접촉했습니다.

A_ 홍역 환자와 접촉해도 12개월이 지난 아이들은 접촉한 지 3일 이내에 MMR 백신을 접종하면 예방이 가능합니다. 그러므로 접종 후 접촉은 별다른 문제가 되지 않습니다.

Q_ 수두 백신과 MMR 백신을 동시에 접종해도 되나요?

A_ 수두 백신과 같은 생백신은 MMR과 동시에 접종하거나(단, 접종 부위를 다르게 해야 함), 적어도 4주 이상의 간격을 두고 접종해야 합니다. 물론 그 전에 접종해도 부작용이 생기는 것은 아닙니다. 다만, 백신의 간섭 효과가 나타나 충분히 접종 효과가 나타나지 않을 수 있습니다.

Q_ 외국에서 홍역, 풍진 단독 백신을 한 번 접종받았습니다. 볼거리 접종을 받지 않았는데 볼거리 백신을 따로 접종받아야 할까요?

A_ 외국의 경우, 특히 가까운 일본에서는 홍역, 풍진 단독 백신만 접종합니다. 접종한 지 얼마 안 되어 국내에 들어온 경우, 볼거리 단독 백신이 없기 때문에 MMR 백신을 한 번 더 접종할 수 있습니다. 하지만, 4세가 지난 아이들은 볼거리 단독 백신의 경우 1회 접종만으로도 충분히 볼거리에 대한 면역력을 얻을 수 있을 것으로 기대되어 추가로 MMR접종을 더 하지는 않습니다. MMR 백신을 한 번만 접종만 받아도 됩니다.

Q_ 3개월 전에 아이가 가와사키병 진단을 받고 면역 글로블린 치료를 받았습니다. 얼마 후 MMR 백신을 접종할 수 있을까요?

A_ 고용량의 면역 글로블린 주사를 맞은 아이는 적어도 11개월이 지나야 MMR이나 수두 접종을 받을 수 있습니다. 11개월 이전에는 백신의 효력이 나타나기 어렵습니다.

Q_ 신증후군으로 스테로이드를 복용하고 있어요. MMR 백신을 접종해도 되나요?

A_ 일반적으로 스테로이드나 면역 억제제를 치료받고 있는 어린이 환자는 생백신 접종을 연기해야 합니다. 그러나 스테로이드 치료라도 신증후군처럼 낮은 용량(2m/kg/day 또는 200mg/day)을 사용하는 환자는 MMR과 수두 백신을 접종할 수 있습니다.

고용량의 스테로이드라도 14일 이하로 사용한 경우에는 투약을 중지하면 즉시 생백신을 접종할 수 있습니다. 고용량의 스테로이드를 14일 이상 투약 중이거나 항암 치료제 등 면역 억제제 치료를 받고 있는 환자는 일반적으로 생백신을 접종하면 안 되고, 최소한 치료가 끝난 후 3개월이 지나야 생백신을 접종할 수 있습니다.

Q_ 달걀 알레르기가 있으면 MMR 접종을 할 수 없나요?

A_ 달걀 알레르기는 더 이상 MMR 백신 접종의 금기가 아닙니다. 홍역과 볼거리 백신은 계태아 조직을 기질로 만들어졌습니다. 이 때문에 과거에는 달걀 알레르기가 있는 사람에게 접종을 금했지요. 하지만 많은 학자들이 연구를 거듭한 결과 달걀 알레르기가 심한 사람이라도 안전하게 백신을 접종할 수 있다는 결론을 얻게 되었습니다.

Q_ 임신을 계획하고 있습니다. MMR 백신을 접종하면 언제쯤 임신해도 되나요?

A_ 임신을 원하는 여성이 MMR접종을 받았다면, 4주 후에는 임신이 가능합니다. 2001년 10월, 예방접종자문위원회는 풍진 백신 접종 후 임신을 연기할 수 있는 기간을 논의해서 이전의 3개월에서 4주로 단축했습니다. 물론 그 전에 홍역이나 볼거리 접종 후 임신 가능 기간은 이미 4주로 충분하다는 데 의견이 모아졌지만, 이로써 MMR 접종 후 4주가 지나면 임신을 계획할 수 있다는 데 완전한 동의가 이루어진 셈이죠.

Q_ 엄마가 임신 2개월이라도 15개월 된 아이에게 MMR 접종을 할 수 있는지요?

A_ MMR 백신 바이러스는 전염력이 없습니다. 그러므로 MMR 접종을 받았다고 해서 가족 중 누구에게 전염시킬 위험은 없습니다.

Q_ 수유 중인 산모도 MMR 접종이 가능한가요?

A_ 모유 수유 중인 산모도 MMR 접종이 가능합니다. 모유 수유를 통해 MMR 바이러스가 아이에게 전해진다 해도 아이에게 증상이 나타날 정도는 아닙니다. 또, 아이도 모유가 MMR 백신의 효과를 방해하지 않기 때문에 접종 시기가 되었다면 접종을 미룰 이유가 전혀 없습니다.

Q_ 백혈병에 걸린 동생이 있습니다. 다른 형제들도 MMR 백신을 접종하면 안 되겠지요?

A_ 형제가 백혈병으로 항암 치료를 받고 있다고 해도 MMR 백신 접종은 문제가 없습니다. 다만, 가족 중 항암 치료를 받고 있는 사람이 있다면 경구용 백신을 접종받으면 안 됩니다. 현재 국내에서는 주사용 소아마비 백신으로 대체되었고, 경구용 소아마비 백신은 더 이상 접종하지 않습니다.

08_ 수두(Varicella, Chickenpox)

수두바이러스 역시 최근까지 어린이의 감염성 질환의 가장 흔한 원인이었습니다. 수두바이러스는 수두와 대상포진이라는 두 질환을 일으킵니다. 처음 수두바이러스에 감염되면 수두를 앓는데, 수두바이러스가 지각 신경절에 잠복해 있다가 재발하면 대상포진의 증상이 나타납니다.

수두바이러스도 MMR의 경우처럼, 기침이나 재채기, 호흡을 통해 공기 중에 퍼져 나가 전염력이 높습니다. 게다가 수두의 특징인 수포가 터지면서 직접 접촉을 통해서도 전염됩니다.

증상 – 흔히 2~3주의 잠복기를 거친 뒤 증상이 나타납니다. 발열, 두통,

복통, 피로감, 식욕 부진이 생기면서 1~2일 안에 발진이 생깁니다. 보통 발진이 생기기 1~2일 전부터 전염될 수 있습니다. 수포가 터져 딱지가 생길 때까지 계속되는데, 보통 발진이 생긴 후 4~5일 혹은 약 1주일 정도가 됩니다.

수두 증상 자체는 그다지 심하지 않은 편입니다. 하지만 수포를 통해 2차 세균 감염이 생기기도 하고, 드물지만 뇌염으로 진행하기도 합니다. 특히, 분만 직전 또는 분만 후의 산모가 감염되는 경우에는 신생아의 3분의 1이 적절한 치료를 받지 못하는 경우 사망할 수 있습니다.

수두 발진은 보통 두피, 얼굴, 몸통에 먼저 나타나고 나중에는 사지에도 생깁니다. 심하게 가렵고, 처음에는 붉은 반점 모양이다가 곧 구진을 거쳐 반점 중심에 눈물 방울 모양의 수포가 생깁니다. 1~2일이 지나면 농포로 변하면서 가운데가 배꼽처럼 오목하게 파인 모양이었다가 딱지가 생깁니다.

수두에 걸리면 몸 안에 잠복해 있던 바이러스가 다시 활성화되면서 대상포진을 일으키는데, 아이들보다는 연장자에게 대상포진으로 인한 수포성 발진과 통증이 심하게 나타납니다.

무엇보다 면역력이 약한 사람이 수두바이러스에 감염되면 중증 합병증을 일으킬 수 있어 의료인이나 가족 중 면역력이 약한 사람이 있으면 반드시 접종을 받아야 합니다. 더구나 공기 중 전염으로 인한 강한 전염력 때문에 학교, 군대, 집단 시설이나 어린이집과 같은 곳은 수두가 유행할 가능성이 높습니다.

접종 스케줄 – 국내에서는 2005년부터 수두가 기본 접종에 포함되었습니다. 12~15개월에 1회 접종을 받도록 하고 있습니다. 최근 몇몇 국가에서는 수두 백신도 장기간 면역력이 지속되도록 하기 위해 MMR처럼 2회 접종을 권장하고 있습니다.

백신 Q&A

Q_ 수두 백신을 접종받았는데도 수두에 걸릴 수 있나요? 친구들에게 전염시킬 수도 있나요?

A_ 수두 백신을 접종받아도 수두에 걸리기도 합니다. 뿐만 아니라 백신으로 인해 증상은 경미하더라도 바이러스가 전파될 수 있기 때문에 수포에 딱지가 생길 때까지 학교나 어린이집에 보내지 않는 것이 좋습니다.

Q_ 수두 백신을 두 번 맞으라는 권유를 받았습니다. 수두는 돌이 지나 1회 접종만 받도록 되어 있지요?

A_ 현재 국내에서 수두 백신은 기본 1회만 접종받도록 되어 있습니다. 하지만 수두 백신의 예방 효과는 100%가 아닙니다. 최근 미국 등 몇몇 국가에서는 수두 백신도 MMR처럼 기본 2회 접종을 권장하고 있습니다. 보통 12~15개월에 1차 접종을, 4~6세에 2차 접종을 받도록 하고 있습니다. 1차 접종 후 최소 3개월이 지나면 2차 접종을 받을 수 있습니다. 이처럼 2회 접종을 권장하는 이유는 수두 백신의 효과가 2차 접종까지 마친 사람들 중 90%만이 100%에 가까운 면역력이 생기기 때문입니다.

알아두면 좋은 상식

최근 일본과 미국의 학자들은 수두의 추가 접종이 필요한지에 대해서 연구하고 있습니다. 2회의 기본 접종을 받더라도 그 면역력이 얼마나 오래 유지될 수 있는지 아직 확인되지 않았기 때문입니다. 만약 2회 접종으로도 백신의 효과가 오래 계속되지 못한다고 밝혀지면 아마도 추가 접종에 대해서도 심각하게 고려할 것 같습니다.

Q_ 수두 접종을 받은 기억도 없고, 수두를 앓은 적도 없는 것 같습니다. 수두 환자와 접촉했으면 백신을 접종받아야 할까요?

A_ 수두바이러스에 대한 면역력이 있는지 확실하지 않다면, 수두 환자와 접촉한 후 3~5일 이내에 백신을 접종하면 감염을 예방하거나 증상을 약하게 할 수 있습니다.

Q_ 임신 사실을 모르고 수두를 접종받았습니다. 임산부가 수두를 접종받아도 되나요?

A_ 임산부는 수두 백신을 접종받으면 안 됩니다. 만일 임신한 사실을 모르고 수두 백신을 접종받았다면 반드시 담당 의사와 상의해야 합니다.

◉ 수두 백신을 접종해서는 안 되는 경우

- 젤라틴에 심각한 알레르기가 있는 사람은 접종하면 안 됩니다. 달걀 알레르기와는 무관합니다.
- 접종 당시 심각한 질병이 있으면 접종하면 안 됩니다.
- 임산부는 수두 백신을 접종해서는 안 됩니다.
- 항암 치료를 받고 있거나 여러 가지 원인으로 인해 면역력이 약한 사람은 접종해서는 안 됩니다.
- 최근 혈액 제제를 수혈받은 사람은 적어도 3~11개월 동안 수두 접종을 받을 수 없습니다.
- 수두 백신을 접종받은 후 적어도 6주 동안 아스피린을 포함한 약물은 복용하지 않도록 합니다. 수두 감염과 아스피린 복용은 라이증후군을 일으키기도 합니다.

Q_ 수두 백신의 부작용에는 어떤 것들이 있을까요?

A_ 접종 부위에 통증, 발적, 부종이 생길 수 있습니다. 대부분 접종 후 생길 수

있는 일반적인 부작용들입니다. 또 접종 후 1~4%는 경미한 발진이 나타나기도 합니다. MMR 백신과는 달리 수두 백신 접종 후 발진이 나타났다면, 백신에 포함된 바이러스의 전염성도 고려해야 합니다. 때문에 접종 후 발진을 발견하면 어린이집이나 학교에 며칠 동안 보내지 않아야 합니다.

백신 접종 후 약 2주 무렵에 미열이 날 수 있지만, 보통 1~2일 안에 좋아집니다. 그리고 접종 후 열성 경련이 일어날 수도 있습니다. 이는 백신 자체보다는 열 때문에 이차적인 경련이 나타나는 것으로 보입니다.

Q_ 수두 백신을 다른 백신과 동시에 접종해도 될까요?

A_ 다른 백신과 동시에 접종할 수 있습니다. 단, MMR백신과 같은 생백신은 동시에 접종하지 않으며, 최소 4주의 간격을 두고 접종해야 접종 간 간섭 효과를 막을 수 있습니다. 그 외의 다른 백신들은 대부분 동시에 접종할 수 있습니다. 또한 가능하면 같은 시기에 하는 접종은 같은 날 하는 것이 좋습니다. 왜냐하면 아이의 고통을 줄이고, 병원을 오가는 번거로움을 줄여줌과 동시에 다른 감염이 될 수 있는 위험으로부터 아이를 보호할 수 있습니다. 더구나 동시에 여러 백신을 접종하더라도 접종의 효과가 떨어지거나 부작용이 더 심해지는 것은 아닙니다.

알아두면 좋은 상식

최근에는 MMR과 수두 백신을 혼합한 MMRV라는 백신이 실제로 사용될 준비를 하고 있습니다. 접종 스케줄이 같고 주삿바늘을 두 번 찌르는 것을 피할 수 있어 혼합 백신의 유용성에 대한 연구가 진행 중입니다.

09_ 일본뇌염

일본뇌염은 모기에 의해 전파되는 급성 바이러스 질환입니다. 주로 동남아시아, 서태평양 국가들이 일본뇌염이 발생하는 지역입니다. 물론 한국, 일본, 중국 등도 일본뇌염 발생국에 속합니다.

일본뇌염은 대부분 증상이 나타나지 않지만, 감염된 사람의 약 500~1000명 중 한 명은 뇌염으로 발전할 수 있습니다. 일단 뇌염으로 진행하면 심한 후유증을 남기거나 심지어 사망할 수도 있는 위험한 질병입니다. 15세 미만의 아이들이 감염되었을 때 주로 문제가 됩니다. 특히 5~8세의 취학 전 아이들이 일본뇌염 바이러스에 쉽게 감염됩니다.

일본뇌염 바이러스는 돼지나 닭과 같은 가축의 몸에서 잘 번식합니다. 뇌염 모기가 바이러스의 중간 숙주 역할을 하는데, 가축의 피를 빤 뒤 사람을 무는 과정에서 바이러스를 사람에게 전달합니다. 모기가 가장 활기를 치는 여름철에는 모기로부터 아이들을 보호하는 것이 가장 일차적인 예방일 것입니다.

백신이 도입되기 전에는 해마다 수백에서 수천 명이 일본뇌염에 감염된 것으로 보고되었습니다. 하지만 백신의 접종과 환경 위생의 변화로 일본뇌염 발생을 현저하게 줄일 수 있게 되었습니다.

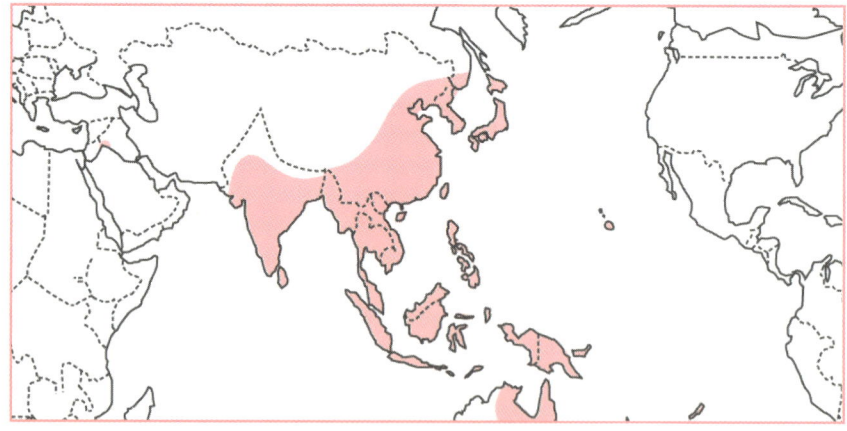

＊ 지도에서 색으로 표시된 지역들이 일본뇌염 발생 위험 지역입니다.

증상 – 일본뇌염의 증상은 갑작스럽게 고열과 두통, 호흡기 증상, 구토, 복통, 지각 이상과 같은 증상이 나타나면서 시작됩니다. 간질, 의식장애, 혼수상태 등으로 진행하다 10일 안에 사망하는 무서운 병이지요. 물론 경과가 좋다면 1주일 전후로 열이 내리기도 하지만, 그 후에도 오랫동안 마비나 신경계 증상들이 남습니다.

접종 스케줄

1. 사백신 (권장)
- 기본 접종: 12~24개월에 1~2주 간격으로 접종, 1년 후 1회 접종.
- 추가 접종: 6세, 12세에 각각 1회 접종.

2. 생백신
- 기본 접종: 12~24개월에 1회 접종, 1년 후 1회 접종.
- 추가 접종: 6세에 1회

알아두면 좋은 상식

백신은 크게 사백신과 생백신 두 종류가 있습니다. 보통 공통적으로 안정성이 인정되어 널리 사용되는 백신은 사백신입니다. 사백신은 불활성화된 일본뇌염 사백신을 만들 때 쥐의 뇌 조직을 이용한 것과 세포 배양 조직을 이용한 것으로 나눌 수 있습니다. 현재 쥐의 뇌 조직을 이용한 사백신이 접종 후 중추신경계에 부작용을 일으키지 않는 것으로 밝혀져 접종의 기본 백신으로 권장되고 있습니다.

백신 Q&A

Q_ 일본뇌염 접종은 여름에만 해야 하나요?

A_ 가능하면 일본뇌염이 유행하는 시기인 여름이 오기 전에 1회 접종을 받는

것이 좋습니다. 그러나 접종할 나이가 되면 시기를 기다리거나 지체하지 말고 차례대로 접종받도록 합니다. 다만, 일본뇌염이 유행하는 곳에서는 6개월 이상 된 아이들도 백신 접종을 받을 수 있습니다.

Q_ 생백신은 접종 횟수가 적어서 비용이 적게 들고, 아이들이 접종의 고통을 덜 겪을 수 있을 것 같아요. 오히려 사백신을 접종하는 것보다 효과적이지 않을까요?

A_ 1988년 이후 중국에서 생산된 약독화 생백신이 사용되고 있습니다. 일반적으로 일본뇌염 백신의 접종 시기나 횟수는 유행하는 지역에 따라 조금씩 다른데, 궁극적으로는 접종의 횟수를 줄이면서 효과를 높이려는 목적이 있습니다. 우리나라에서는 2002년부터 생백신이 접종되고 있는데, 생백신은 아직까지 세계보건기구나 질병관리국에서 안정성 평가가 내려지지 않아 일차적으로 권장되는 백신은 아닙니다. 현재 우리나라에서는 쥐의 뇌 조직을 이용한 불활성화 사백신을 접종할 것을 권장하고 있지요. 그러나 백신의 효과와 접종 횟수에 대한 연구가 계속되면 더 경제적이면서 오래 효과가 지속되는 더 좋은 백신이 생산될 것입니다.

Q_ 백신의 부작용은 심각하지 않나요? 그리고 백신을 접종받아도 뇌염에 걸릴 수 있나요?

A_ 일반적인 백신의 부작용은 접종 부위의 발적, 통증, 부종 등으로 다른 백신과 동일합니다. 약 10%에서는 발열, 오한, 발진, 근육통, 위장관 증상이 나타날 수도 있습니다. 또 접종 후 알레르기성 과민 반응을 보일 수도 있습니다.

10만 개의 백신 당 0.1~0.2건 정도의 빈도로 중등도 이상의 신경학적 증상이 나타날 수 있습니다. 과거 일본뇌염 접종과 관련되어 치명적인 합병증인 '급성 파종성 뇌염'의 사례가 보고된 적도 있습니다. 그러나 정작 백신을 접종받지 않고 일본뇌염에 감염된 아이들의 30~50%가 사망할 수 있다는 점을 고려해 보면 백신 접종을 하는 것이 더 좋을 것입니다.

10_ 로타바이러스

로타바이러스 백신은 약독화 생백신으로 경구용입니다. 5세 이하의 어린 아이들이 로타바이러스에 감염되면 심한 구토와 설사로 탈수증 로타바이러스 장염에 걸립니다.

로타바이러스장염 – 일단 바이러스에 감염되면 48시간도 안 되어 열이 나고 구토를 합니다. 1~2일 후에는 열이 내리고 구토 증세도 사라지는데, 설사가 5~7일간 계속되는 특징이 있습니다. 특히 '쌀뜨물' 처럼 뿌옇고 물 같은 설사는 어린아이들이 쉽게 탈수될 수 있는 원인이기 때문에 적절하게 조치하지 않으면 탈수로 인해 사망할 수도 있습니다. 예전에는 심한 설사 후 탈수 증상이 마치 콜레라 환자의 증상과 비슷해서 '가성콜레라' 라고 부르기도 했습니다.

로타바이러스장염은 대변이나 입을 통해 전파되고, 후진국은 물론이고 선진국에서도 어린이 장염의 주요한 원인입니다. 보통 우리나라와 같은 온대 지방에서는 늦가을부터 겨울까지 많이 발생합니다. 생후 3개월부터 2세 이하의 아이들이 흔히 감염됩니다. 최근에는 신생아실이나 산후조리원 등에서 집단적으로 유행해 문제가 되기도 했었지요.

백신 접종을 시작한 후로 로타바이러스장염의 발생이 눈에 띄게 줄어들었습니다. 개발도상국에서는 로타바이러스장염으로 인한 사망률이 낮아졌고, 선진국에서는 아이들의 입원으로 인한 경제적 사회적 비용의 손실을 상당 부분 예방할 수 있게 되었습니다. 로타바이러스 백신은 세계보건기구가 유행 국가에서는 국가 지정 접종으로 포함시킬 것을 권장하는 백신입니다.

접종 스케줄 – 접종은 생후 6주부터 시작할 수 있고, 흔히 2, 4,(6)개월에 접종합니다. 현재 두 종류의 백신이 접종되고 있습니다. 로타릭스는 2, 4개월, 총 2회 접종합니다. 2회차는 6개월 이후에는 접종하지 않습니다. 그리고 로타텍은 2, 4, 6개월, 총 3회 접종합니다. 3회차는 8개월이 지나면 접종하지 않습니다.

> **백신 Q&A**

Q_ 로타바이러스 백신은 꼭 접종해야 하나요?

A_ 세계보건기구에서는 국가 기본 접종으로 로타바이러스 백신을 접종하도록 강력히 권장하고 있습니다. 로타바이러스는 영·유아의 심한 설사성 장염의 가장 흔한 원인에 속합니다. 통계에 의하면 매년 50만 명 이상의 어린이들이 로타바이러스장염으로 심한 설사와 탈수를 이기지 못해 사망하고 있습니다. 백신이 접종되기 전까지는 우리나라에서도 해마다 늦가을부터 겨울철에는 로타바이러스장염으로 입원하는 아이들이 매우 흔했습니다. 심지어 한때는 산후조리원에서 신생아들이 집단적으로 감염되기도 했습니다. 백신이 도입된 지 이제 겨우 3년째인데 로타바이러스장염은 진료실에서도 쉽게 찾아볼 수 없을 만큼 눈에 띄게 줄었습니다. 물론 예전처럼 설사를 심하게 하는 경우도 별로 없는 것 같습니다.

Q_ 로타바이러스 백신을 접종하면 장염에 걸리지 않나요?

A_ 로타바이러스 백신을 접종했다고 모든 장염을 다 예방할 수 있는 것은 아닙니다. 장염을 일으키는 병원균은 여러 종류의 세균과 바이러스들입니다. 이질이나 장티푸스와 같은 세균성 장염을 비롯해서, 노로바이러스, 엔테로바이러스 등 다수의 바이러스 감염증이 아이들의 급성 장염을 일으킵니다. 다만, 로타바이러스의 유행 양상과 탈수 정도, 그로 인한 사망률 등을 고려해 백신 접종이 시작되었지요.

Q_ 백신의 종류는 어떤 것이 있나요? 효과가 각각 다른가요?

A_ 로타바이러스 백신은 주사제가 아닙니다. 장관 면역을 형성해야 하기 때문에 먹는 백신으로 개발되었습니다. 현재 허가되어 접종하고 있는 백신의 종류는 2가지입니다. MSD사의 로타텍과 GSK사의 로타릭스입니다.

로타텍 – 총 3회 접종을 합니다. 최소 생후 6주가 지나면 1회 접종을 하고, 이 후 2개월(4~10주) 간격으로 2회 접종을 더 합니다. 1회 접종은 생후 14주 6일(혹은 12주)이전에는 반드시 해야 하고, 늦어도 생후 32주 이전에 총 3회 접종을 마쳐야 합니다. 생후 32주가 지나면 혹시 마지막 접종이 늦어졌다고 해서 더 접종하지는 않습니다.

로타릭스 – 총 2회 접종을 합니다. 1회 접종은 역시 생후 6~12주 안에 시작해서 2개월(또는 4주) 간격을 두고 2회 접종을 받습니다. 로타릭스는 생후 24주 이전에 총 2회 접종을 마치도록 합니다. 두 백신의 효과는 거의 비슷하다고 알려져 있습니다.

Q_ 로타바이러스 장염에 걸린 적이 있으면 백신 접종을 받지 않아도 되나요?

A_ 장염을 일으킬 수 있는 로타바이러스는 여러 혈청형이 관여합니다. 그중 백신으로 예방이 가능한 유형은 5가지 정도로 아직은 제한적입니다. 그래서 로타바이러스장염에 걸렸더라도 접종을 통해 다른 유형의 바이러스 감염에 대한 면역력이 생길 수 있을 것으로 기대됩니다. 실제로 자연 감염이 된 후 40%가 방어력을 가질 수 있고, 감염이 반복될수록 방어할 수 있는 혈청형이 많아져 방어력이 증가할 수 있습니다. 따라서 한 번 로타바이러스 장염에 걸렸더라도 백신 접종을 받을 수 있습니다.

Q_ 백신을 접종하면 오히려 장염에 걸리기도 한다던데요?

A_ 로타바이러스 백신은 생백신이기 때문에 접종하고 나서 가벼운 설사, 구토 정도는 할 수 있습니다. 그러나 탈수가 될 정도로 심한 증상이 나타나는 것은 아니어서 접종을 미루지 않아도 됩니다.

Q_ 8개월이 지나면 접종해서는 안 되는 이유가 뭐죠?

A_ 생후 8개월이 지나면 접종을 받지 않습니다. 이유는 8개월 이후에 접종하면

장중첩증이라는 백신 합병증이 발생할 수 있습니다. 또 로타바이러스장염이 주로 3세 미만의 영·유아에게서 흔한 데다가, 심지어 1세 이전의 높은 영아 사망률의 가장 흔한 원인이 심한 장염이기 때문에 접종이 늦어지면 합병증과 더불어 백신의 효과를 기대하기 어렵습니다.

11_ A형간염 (Hepatitis A)

A형간염 HAV은 A형간염 바이러스 감염으로 발생하는 심한 간질환을 말합니다. HAV는 사람의 분변에서 발견되고, 주로 사람 간 직접적인 접촉이나 오염된 음식이나 물을 통해 전파됩니다.

증상–가벼운 감기처럼 앓기도 하고 황달이나 심한 복통, 구토, 설사와 같은 위장관 증세를 보이기도 합니다. 황달은 아이들보다는 연장자가 감염되었을 때 더 잘 나타납니다.

일반적으로 어린아이가 A형간염에 걸렸을 때 98%는 완전히 회복됩니다. 그러나 감염된 환자의 20% 이상이 입원해서 치료해야 하고, 감염된 환자 1000명 중 3~5명은 사망할 수도 있습니다.

A형간염은 전염성이 매우 높고, 특별히 비위생적인 환경에서 사람의 배설물에 의해 오염된 물이나 음식물의 섭취가 중요한 감염 경로입니다. 이런 이유로 인해 중남미, 아시아, 멕시코, 아프리카, 동유럽 지역이 A형간염의 발생 빈도가 높습니다. 이 지역으로 여행을 계획하는 사람들은 여행 전에 미리 백신을 접종받아 A형간염을 예방해야 합니다.

무엇보다 가족끼리 빠르게 감염될 수 있고, 친밀한 접촉이 잦은 어린이집이나 유치원에서 쉽게 전파될 수 있어 주의해야 합니다. 다른 감염증과 마찬가지로 철저한 위생 교육과 청결한 환경을 유지하는 것이 감염의 예방을 위해 무엇보다 중요합니다.

특히 우리나라는 아주 어릴 때부터 어린이집에 다니는 경우가 많기 때문에 B형간염의 발생 빈도가 비교적 높습니다. A형간염과 B형감염에 동시에 감염되면 병의 경과를 악화시킬 수 있어 A형간염 백신의 접종이 아직 기본 접종 항목에 들어 있지 않아도 가능한 반드시 접종받는 것이 좋습니다.

접종 스케줄 – 생후 12~23개월에 2회 접종받는 것을 원칙으로 하고 있지만, 2세 이후라도 언제든지 A형간염 백신을 접종받도록 합니다. 두 번째 접종은 처음 접종받은 후 적어도 6개월의 간격을 두어야 합니다. 백신의 종류에 따라 6~12개월, 혹은 6~18개월의 간격을 두고 2회 접종합니다.

알아 두면 좋은 상식

A형간염 백신은 불활성화 사백신에 속하고, 접종 후 94~100%의 예방 효과가 있는 것으로 알려져 있습니다. 이런 백신의 효과가 얼마나 오래 계속되는지 정확히 밝혀지지는 않았지만, 학자들은 20년 이상 백신의 효과가 있을 것으로 보고 있습니다.

백신 Q&A

Q_ A형간염 백신은 꼭 접종해야 하나요?

A_ 돌 지난 아이들, 유행 지역으로 여행 예정인 1세 이상의 모든 사람들, 동성애자 또는 약물을 남용하는 경우, 만성 간질환을 앓고 있는 사람, 의료 기관 종사자 등은 A형간염을 꼭 접종해야 합니다.

A형간염은 여전히 산발적으로 발생하는 편입니다. 특히 맞벌이 부부가 늘어나 일찍부터 어린이집에 다니는 아이들이 많아지면서 A형간염 발생을 예방하는 것은 매우 중요합니다.

Q_ 두 살이 지나서 A형간염 백신을 접종해도 되나요?

A_ 백신 접종의 권장 연령이 지났더라도 가능하면 빨리 백신을 접종받는 것이

좋습니다.

Q_ A형간염이 유행하는 지역으로 여행할 계획이 있어 백신을 접종받으려고 합니다. 언제 접종받는 것이 좋을까요? 이런 경우에도 접종을 두 번 다 받아야 하나요?

A_ 유행 지역으로 여행을 계획하고 있다면 적어도 여행을 떠나기 한 달 전에 백신을 접종받아야 합니다. 부득이 한 달 이내에 출발해야 하는 경우라면 면역 글로블린 주사를 맞을 수 있습니다. 면역 글로블린 주사로 빠른 면역력을 얻을 수 있지만 효과는 일시적입니다.

Q_ 백신을 접종해서는 안 되는 경우도 있나요?

A_ 첫 번째 접종 후 심한 알레르기 반응이 있었다면 다음 접종은 보류하는 것이 좋습니다. 또 접종 예정일에 심한 질병에 걸려 있다면 질병이 회복될 때까지 접종을 연기하는 것이 좋습니다. 물론 가벼운 감기나 병이 심각하지 않으면 접종이 가능합니다.

임산부가 A형간염 백신을 접종받는 것에 대해서는 아직도 논란의 여지가 있긴 합니다. 하지만 대체로 임산부가 접종받더라고 특별히 위험하다는 증거는 없다고 합니다.

Q_ 접종 후 부작용은요?

A_ 백신 접종의 부작용은 접종 부위의 통증이나 부종과 같이 일반적인 국소 반응이 대부분입니다. 드물게 열이 나거나 식욕이 떨어지기도 하지만 심각한 부작용은 없습니다.

12_ 인플루엔자 (계절 독감)

흔히 독감이라고 부르는 인플루엔자 바이러스 감염은 우리나라에서는 늦가을부터 이듬해 봄까지 유행하는 비교적 심한 호흡기 감염입니다.

독한 감기 증상을 나타내는 원인은 인플루엔자 바이러스 중 A형, B형입니다. A형에 비해 B형 인플루엔자 감염은 증상이 덜 심하고, 주로 어린 연령의 사람이 감염됩니다. 반면, A형 인플루엔자는 증상과 병의 경과가 심하고, 사람뿐만 아니라 동물도 감염됩니다. 이런 이유로 최근 조류 인플루엔자나 돼지 인플루엔자가 사람 감염에서 중요하게 다루어지고 있습니다.

특히 A형 인플루엔자는 크게 두 종류의 표면 항원인 H와 N이 있습니다. H는 16가지의 혈청형이 알려져 있고, N은 현재까지 9개의 혈청형이 알려져 있습니다. 유전적인 변형을 일으켜 새로운 A형 바이러스를 만들어 내는 특징이 있습니다. 새로운 바이러스가 출현하면 사람들은 여기에 대항할 준비가 되어 있지 않습니다. 그래서 일단 감염이 되면 질병으로 쉽게 진행하고 빠르게 전파되어 짧은 시간 안에 수 많은 사람들이 감염되는 범유행의 성향을 띠게 됩니다. 최근 조류 독감 바이러스의 대유행이나, 또 신종 돼지 인플루엔자의 공포도 이런 A형 인플루엔자의 특성 때문에 발생한 것입니다.

주로 호흡기를 통해 공기 중 전염으로 감염되고, 또 호흡기 분비물에 직접 접촉해서 감염될 수 있습니다.

증상 – 인플루엔자의 증상은 갑작스런 발열, 근육통, 인후통, 마른기침이 특징입니다. 콧물, 두통 또는 빛에 민감한 반응을 보이거나 가슴이 화끈거리기도 합니다. 하지만 증상이 심한 정도는 개인의 면역력에 따라 차이가 날 수 있어서, 심하게 앓는 경우도 있지만 비교적 가볍게 앓고 지나가는 경우도 있습니다.

보통 감기라고 여기는 다른 호흡기 질환들과는 달리 굳이 인플루엔자를 '독감' 이라고 따로 부르는 이유는 인플루엔자 감염이 단순한 감기 증상을 넘어, 입원 치료가 필요하거나 심지어 사망할 수도 있는 심각한 질환이기 때문입니다.

접종 스케줄 – 보통 6개월부터 9세 미만의 아이가 처음 독감 백신을 접종할 때는 1개월 간격을 두고 2회 접종합니다. 그 다음 해부터 매년 1회 접종합니다. 9세 이상부터 성인은 매년 1회 접종합니다.

백신 Q&A

Q_ 이틀 전 독감에 걸린 친구와 놀았어요. 혹시 독감에 걸렸다면 언제쯤 증상이 나타날까요?

A_ 독감 바이러스(인플루엔자 A, B)에 감염되면 1~4일의 잠복기를 거쳐 증상이 나타납니다. 보통은 접촉 후 이틀 뒤 가장 많이 증상이 나타납니다.

Q_ 아이가 어제까지 멀쩡했는데 오늘 오전에 갑자기 고열이 나요. 이렇게 갑자기 아플 수도 있나요?

A_ 네, 독감 증상의 특징은 갑작스럽게 열이나거나 두통, 인후통 등을 호소하는 것입니다. 어제까지 멀쩡하던 아이가 오늘 유치원에서 열이 난다고 전화가 오지요. 마치 출발선에 선 100m 달리기 선수들이 출발을 알리는 총소리를 듣자마자 전속력으로 달리는 것과 비슷하답니다.

Q_ 독감 예방접종은 꼭 해야 하나요?

A_ 독감은 그 자체로도 다른 바이러스성 호흡기 감염증(흔히 감기라고 부르는 대부분의 질환들)보다 전염력이 빠르고 증상이 더 심합니다. 해마다 계절성 인플루엔자가 유행하는 10월부터 이듬해 5월까지 독감으로 입원하거나 사망하는 환자들이 매우 많습니다.

Q_ 접종이 꼭 필요한 사람은 어떤 사람이지요?

A_ 독감은 무엇보다 2차 감염증이 빠르게 나타납니다. 특히 세균성 폐렴을 동반하는데, 세균성 폐렴은 65세 이상의 연장자나 5세 미만의 어린아이들, 혹은 만성 질환을 앓고 있거나 면역 결핍증을 앓고 있는 환자들에게는 무서운 합병

증이 생겨 심지어는 사망할 수도 있습니다.

Q_ 임산부도 접종이 가능한가요?
A_ 특히 임산부의 감염은 태아 사망을 일으킬 수도 있어서 독감이 유행할 때에는 반드시 임산부도 독감 백신을 접종받아야 합니다.

◉ 독감 예방접종이 꼭 필요한 경우

- 65세 이상의 연장자
- 6개월 이상~5세 미만의 어린이
- 6개월 이상 만성 질환을 앓고 있는 사람
- 요양원이나 치료소에 장기 거주하는 의료인 및 고용인
- 6개월에서 18세 연령에서 아스피린을 장기 복용하고 있는 사람
- 위의 5가지 경우에 속하는 사람들의 가족

Q_ 독감 예방접종은 해마다 꼭 해야 하나요? 접종하면 얼마 후에 면역력이 생기나요?
A_ 네, 독감 예방접종은 해마다 받아야 합니다. 앞서 언급한 것처럼, 인플루엔자 바이러스의 특성은 해마다 크고 작게 변형되어 다른 형의 바이러스가 유행한다는 것입니다. 작년에 백신을 맞았어도 올해는 새로운 형태의 바이러스가 유행하기 때문에 다시 접종해야 합니다.

Q_ 독감 예방접종은 어떤 종류가 있나요?
A_ 독감 백신의 종류는 크게 사백신과 생백신 2가지로 나눌 수 있습니다. 흔히 주사로 접종하는 백신은 불활성화 사백신으로 바이러스의 일부 또는 전부를 화학 처리한 것을 체내에 주사하고 면역 반응을 유도합니다.

반면, 생백신은 사백신의 불충분한 효과를 개선하기 위해 코로 흡입하는 약

독화 인플루엔자 생백신입니다. 사백신에 비해 주사 맞는 고통을 겪지 않아도 되는 장점이 있습니다. 하지만 생백신을 직접 주입하는 경우라서 만 2세 이상, 49세 미만의 임신하지 않은 건강한 사람에게만 접종이 허용됩니다.

Q_ 독감 백신의 부작용에는 어떤 것들이 있나요?
A_ 사백신의 부작용은 비교적 경미한 편입니다. 보편적인 접종 부작용인 접종 부위의 통증, 발열, 알레르기 반응을 보인 사례도 보고되었습니다. 생백신은 발열, 코막힘, 콧물 등 감기와 유사한 증상이 나타날 수 있다고 알려져 있지만 심각한 정도는 아닙니다.

Q_ 독감 예방접종을 받으면 오히려 감기 증상이 나타난다는데 굳이 접종해야 할까요?
A_ 아닙니다. 물론 어느 정도 열이 나기도 하고, 다소 몸이 안 좋은 듯한 느낌이 들 수도 있습니다. 하지만 오래 계속되는 증상이 아니고, 보통은 1~2일 정도 가볍게 지나갑니다. 실제로 계절성 인플루엔자인 독감에 걸리면, 개인의 면역력에 따라 차이가 있지만, 심한 경우 입원은 물론이고 2차 감염에 의한 합병증 등으로 사망할 수도 있습니다. 반드시 접종하는 것이 좋습니다.

Q_ 독감 백신을 접종하면 근육이 점점 마비되는 길랑-바레(Guillain-Barre) 증후군에 걸린다고 들었어요.
A_ 길랑-바레 증후군은 급성 염증성 탈수초성 신경염에 속합니다. 어떤 원인으로든 결국 신경에 염증성 병변이 생겨 염증이 퍼지면서 신경의 지배를 받는 근육이 점점 마비되는 병입니다.
바이러스나 세균과 같은 감염성 질환이 길랑-바레 증후군 발생과 많은 연관이 있을 것이라고 생각됩니다. 특히 인플루엔자 바이러스가 길랑-바레 증후군과 관련이 있다는 연구 보고도 있습니다. 실제로 1976년에 돼지 인플루엔자가 대유행했을 때, 백신 접종 후 500여 명이 이 증후군에 걸렸고, 이 중 25명은 심각한 합병증 때문에 사망했습니다. 하지만 아직도 백신의 어떤 부분이 이 증후군의 발생과 직접적인 연관이 있는지 분명하게 밝혀지지 않았습니다. 더구나 이 사건 외에 인플루엔자 바이러스와 길랑-바레 증후군의 발생이 보고된 적이 없습니다. 통계적으로는 100만 개의 백신을 접종하면 한 건 정도가 길랑-바레 증후군 발생 가능성이 있다고 합니다.

Q_ 백신을 접종한 뒤 효과는 언제 나타나나요?
A_ 백신을 접종하고 약 2주가 지나면 독감 바이러스에 저항할 수 있는 힘이 생깁니다.

Q_ 작년에도 독감을 앓았는데 올해도 독감에 또 걸릴 수 있나요?
A_ 작년에 독감을 앓았어도 올해 다시 걸릴 수 있습니다. 백신을 해마다 접종해야 하는 이유가 바로 이 때문입니다. 인플루엔자 바이러스가 해마다 달라지기 때문에 적합한 백신을 접종해야만 예방 효과가 있습니다.

Q_ 독감 백신은 언제 접종하는 것이 좋은가요?
A_ 계절성 인플루엔자는 보통 11월부터 이듬해 5월까지 유행합니다. 백신을 접종하면 약 2~4주 후부터 인플루엔자 바이러스에 저항할 능력이 생기기 때문에 보통 9월 말~11월 사이에 접종하는 것이 가장 좋습니다. 그렇지만, 적당한 시기를 놓쳤다고 해서 백신 접종을 포기할 필요는 없습니다. 이듬해 5월까지 유행하는 점을 고려할 때 늦더라도 접종을 받는 것이 좋습니다.

인플루엔자 예방 수칙

- 먼저 기침이나 재채기를 할 때는 옷소매나 휴지로 코와 입을 가리고, 사용한 휴지는 바로 휴지통에 버리세요.
- 기침이나 재채기를 한 후에는 반드시 비누로 손을 깨끗이 닦으세요.

- 가능하면 아픈 사람 곁에 가지 마세요.
- 인플루엔자에 감염된 사람은 적어도 열이 내린 후 24시간이 경과할 때까지는 학교나 직장을 쉬도록 하세요. 보통 성인은 증상이 나타나기 1~2일 전부터 증상이 나타난 뒤 5일, 어린아이는 10일까지도 전염력이 있어요.
- 눈이나 코, 입을 손으로 만지지 마세요. 바이러스가 눈이나 입을 통해서도 감염될 수 있어요.

예방접종에 대한 오해와 진실

Q_ 예방접종은 위험하지 않나요? 예방접종을 받고 심지어 사망하는 경우도 있다면서요?
A_ 드물지만 이런 이유들 때문에 예방접종을 꺼리는 부모님들도 있습니다. 하지만, 실제로 현재까지 접종으로 인한 사망 연구를 보면, 접종이 직접적인 사인이라고 보기는 어렵다는 것이 일반적입니다. 접종받기 전에 몰랐던 건강상의 문제 때문이었을 것이라고 보고 있습니다. 그리고 백신 제조 회사들은 접종으로 인한 사고가 날 때마다 관련 백신들을 모두 수거했습니다. 또한 접종 후 크고 작은 부작용이 나타나기도 하지만, 실제로 질병에 걸렸을 때의 위험과 비교한다면 접종 자체를 거부할 만한 이유는 아니지요.

요즘은 인터넷에서 모든 분야의 정보를 얻을 수 있습니다. 하지만 의학 정보와 같은 전문적인 정보는 반드시 전문 기구나 전문가에게서 정확한 정보를 얻어야 합니다. 그렇지 않으면 때때로 의도하지 않았어도 왜곡된 정보를 공유할 수도 있고 그로 인해 오히려 혼란에 빠질 우려도 있습니다.

Q_ 예방접종 스케줄은 반드시 정확하게 지켜야 하나요?
A_ 예방접종 스케줄은 가장 효과적인 시기에 접종 효과를 최대한 볼 수 있

도록 백신 접종 간격과 시기를 고려해서 정해집니다. 따라서 정확한 날짜에 접종해야 하는 것은 아닙니다. 그러나 사정에 의해 스케줄을 다소 늦게 따라갈 수도 있지만, 가능한 최소 접종 간격을 유지하는 선에서 유연하게 접종하면 됩니다. 예를 들면, 생후 2개월에 뇌수막염을 접종받은 아이는 최소 접종 간격인 4주가 지나면 2차 접종을 받을 수 있습니다.

Q_ A형간염 1차 접종을 13개월에 했는데, 그만 2차 접종 시기를 놓치고 너무 오랜 시간이 지났습니다. 지금 벌써 만 5세가 되었는데 처음부터 다시 접종해야 하나요?

A_ 흔히 있는 일이지요. 대부분 접종 시기를 놓쳤다고 해서 처음부터 다시 시작할 필요는 없습니다. 가능한 빨리 2차 접종을 받으면 됩니다. 다만, 뇌수막염이나 폐구균, 로타바이러스와 같이 연령에 따라 접종 스케줄이 달라지거나 접종할 필요가 없어지는 경우라면 소아과 전문의와 상의해서 연령에 맞는 올바른 스케줄에 따라 남은 접종을 받으면 됩니다.

Q_ 폐구균은 늦게 접종할수록 접종 횟수도 줄어든다는데, 일부러 일찍부터 접종할 필요가 있을까요?

A_ 폐구균의 경우 7개월 이후 첫 접종을 하면 총 2회, 2세 이후 첫 접종을 하는 경우 단 1회 접종만으로 충분합니다. 물론 면역 결핍 환자나 특수한 상황에서는 다소 변수가 있을 수 있습니다. 하지만 처음 접종 시기가 2개월(정확히 생후 6주 이후)이라면 이때부터 접종을 시작해야 폐구균에 걸릴 위험이 있는 2~6세 사이에 예방할 수 있기 때문입니다. 늦게 시작하고 접종 스케줄을 놓쳤다 하더라도 접종하는 것이 좋습니다. 굳이 늦게 시작해도 되는 접종을 일부러 시기를 앞당겨 접종 빈도를 늘여 놓은 것은 아닙니다.

Q_ MMR 백신을 접종하면 자폐증이 생길 수 있다는데요?

A_ 자폐증은 발달장애에 속합니다. 500명 중 한 명의 아이가 자폐아라는 통

계도 나와 있습니다. 그런데 자폐증이 처음 나타나는 시기가 보통 15~18개월 사이입니다. MMR 백신은 12~15개월에 1회 접종을 합니다. 아마 이런 시간 관계가 자폐증과 MMR 백신과의 인과 관계를 의심하도록 한 것 같습니다. 이런 추측이 나오면서 많은 학자들이 연구를 거듭해 왔지만, MMR 백신은 자폐증 발생과 관련이 없다는 결론을 얻었습니다.

Q_ 백신을 다른 병원균으로부터 보호하기 위해 첨가한 티메로살이 수은 중독을 일으킨다면서요?

A_ 백신과 관련해서 자폐증과 더불어 가장 부담스러워하는 문제는 아마도 티메로살에 의한 수은 중독일 것입니다. 실제로 초기 백신에는 소량의 티메로살(수은 형태의 보존제)이 들어 있었습니다. 티메로살은 세균이나 곰팡이로부터 백신이 오염되지 않도록 보호하는 효과가 있습니다. 1999년도부터 티메로살을 백신에 사용하지 않는 움직임이 일어났고, 몇몇 백신을 제외한 새로운 백신에는 티메로살이 들어 있지 않습니다. 티메로살이 들어 있는 대표적인 백신은 과거부터 사용해 온 몇몇 백신과 일부 인플루엔자, Td 백신이 있습니다.

그러나 티메로살이 포함되어 있는 백신도 주사 부위의 발적이나 부종과 같은 경미한 부작용 외에는 달리 인체에 해로운 영향을 끼치지는 않는다고 알려져 있습니다. 더욱이 6개월 이전에 기본 접종을 시작하는 아이들은 티메로살이 첨가되지 않은 백신을 접종하도록 권장되고 있습니다. 또 티메로살이 첨가되었더라도 과거의 첨가량에 비하면 98%나 감소한 양입니다.

Q_ 주사를 맞은 부위를 문질러 주면 안 되나요?

A_ 엄밀히 말해 주사를 맞고 나서 문질러 주느냐, 혹은 가만히 눌러 주느냐는 약물의 흡수 속도를 어떻게 해줄 것인가의 문제와도 같습니다. 주사된 약물에 따라서 문질러 주는 것이 더 좋은 것도 있고, 가만히 눌러 주는 것이

더 좋은 것도 있습니다.

　보통 아이들에게 접종되는 백신은 굳이 주사 부위를 힘껏 문질러 줄 필요는 없습니다. 다만, 바늘이 빠진 자리를 소독된 거즈로 지긋이 5분 정도 눌러 주는 것으로 충분합니다.

백신의 최소 접종 간격

질병	백신	첫 접종 시기	최소 연령	다음 접종 간격	다음 접종 최소 접종 간격
B형간염	B형간염(1차)	출생시~2개월	출생시	1~4개월	4주
	B형간염(2차)	생후 1~4개월	생후 4주	2~17개월	8주
	B형간염(3차)†	생후 6~18개월	생후 6개월	–	–
디프테리아	DTaP(1차)	생후 2개월	생후 6주	2개월	4주
	DTaP(2차)	생후 4개월	생후 10주	2개월	4주
	DTaP(3차)	생후 6개월	생후 14주	6~12개월	6개월*
	DTaP(4차)	생후 15~18개월	생후 12개월	3년	6개월
	DTaP(5차)	만 4~6세	만 4세	–	–
소아마비	사백신(IPV, 1차)	생후 2개월	생후 6주	2개월	4주
	사백신(IPV, 2차)	생후 4개월	생후 10주	2~14개월	4주
	사백신(IPV, 3차)	생후 6~18개월	생후 14주	3.5년	6개월
	사백신(IPV, 4차)	만 4~6세	생후 18주	–	–
홍역 유행성이하선염 풍진	MMR(1차)	생후 12~15개월§	생후 12개월	3~5년	4주
	MMR(2차)	만 4~6세	생후 13개월	–	–
인플루엔자∥	Influenza	–	생후 6개월	1개월 (9세 이하 첫해 접종은 4주 간격으로 2회 접종)	4주
수두¶	Chicken Pox	생후 12~15개월	생후 12개월	4주¶	3개월¶
b형 헤모필루스 인플루엔자 뇌수막염	Hib(1차)	생후 2개월	생후 6주	2개월	4주
	Hib(2차)	생후 4개월	생후 10주	2개월	4주
	Hib(3차)*	생후 6개월	생후 14주	6~9개월	8주
	Hib(4차)	생후 12~15개월	생후 12개월	–	–

현재 접종 연령이 12개월 미만일 경우 위 내용에 해당함.
현재 나이가 12개월 이상이고, 첫 접종을 12~14개월 사이에 했다면 최소 8주 후 한 번 접종으로 마침.
현재 나이가 24개월(미국 CDC 권장 15개월)이 넘었다면 더 이상 접종받지 않음. 12개월 이상 59개월 미만인 아이가 돌 전에 3회 접종을 받았다면 다음 접종은 최소 8주 후에 가능하며 역시 최종 접종임.
현재 나이가 24개월 이상이고 건강한 아이라면 더 이상 접종받지 않음.

질병	백신	첫 접종 시기	최소 연령	다음 접종 간격	다음 접종 최소 접종 간격
폐구균단백 결합 백신	폐구균(7가, 1차)	생후 2개월	생후 6주	2개월	4주
	폐구균(7가, 2차)	생후 4개월	생후 10주	2개월	4주
	폐구균(7가, 3차)	생후 6개월	생후 14주	6개월	8주
	폐구균(7가, 4차)	생후 12~15개월	생후 12개월	–	–
	현재 접종 연령이 12개월 미만일 경우 위 내용에 해당함. 현재 나이가 12개월 이상이면 다음 최소 접종 간격은 8주이며 한 번 접종함(더 이상 접종하지 않음). 12개월 이상 59개월 미만인 아이가 돌 전에 2회 접종을 받은 경우 다음 접종은 최소 8주 후에 가능하며, 역시 최종 접종임. 현재 나이가 24개월 이상이라면 더 이상의 접종은 받지 않음.				
로타바이러스	1차	생후 2개월	생후 6주 (생후 14주 6일 이후에는 1차 접종을 하지 않음.)	2개월	4주
	2차	생후 4개월	(로타릭스는 생후 6개월 이후에 접종하지 않음.)		
	3차	생후 6개월	(로타텍은 생후 8개월 이후에는 접종하지 않음.)		
A형간염	A형간염(1차)	12개월 이후	12개월	6~8개월	6개월
	A형간염(2차)	18개월 이후	생후 18개월	–	–

* 혼합백신 사용이 가능합니다. 각 성분의 개별 접종보다는 허가받은 혼합백신을 사용하는 것을 선호합니다. 혼합백신을 접종할 수 있는 가장 어린 연령은 각 성분 백신을 접종할 수 있는 최소 연령 중 가장 높은 연령입니다. 혼합백신을 접종할 때 최소 접종 간격은 각 성분 백신의 최소 접종 간격 중 가장 큰 값입니다.

† B형간염 백신 3차 접종은 2차 접종한 후 8주 이후에 하고, 1차 접종을 한 후 16주 이후에 해야 합니다. 그리고 B형간염 백신 3차 접종은 생후 6개월 전에 해서는 안 됩니다.

‡ DTaP 3차 접종과 4차 접종의 최소 간격은 6개월 이상입니다. 그러나 DTaP 3차 접종을 한 지 4개월 후에 4차 접종을 했으면 4차 접종을 다시 할 필요는 없습니다.

§ 홍역이 유행하고 있고, 생후 12개월 미만의 영아가 감염된 경우, 생후 6개월 이상의 영아에게는 백신을 접종할 수 있습니다. 그러나 생후 12개월 이전에 접종하는 백신은 표준 접종 일정의 일부로 포함되지 않습니다.

‖ 처음 백신을 접종받은 6개월~ 9세 소아의 경우, 4주 간격으로 불활성화 인플루엔자 백신을 2회 접종할 것을 권장합니다. 이 후 매년 1회 접종받습니다.
이전에 인플루엔자 백신을 접종받았으나 초회 접종으로 1회만 접종 받았다면 9세 이전에는 처음 2회 접종을 다시 받고 다음 해부터 매년 1회 접종을 받으면 됩니다.

¶ 12개월~13세의 소아는 수두 백신을 1회 접종하지만, 최근에는 4~6세에 2차 접종을 하는 문제가 논의되고 있습니다. 실제로 일부 선진국에서는 2회 기본 접종을 시행하고 있습니다. 현재 4세 이전이라면 먼저 접종 후 최소 3개월이 지나면 추가 접종이 가능하며, 부득이하게 처음 접종과 4주 간격을 두고 접종받았더라도 접종을 인정합니다. 13세 이상인 경우, 최소 4주 간격으로 2회 접종을 받을 수 있습니다.

항생제 바로 알기

어린아이가 항생제를 먹어도 되나요?
항생제는 가능한 안 먹는 것이 좋지요?
항생제를 너무 오래 먹으면 면역력이 떨어지나요?
항생제 내성이 무엇인가요?

항균제는 세균, 곰팡이, 기생충, 바이러스 등 병을 일으킬 수 있는 모든 미생물의 성장을 늦추거나 사멸하기 위해 사용되는 의료용 제제를 말합니다. 우리가 흔히 항생제라고 부르는 것은 그중에서도 특히 세균과 일부 곰팡이를 없애기 위해 만든 항균제의 일부입니다. 반면, 바이러스를 물리치기 위해서는 항바이러스제가 필요합니다.

❤ 세균과 바이러스는 어떻게 다를까요?

세균은 스스로 대사하고 생명을 유지하고 복제할 수 있는 능력이 있어 생물의 분류에 속합니다. 반면, 바이러스는 유전 물질과 단백질로만 이루어져 있고, 자신을 복제할 수는 있지만 다른 세포의 도움이 없이는 복제가 불가능하기 때문에 생물과 무생물의 중간 영역으로 생각되는 존재입니다.

세균은 스스로 생명을 유지해야 하는 유기체이기 때문에 몸의 구성이 단순한 바이러스에 비해 유동성과 전염력이 떨어집니다. 반면에 일단 사람이나 동물이 감염되면 아주 치밀하고 끈질기게 공격합니다. 대부분의 세균 감염은 바이러스 감염보다 증상이 심하고, 좀처럼 쉽게 치료되지 않는 특징이 있습니다.

그러나 바이러스는 일부 예외적인 경우를 제외하면, 대부분 감염된 사람이나 동물의 면역력으로도 이겨 낼 수 있는 정도의 증상이 나타납니다. 감기나 장염같이 아이들에게 흔한 대부분의 감염성 질환들은 바이러스 감염 때문에 생깁니다.

> 감기가 심한데 항생제를 처방해 주세요. 그래야 빨리 낫지 않을까요?

감기라고 불리는 상기도 감염은 여러 종류의 호흡기 바이러스 감염이 원인입니다. 아무리 열이 높고 기침이 심하더라도 세균에 감염된 증거가 없다면 항생제는 무의미한 무기일 뿐입니다.

🍑 독한 약은 항생제일까요?

간혹 "감기가 너무 심하니 약을 세게 처방해 주세요" 하고 주문을 하는 분들이 있습니다. 여기서 '센 약은 곧 항생제'라는 뜻일 것입니다. 가끔 의사도 고열로 고생하는 아이들을 보면 왠지 항생제라도 처방하면 마음이 편할 것 같은 마음이 들기도 합니다.

반대로 감기약을 처방했는데 "여기 항생제는 들어 있지 않지요?"라고 묻는 분들도 있습니다. 감기를 진단했는데 엉뚱하게 항생제 처방을 걱정하는 것입니다. 이미 말씀드렸듯이 감기는 다양한 호흡기 바이러스들에 의한 상기도 감염입니다.

예전에는 불치병에 항생제를 먹고 나서 기적처럼 좋아졌다면서 항생제를 예찬하기도 했습니다. 원인이 무엇이든 상관없이 몹시 아플 때 떠오르는 명약이 바로 '항생제'였습니다. 그런 시절이 아주 오래전도 아니고, 실제로 항생제가 많은 사람들에게 익숙해질 만큼 사용해 온 시간도 길지 않습니다. 그런데 이제는 벌써 '항생제의 오남용', '항생제 내성균의 출현'이라는 뉴스를 어디서나 볼 수 있습니다.

요즘에는 병원에서 항생제를 어느 정도 처방하는지 그 통계가 일반인에게도 공개되어 항생제 처방에 대한 의사의 올바른 권리마저 왜곡되는 경우도 생기고 있습니다. 얼마 전까지 '명약'으로 칭송받던 항생제는 이제 '독'이라는 악명을 얻기까지 했습니다.

🍓 항생제 내성

세균이 항생제에 저항할 수 있는 능력을 갖추는 것을 항생제 내성이라고 합니다. 내성을 갖춘 세균은 항생제의 효력을 낮추거나 없앨 수도 있고, 이런 내성균들이 계속 생존하고 번식하면 이전보다 더 강력한 슈퍼 세균으로 변합니다.

그렇다면 항생제의 내성은 어떻게 생길까요? 먼저 항생제를 부적절하게 사용할 때 항생제 내성이 생깁니다. 우리 몸을 공격한 세균을 잡기 위해 항생제라는 무기를 사용합니다. 전쟁이 일어나면 언제나 적군을 섬멸해야만 완전한 승리를 얻을 수 있지요. 일단 무기를 투입한 후에는 우리 몸에 무단으로 침입한 세균들을 전멸해야 합니다. 그중 일부라도 살아남은 세균들은 우리가 사용한 무기에 대항하기 위한 새로운 전략을 준비합니다. 그러다 힘이 세진 세균들이 다시 공격해 오면 더 이상 이전의 무기들이 실력을 발휘할 수가 없습니다. 결국 이들을 이겨 내려면 우리도 새로운 무기인 다른 항생제를 선택해야 합니다.

또 다른 경우는 불필요하게 항생제를 사용하는 것입니다. 항생제가 필요 없는 감기나 바이러스성 장염을 치료하기 위해 항생제를 복용하는 경우를 말합니다. 이때 사용된 항생제는 질병을 일으키지 않으면서 우리와 함께 지

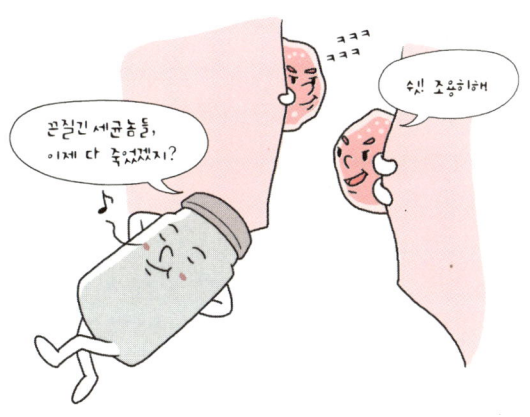

내고 있는 세균들을 공격합니다. 불필요하게 투입된 항생제 때문에 억울하게 공격당한 세균들이 생존을 위해 변형을 일으키고, 때로는 방어하기 어려운 막강한 힘을 갖추어 우리 몸을 공격하기도 합니다.

항생제 내성을 줄이려면 어떻게 해야 하나요?

- 병원에서 항생제를 처방받으면 항생제가 왜 필요한지, 어떤 효과가 있는지 꼭 확인하세요. 아이가 먹어야 할 약이 어떤 약이며, 어떻게 먹이는 것이 좋은지 알아두는 것은 기본입니다.
- 감기나 독감과 같은 호흡기 바이러스 감염을 치료할 때는 항생제가 필요없다는 점을 기억해 두세요.
- 복용하다 증상이 좋아지더라도 임의로 항생제 복용을 중단해서는 안 됩니다. 간혹 아이가 예상보다 증상이 빨리 좋아져 처방된 항생제를 다 먹이지 않는 경우도 있습니다. 또한 남은 약이 아까워서 유사시에 쓰려고 보관하기도 합니다. 일단 치료가 끝날 때까지 꾸준히 복용하고, 혹시 남은 약이 있다면 과감하게 버려야 합니다.
- 처방된 대로 복용하세요. 임의로 복용을 건너뛰거나 중단하면 안 됩니다. 너무 빨리 항생제 복용을 중단하면 몇몇 세균들이 살아남아 강력한 내성을 지니게 됩니다.
- 감기처럼 항생제가 필요하지 않은 경우에 억지로 항생제를 처방해 달라고 요구하면 안 됩니다.

01_ 아이가 생후 2개월인데 항생제를 먹여도 되나요?

항생제 복용에 나이 제한이 있는 것은 아닙니다. 물론 항생제의 종류에 따라서 연령별로 금하거나 의학적인 이유로 복용하지 않도록 정해져 있기도 합니다. 하지만 어린아이에게 맞는 항생제를 선택하고, 어린아이의 신진대사의 특성에 맞게 올바른 용량을 복용하면 문제될 것은 없습니다.

02_ 항생제는 몸에 해롭지 않나요?

항생제는 물론 몸에 해로울 수 있습니다. 항생제뿐만 아니라 인위적으로 만들어진 모든 약들은 어느 정도 부작용이 있을 수 있습니다. 그렇지만, 어느 정도는 우리 몸에 이상이 생기더라도 스스로 이겨 낼 능력이 있어 실제로 문제가 생기는 경우는 많지 않습니다. 항생제가 해롭다고 지나치게 걱정해서 꼭 항생제를 먹여야 하는 경우에도 거부하면 아이를 세균 감염의 위험 속에 버려 두는 것과 같습니다.

03_ 항생제를 너무 오래 복용하면 면역력이 떨어지지는 않을까요?

항생제의 적당한 복용 기간은 항생제를 먹고 나서 최적의 효과가 나타나는 기간으로 세균의 종류나 질병, 연령의 특성에 맞게 정해집니다. 물론 지금도 계속 학자들이 항생제 사용 기간을 줄이면서도 효과를 유지할 수 있는 적절한 시간을 찾기 위해 노력하고 있습니다. 항생제를 오래 복용할 때 생길 수 있는 부작용을 염려해서 당장 치료하지 않으면 오히려 더 위험한 상황이 될 수 있는 질병을 간과해서는 안 되겠지요. 오히려 부적절한 치료와 더불어 항생제 내성균을 만들 수도 있습니다.

06 코가 아파요

아이가 집에만 있는데 왜 감기에 걸리는 걸까요?
아주 어린 아이들도 코를 고나요?
알레르기 비염은 유전이 되나요?
감기 기운이 있으면 감기약을 먹이는 것이 좋은가요?

아이들이 처음 어린이집에 다니기 시작하면 감기에 자주 걸립니다. 감기약을 먹어도 잘 낫지 않습니다. 그래서 간혹 아예 어린이집을 그만 다니게 하거나 아예 보내지 않는 부모님들도 있습니다. 그러나 아이들이 감기에 잘 걸린다는 이유로 또래 집단에서 격리시키는 것은 좋은 방법이 아닙니다. 아이들은 또래 아이들과 어울리면서 사회성을 키우기 때문입니다. 또한 놀이와 자극, 상호 작용을 통해 아이들은 몸도 건강해지고 면역력도 강해집니다.

자주 아프고 기침과 콧물을 달고 사는 아이들이라고 해도 면역력을 키워 잘 이겨 낼 수 있도록 환경과 위생을 살펴 주는 것이 더 현명한 방법일 것입니다.

🍑 감기를 달고 사는 아이들

"요즘 아이들은 왜 이렇게 자주 아픈지 몰라."
"애들이 허약해서 그런지 통 감기가 떨어지지 않네."
바쁜 부모를 대신해 손자나 손녀를 데리고 병원에 오신 할머니, 할아버지들이 자주 하시는 말씀입니다. 그러면 저는 이렇게 대답합니다.
"할머니, 아이들도 아플 만큼 아파야 잘 이겨 낼 수 있어요."
제가 어릴 때만 해도 높은 건물이나 자동차들은 그렇게 흔하지 않았습니다. 높은 건물은 어쩌다 서울 구경 와서나 볼 수 있었고, 자가용은 소문난 부자가 아니면 소유할 수 없었지요. 보통 2km 이상 걸어서 학교를 다녀도 별 불편을 느끼지 못했습니다. 또 학교 수업이 끝나면 친구들과 해가 질 때까지 뛰어 놀았습니다.

그러나 요즘 아이들은 걸을 수 있을 때부터 피아노, 미술, 영어 등을 배우기 위해 학원에 다닙니다. 물론 건물들이 이미 '빌딩 숲'을 이루고 있고, 자가용은 필수가 되었지요. 산업이 발달하면서 각종 오염물들이 대기를 더럽히고 있습니다. 아이들이 살아가는 환경이 이렇다 보니 아이들은 끝없이 새로운 감염성 질환에 노출되어 있습니다. 그래서 아직은 면역력이 약한 아이들은 감기와 같은 감염성 질환의 공격을 끊임없이 받고 있는 것입니다.

♥ 콧물

> 오늘 아침부터 콧물이 나기 시작했어요. 더 심해지기 전에 감기약을 먹이면 빨리 낫지 않을까요?

병원에 오는 아이들 중 가장 난감한 경우입니다. 물론 콧물을 말리는 항히스타민제를 처방하면 금세 콧물이 사라진 것처럼 보일 수 있습니다. 그러나 우리의 코는 외부의 침입으로부터 호흡기(코에서부터 폐까지)를 보호하는 문지기 같은 역할을 합니다. 콧물을 흘리거나 재채기를 하면서 외부의 침입자를 쫓아 냅니다. 특히 콧물은 코점막을 마르지 않게 하고, 이물질이나 바이러스, 세균과 같은 병원균들을 씻어 내는 역할도 합니다.

결국 콧물은 코나 부비동에 침입하려는 바이러스나 세균들을 몰아 내고 코점막을 깨끗하게 유지하기 위해서 나오는 것이지요. 콧물이 흐른 지 2~3일이 지나면 맑은 콧물은 점점 끈적끈적한 크림색이나 노란색의 점액으로 변합니다. 이런 변화는 우리 몸의 면역 세포들이 전투 태세를 갖추고 좀 더 반격하려는 움직임을 보이면서 시작됩니다. 그런데 코점막에 아직 살아남은 균들이 자라나면서 콧물은 연두색이나 푸른색 점액으로 변합니다. 그러나 콧물의 색만으로 항생제 처방을 결정하는 것은 아닙니다.

대부분 콧물은 특별히 치료할 필요가 없습니다. 기다리면서 관찰하는 것이 가장 좋은 경우가 더 많습니다. 다만, 물을 충분히 마시고, 식염수 등을 코에 떨어뜨리거나 코 세척을 해주면 콧물이 그칠 수 있습니다. 대부분의 콧물은 저절로 좋아집니다. 병원에서 감기약으로 처방하는 약들은 단지 증상을 약하게 만들려는 것이지, 진행하고 있는 감기를 예방하거나 감기의 원인을 치료하는 것은 아닙니다.

우리 몸의 아주 작은 부분이지만 머리 한가운데 자리 잡은 코는 숨을 쉬고, 냄새를 맡고, 소리를 내는 아주 중요한 기능을 하고 있습니다. 하지만 앞서 말한 바와 같이, 코는 호흡기의 중요한 파수꾼 역할을 합니다.

콧구멍은 점막으로 덮여 있어 부비동 안쪽까지 연결되어 있습니다. 점막에는 작은 혈관들이 많이 포진해 있고, 코 입구 쪽은 이물질이 들어오지 못하도록 걸러 주는 섬모라는 구조로 덮여 있습니다. 숨 쉬면서 들이마신 공기 속에 섞여 있는 이물질이나 먼지 등을 제거해 주기도 하고, 이들을 방어하기 위해 분비물을 만들어서 병원균의 활동을 억제하고, 가래의 형태로 몸 밖으로 밀어 내기도 합니다.

우리가 숨을 쉴 때 하루에 1만 리터 이상의 공기가 코를 통과합니다. 그런데 이렇게 들어오는 공기 속에는 호흡에 꼭 필요한 산소뿐만 아니라 미세 먼지나 유해 가스 성분, 세균, 바이러스, 곰팡이 같은 것들이 포함되어 있어 코 점막을 비롯한 호흡기 점막을 자극합니다. 이때 콧물과 재채기가 외부에서 들어온 자극에 대해 적절한 방어와 보호 기능을 하는 것입니다. 하지만 이렇게 해로운 자극들이 오랫동안 코를 비롯한 호흡기 점막을 자극하고 염증 반응이 오래 지속되면, 개인의 면역력에 따라 다소 차이가 나긴 하지만 가벼운 감기나 과민 반응에서 시작된 코의 염증과 콧물이 중이염이나 축농증 같은 합병증을 일으키기도 합니다.

01_ 콧물이 나는 원인

- 알레르기성 비염
- 찬 공기

- 호흡기 바이러스에 의한 상기도 감염
- 인플루엔자
- 이물질이 코에 들어간 경우
- 부비동염
- 비용종
- 부비동의 종양 등

물론 이 밖에도 흔히 코뼈가 휘었다고 말하는 비중격편위가 있거나 어떤 원인으로든 코에 문제가 생겼을 때 염증 반응 때문에 과다하게 만들어진 콧물이 결국 밖으로 흐르게 됩니다.

> 다연이는 이제 6개월입니다. 언니는 세 살인데 지난 달부터 어린이집에 다니기 시작했어요. 언니는 어린이집에 다니자마자 감기에 걸려서 고생입니다. 다연이도 며칠 전부터 콧물이 나기 시작했어요. 아직은 기침도 안 하고, 잘 먹고, 잠도 잘 잡니다. 요즘은 옹알이도 많이 해요. 콧물을 그대로 두면 더 심해질까요? 병원에 가야 할지 고민입니다.

대개 어린이집에 다니기 전까지는 감기 한 번 걸리지 않았던 아이들이 어린이집에 다니기 시작하면서 감기를 달고 삽니다. 그래서 어떤 부모들은 어린이집에 보내야 할지 고민을 하기도 합니다. 하지만 이런 과정은 다연이 언니의 문제만은 아닙니다. 더구나 이전에는 자주 아프지 않았던 아이라면 더욱 새로운 병원균에 노출될 위험이 더 많아지겠지요.

요즘 아이들은 아주 어릴 때부터 단체 생활을 시작하고, 또 대기의 오염도 심각하기만 합니다. 더구나 유동 인구가 많아지면서 그만큼 유입되는 병원균도 다양해지고, 또 여러 종류의 병원균이 동시에 유행하기도 합니다. 하지만 그렇다고 해서 아이들을 집 안에만 가두어 둘 수도 없습니다. 오히려 정상적인 면역 기능을 가졌다면, 어릴 때 이런 감염을 이겨 내면 어른이 되어서도 유사한 감염에 대처할 능력이 생깁니다.

　콧물을 예방하기 위해서는 무엇보다 아이들을 비롯한 가족들이 규칙적인 식사를 하고 청결한 생활을 해야 합니다. 청결한 생활 습관은 독감이 유행하고, 새로운 바이러스성 장염이 유행할 때만 유난스럽게 지켜야 하는 것이 아니라, 그야말로 습관이 되어야 합니다. 그리고 외출했다가 집에 돌아와서 손 씻기는 가장 기본적이고 중요한 습관입니다. 또한 물을 충분히 마시고, 공공 장소에서의 위생 관리 등은 가족 전체가 지켜야 할 수칙입니다.

　간혹 아이가 집에만 있는데 왜 감기에 걸리는지 궁금하다고 질문하는 분들이 있습니다. 감기를 예로 들어 보면, 직장에 다니는 아빠는 자신도 모르는 사이에 누군가의 기침이나 재채기를 통해 공기 중에 퍼져 있는 바이러스를 몸에 묻혀 올 수 있습니다. 그렇게 아빠와 함께 귀가한 바이러스들의 공격을 받으면 아기는 감기에 걸리게 됩니다. 누군가 기침을 하면 그 사람 주변 사방 1~2m 공간에 바이러스가 뿌려집니다. 한 곳에서 오염된 공기는 사람들을 통해 더 멀리멀리 퍼져 나가기 때문입니다.

02_ 뒤로 흐르는 콧물

> 수민이는 목구멍에서 가르릉거리는 소리가 나서 병원에 왔습니다. 콧물이 흐르는 것도 아니고, 기침을 하는 것도 아닌데 가르릉거리는 숨소리가 영 신경이 쓰입니다. 혹시 가래가 낀 것은 아닌지, 그냥 두면 폐렴이 되는 것은 아닌지, 아직 젖먹이인 수민이가 걱정스럽기만 합니다.

콧물이 많아지면 쉽게 우리가 콧물이 있음을 알아차릴 수 있도록 앞으로 흐릅니다. 비강에서 섬모운동을 통해 콧물을 앞으로 보내 줍니다. 하지만 콧물이 많아지면 코를 훌쩍거리거나 그렁거리는 소리만 나기도 합니다. 그렁거리는 아이의 얼굴을 자세히 보면 유난히 침을 많이 흘리고 입도 약간 벌어져 있는 경우가 많습니다. 대부분의 경우, 아이들은 뒤콧물을 크게 불편해하지 않습니다. 하지만 뒤콧물이 늘어나면 아이들이 코를 다 삼키지 못해 코를 훌쩍거리게 됩니다. 뒤콧물의 일부가 기도에 들어가면 가래가 되어 뱉어 내기도 하는데, 어린아이들은 가래를 잘 뱉지 못하고 후두의 호흡 잡음으로 목구멍에서 가르릉거리는 소리가 나는 것입니다.

그렇다면 이런 콧물은 그대로 두어야 할까요? 요즘은 시중에서 비강 세척액이나 생리 식염수, 콧물 흡입기 등을 쉽게 구입할 수 있습니다. 콧물이 비강이나 부비동에 남아 있어서는 안 됩니다. 자극에 의해 생성된 콧물은 자연스럽게 배출되고 코점막은 언제나 깨끗해야 합니다. 점막이 콧물이나 이물질에 싸여 있으면 제 기능을 할 수가 없습니다. 성인의 경우는 코에 불편함이 느껴지면 스스로 해소하려고 합니다. 하지만 아기들, 특히 3세 이전의 아기들은 스스로 해결할 수가 없지요. 콧물이 아직 심하게 끈적이지 않고 흐르는 정도라면 쉽게 잘 흐를 수 있도록 코 안을 촉촉하게 해주는 것도 도움이 됩니다.

그러나 이렇게 해도 콧물을 제거할 수 없다면 콧물을 깨끗하게 흡입해 주어야 합니다. 비강이나 부비동에 콧물이 정체되면 점점 점성이 높아지고, 세균이 자라면서 화농화되면 부비동염(축농증), 중이염으로 진행합니다.

콧물을 흡입해 주는 것은 아이의 불편함을 덜어 줄 뿐 아니라, 병균이 서식하는 배지를 제거해 주어 세균이 자라지 못하게 합니다. 예전에는 엄마가 입으로 직접 콧물을 빨아 주기도 했답니다. 요즘은 좋은 도구가 많이 나와 있지만, 엄마들은 콧물이 나면 아이들이 얼마나 괴로운지 굳이 의학적으로 설명하지 않아도 잘 알고 있었던 것 같습니다.

03_ 콧물 구별법

이쯤 되면 콧물이 다양하게 나타날 수 있다는 것을 짚고 넘어가야 할 것 같습니다.

- 먼저 콧물이 마르는 경우를 생각할 수 있습니다. 비강에서 점액이 충분히 분비되지 않고 코점막이 마르는 경우인데, 급성 비염이나 상기도 감염(감기)의 초기에 볼 수 있습니다.

- 맑은 콧물이 줄줄 흐르는 경우입니다. 급성 비염의 초기나 알레르기성 비염, 혈관운동성 비염이 있을 때 맑은 콧물을 흘립니다. 오래 지속되면 점액성이나 농성 콧물로 변하기도 합니다. 콧물이 인후부로 흐르면(뒤콧물) 인후부에 자갈 모양으로 림프절염이 생긴 것을 볼 수도 있습니다. 그런 경우는 목이 간질거리거나 목에 무언가 걸린 것처럼 불편함을 느낍니다.

- 점액성 콧물은 비염이 좀 더 진행했을 때나 만성 비염, 부비동염일 경우에 나옵니다.

- 농성 콧물 즉, 누런 코가 나오는 경우입니다. 대개 급성이나 만성 부비동염이거나 심한 감염성 비염, 비강 안에 이물질이 있을 때 나옵니다. 심한 경우 심지어 푸르스름한 콧물이 나오기도 하지요.

- 혈성 콧물도 있습니다. 대부분은 비염 때문에 코점막이 약해져 흐르는 코피가 가장 흔히 볼 수 있는 경우입니다. 코점막이 심하게 건조하거나, 아

이들이 코를 후벼서 코점막이 손상되어 코피를 흘리기도 합니다. 하지만 진정한 혈성 콧물은 디프테리아나 결핵, 선천성 매독 같이 감염이 심하거나 상악암과 같은 심각한 병증에서 볼 수 있습니다.

- 악취가 나는 콧물은 대개 농성 콧물과 함께 나옵니다. 진료실에서도 콧물이 심한 아이들의 코를 흡입해 주다 보면 악취가 나는 경우가 있어 간접적으로 감염을 의심하기도 합니다.

💗 비염의 종류

진료 기록을 살펴보면, 보통 2~3세 사이에 거의 매달 감기와 장염 등으로 병원을 드나들던 아이들이 4~5세가 되면서 병원을 찾는 빈도가 부쩍 줄어드는 것을 알 수 있습니다. 아이들이 어릴수록 자주 감기에 걸리다 보니 자칫 일년 내내 콧물을 흘리는 아이들이 알레르기 비염과 증상이 유사해지는 경우가 많습니다. 하지만 진료실에서 '비염'이라는 단어를 사용하면 부모님들은 먼저 알레르기인지를 묻습니다. 알레르기는 아주 무서운 질병인 것으로 인식되어 있는 것 같습니다.

바이러스 비염(감기) - 상기도 감염이라고도 부르는 감기의 경우입니다. 흔히 코감기나 목감기를 상기도 감염이라고 합니다. 이 경우는 콧물뿐만 아니라 기침이나 열과 같은 전신 증상이 함께 나타납니다. 알레르기 비염과는 달리 결막염이나 코 가려움증이 동반되는 경우는 드물고, 대개 1~2주 정도 지속됩니다. 보통 아이들 감기는 어른에 비해 좀 더 시간이 걸리는 편입니다.

감염성 비염이나 부비동염 - 특히 세균이나 곰팡이 감염에 의한 비염을 말합니다. 보통 감기가 10일 이상 계속되면 감염성 비염이나 부비동염이 합병되는 경우가 있습니다. 끈적끈적하고 누런 콧물이 나고, 입안에서 악취가 나기도 합니다. 누런 코가 목구멍으로 넘어가는 것도 볼 수 있습니다. 이 경우는 적절한 항생제 치료가 필요합니다.

혈관운동성 비염 – 통년성 비염이라고 표현하기도 합니다. 증상이 알레르기 비염과 비슷한데, 주변의 온도나 습도, 자극적인 냄새나 담배 연기 같은 자극을 받으면 심해집니다. 아이들보다는 어른에게 더 많습니다.

아데노이드 비대 – 아데노이드는 코에서 목구멍으로 넘어가는 길 중간에 있고 구개편도라고 불리기도 합니다. 코골이가 심한 아이들, 평소에도 입을 벌리고 있는 아이, 침을 많이 흘리는 아이, 중이염이나 부비동염에 자주 걸리는 아이들은 아데노이드를 확인해 볼 필요가 있습니다. 방사선 검사로 확인하면 쉬운데, 코막힘이 심하고 평소에도 입을 약간 벌리고 있는 아이들은 확인해 볼 필요가 있습니다. 아데노이드 감염 자체가 만성 부비동염이나 잦은 중이염의 근본적인 원인이 될 수도 있어서 진단과 치료가 적절히 이루어져야 합니다.

약물 비염 – 코혈관 수축제를 과다하게 사용하면 오히려 코막힘이 더 심해질 수 있습니다.

비강 내 이물 – 아이들은 종종 코에 이물질을 집어 넣는 경우가 있습니다. 진료실에서 콧구멍에 땅콩이나 과자 부스러기를 집어 넣은 아이들을 자주 만납니다. 대부분 한쪽 코가 막히고 냄새가 심하고, 그냥 두면 화농성 혹은 혈성 분비물이 나오기도 합니다.

그 외에도 섬모운동장애증후군과 같이 해부학적인 이상에 의해 만성 비염이나 부비동염, 중이염, 기관지염 등을 동반하는 경우가 있는데, 동양인에게는 비교적 드문 질병입니다.

특히 비염은 재채기, 코막힘, 가려움, 콧물과 같은 증상 외에도 코 주변에 있는 눈, 귀, 부비동, 목구멍에도 연관된 증상을 일으킬 수 있습니다. 코가 뒤로 넘어가는 아이는 목이 아프거나 가래가 걸린 것처럼 느낄 수 있고, 코가 막혀 코를 골거나 입으로 숨을 쉬는 아이는 아침에 일어나면 목이 아프고 목소리가 변하기도 합니다. 앞에서 언급한 것처럼, 비염의 종류는 아주 다양하지만, 그중 가장 흔한 비염은 알레르기 비염일 것입니다.

🍑 알레르기 비염

알레르기 비염은 아이들에게 가장 흔한 만성 질환에 속합니다. 알레르기 비염은 치명적인 병은 아니지만, 진료실에서 "비염이 의심됩니다"라고 진단하면 대개 부모님들은 놀라고 낙담합니다. 실제로 코감기를 달고 산다는 아이들이 알고 보면 알레르기 비염인 경우가 많습니다. 그래서 비염이라고 하면 무조건 알레르기 비염이라고 단정짓곤 합니다. 물론 자주 비염이 재발하거나 만성이 되면 결국 알레르기 비염 증상과 별다를 것이 없지요.

01_ 정말 우리 아이가 알레르기 비염인가요?

저는 알레르기 비염을 '문화인의 병' 또는 '현대인의 병'이라고 말합니다. 요즘은 지역에 따라 차이가 있기는 하지만, 선진국일수록 알레르기 비염을 앓고 있는 어린이 환자가 많게는 20~40%나 된다고 합니다. 그만큼 사회, 문화적 환경의 변화가 더 많은 외부 항원을 만들어 내고, 사람들은 걸음마를 시작하면서부터 점점 더 늘어나는 외부 항원의 세계에 노출됩니다.

알레르기 비염은 심각한 병이라기보다 짧은 시간 앓고 지나가는 감기와는 달리, 언제 어디서든 늘 관심과 관리를 게을리해서는 안 되는 병일 뿐입니다.

02_ 알레르기 비염은 유전되나요?

물론 알레르기 비염은 유전적 요인이 많이 작용합니다. 부모가 모두 알레르기 질환이 있는 경우(30%)가 한쪽 부모만 알레르기가 있는 경우(50~70%)보다 자녀의 알레르기 비염 발생 가능성이 훨씬 높습니다. 그러나 알레르기 비염은 단지 유전적인 요인만 관여하는 것이 아닙니다. 유전적 특성, 지역적 특성, 환경의 차이, 혹은 개인이 속한 집단의 특성 등이 알레르기 비염의 원인으로 작용할 수 있습니다. 부모가 알레르기 병력이 없더라도 다른 요인들이 관여하면서 알레르기 비염으로 발전할 수도 있습니다.

03_ 알레르기 비염의 증상

콧물, 재채기, 코막힘, 후비루(코가 목 뒤로 넘어감) 등 다른 비염의 증상과 유사하면서도 코나 목, 눈이 가려울 수 있습니다. 특히 봄철에는 황사나 꽃가루, 또 심한 일교차 때문에 눈이 충혈되고, 눈물이 흐르거나 가려워서 눈을 자꾸 비비기도 하는 알레르기성 결막염이 잘 동반됩니다.

또, 코를 고는 아이, 목이 자주 아픈 아이, 가래를 자주 들이마시는 아이, 코를 훌쩍거리는 아이, 심지어는 머리가 아프다고 하는 아이는 대부분 알레르기 비염을 의심할 수 있습니다.

무엇보다 알레르기 비염은 아토피 피부염이나 천식을 동반하는 경우가 많습니다. 이들 세 질환은 아토피성 질환의 삼총사입니다. 특히 알레르기 비염과 천식은 알레르기성 호흡기 질환으로 묶어서 생각하기도 합니다. 비염은 호흡기의 최상부인 코가, 천식은 호흡기의 최하부인 폐로 뻗어 있는 가늘고 작은 기관지들이(세기관지) 외부 항원과 만나 과도하게 면역 반응을 일으킬 때 나타나기 때문입니다.

04_ 알레르기 비염은 치료할 수 없나요?

알레르기 비염은 천식이나 아토피 피부염과 마찬가지로 치료보다는 조절이라는 표현이 더 적절합니다. 치료할 수 없다는 뜻이 아니라, 잘 조절하고 관리하면 얼마든지 더 나아질 수 있는 병이라는 의미입니다.

대부분 병원을 찾는 이유가 치료 약을 원하기 때문입니다. 무엇이든 빨리 해결해야 직성이 풀리는 우리나라 사람들은 약을 먹으면 가능한 빨리 나아야 한다는 고정관념이 있는 것 같습니다. 그러나 의사의 역할은 치료 약을 주는 것이 아니라, 환자가 병을 잘 극복할 수 있도록 다양한 방법으로 돕는 것입니다. 알레르기 비염을 완치할 수 있는 약을 구하기보다는 담당 의사와 상의해서 증상을 잘 극복할 수 있는 방법을 찾는 것이 바람직합니다.

아이들을 진료해 보면 대개 어떤 질병이 돌더라도 1~2주를 넘지 못하는 것 같습니다. 그리고 동시에 여러 종류의 감염이 유행하기도 합니다. 한 번 감기를 앓고 나서 얼마 되지 않아 다시 새로운 감기에 걸리는 것이 그렇게 드문 일도 아니지요. 면역력이 약하다고 두려워할 필요는 없습니다. 정상적인 면역력을 가진 아이라면 오히려 유행하는 감기나 여러 바이러스 질환에 노출되면서 다양한 감염에 대한 저항력이 생깁니다. 감기에 걸리지 않는 것도 좋지만, 감기에 걸려도 잘 이겨 낼 수 있도록 돕는 것이 얼마나 중요한지 모릅니다.

● 콧물 다루기

아이들의 콧물은 그대로 두면 부비동염, 중이염으로 진행하는 경우가 많고, 또 이로 인해 청력과 학습, 일상생활에도 지장을 줄 수 있습니다. 가급적 콧물이 코를 막지 않도록 도와주어야 합니다.

먼저 코를 풀 수 있는 아이들은 코를 자주 풀도록 합니다. 콧물이 진해질

수록 코를 풀기가 어려워지는데, 이럴 때 수분을 충분히 섭취하면 콧물을 묽게 하는 데 도움이 됩니다. 코를 풀 때는 반드시 한쪽 코 옆을 눌러 막아 주고 다른 쪽 코를 풀도록 합니다. 양쪽 코를 다 눌러 주면 오히려 공기와 점액을 코 안으로 밀어 넣어서 오히려 귀에 문제를 일으킬 수 있습니다.

큰 아이들은 스스로 코를 세척하는 방법을 익히도록 해주는 것이 좋습니다. 생리 식염수를 사용하거나, 요즘 시중에 판매되고 있는 다양한 비강세척제를 사용하는 방법을 익히는 것도 좋습니다. 하지만 코를 스스로 풀 수 없는 아이들은 어른들이 도와주어야 합니다. 콧물로 콧구멍이 막혀 있는 아기들은 생리 식염수나 끓여서 식힌 물을 콧속에 떨어뜨려 주면 코가 묽어집니다. 그래도 여전히 코가 막힐 때는 콧물 흡입기를 사용해서 콧물을 제거해 줍니다.

간혹 콧물 흡입기를 사용하는 것이 아이에게 무리가 되지 않는지 걱정하는 분들이 있습니다. 하지만 콧물로 인해 코가 막히면 부비동의 환기 장애를 일으켜 부비동염(축농증)의 원인이 될 뿐 아니라, 이관이 폐쇄되기도 하고, 코에 있는 세균이 이관을 통해 귀로 역류해 들어가 중이염이 되기도 합니다

또한 수분을 충분히 섭취하는 것이 중요합니다. 그리고 외출했다가 집에 돌아오면 손을 잘 씻어야 합니다. '올바로 손 씻는 방법'을 알려 주는 교육용 동영상이 국내 한 관공서 홈페이지에 올라와 있습니다.

간혹 코가 심하게 막혀 식염수로 세척해서도 뚫리지 않을 때는 단기간 코점적액을 사용할 수도 있습니다. 하지만 의사의 처방을 받아 올바르게 사용해야 합니다. 콧물이 오래 지속될 때는 반드시 의사의 진찰을 받아서 다른 합병증이 생기지 않았는지 또 콧물의 원인이 무엇인지 알아야 합니다.

오해와 진실 Q&A

Q_ 감기약을 먹였는데도 좋아지지 않아요.

A_ 이제 막 시작된 콧물 때문에 병원을 찾아오는 부모님, 감기약을 며칠 복용했지만 도무지 감기가 떨어지지 않아서 걱정인 부모님, 한 번 시작된 감기가 낫지 않아 걱정인 부모님을 언제든지 진료실에서 만나 볼 수가 있습니다. 증상이 심하지 않아 약을 먹이지 말고 그냥 지켜보자고 돌려 보내면 며칠이 지나지 않아 결국은 약을 먹이지 않아서 감기가 심해졌다면서 다시 병원에 오는 분들이 참 많습니다.

의사는 감기를 치료한다기보다는 감기와 싸우고 있는 아이들을 돕는 것이라고 생각합니다. 세균성 질환을 치료할 수 있는 항생제는 무수히 많이 개발되었습니다. 하지만 불행히도 바이러스가 원인이 되는 질병 중 HIV에 의한 AIDS나 대상포진이나 헤르페스바이러스의 중증 감염, B형간염, 인플루엔자 바이러스에 의한 독감 등 몇 가지를 제외하면 바이러스성 질환을 치료할 수 있는 항바이러스 제제는 아직까지 많이 개발되지 않았습니다.

그러나 다행스럽게도 대부분의 바이러스 감염으로 인한 호흡기 및 소화기 감염성 질환들은 전염력이나 전파력이 강한 반면, 일정 기간이 지나면 저절로 좋아지는 편이지요. 물론 개인의 면역력이나 여러 가지 특성에 따라 같은 원인에 의한 감염증이라도 증상의 정도가 심하고 덜한 차이가 있을 수 있습니다. 하지만 어떤 경우라도 결국에는 좋아지고, 특별히 심한 후유증이 남는 경우도 많지 않습니다.

감기는 질병을 치료하는 것이 아니라 아픈 아이를 도와주는 것이 최선입니다. 아이가 감기에 걸리면 먼저 아이가 지치거나 힘들어하지 않도록 세심하게 보살피고, 충분히 쉬고, 잘 먹여야 합니다. 특히 아이뿐 아니라 가족 모두 위생관리를 철저히 해야 합니다. 그러나 아이들을 쉬게 한다고 해서 하루 종일 아이를 침대에 눕혀 놓으라는 의미가 아닙니다. 가능하면 늦게까지 텔레비전을 보거나 게임을 하는 등 불필요한 여가 활동을 하지 않도록 해야 합니다.

또, 아픈 아이는 음식을 거부하기도 합니다. 평소 먹던 대로 먹지 않는다고 해서 걱정할 필요는 없습니다. 좋아하는 음식이나 최소한의 탈수를 막기 위해 먹을 수 있는 음료를 조금씩 자주 먹이면 됩니다.

Q_ 콧물 약을 먹였는데 감기가 심해졌어요

A_ 기침이나 콧물, 코막힘이 너무 심할 때는 아이들이 쉽게 지칠 수 있습니다. 감기약은 이럴 때 잘 이겨 낼 수 있도록 증상의 정도를 조절해 주는 역할을 할 뿐입니다. 감기를 완치하기 위한 약이 아닙니다.

Q_ 감기가 더 심해지기 전에 약을 먹이는 것이 좋을 것 같아요.

A_ 아이가 조금만 감기 기운이 있으면 고생하지 말라고 얼른 약을 먹이는 부모님들이 있습니다. 그러나 약을 먹이기 전에 먼저 콧물이나 기침을 잘 이겨 내도록 수분을 충분히 섭취하게 하고, 코가 막혀 힘들어하지만 스스로 코를 못 푸는 어린아이들은 코가 마르거나 콧물이 막히지 않도록 앞에서 소개한 방법들로 도와주어야 합니다.

🍑 코피 나는 아이

병원에 오던 날 아침, 기운이 어머니는 깜짝 놀랐습니다. 이불에 코피가 흥건히 젖어 있었기 때문입니다. 평소에도 코피가 자주 나 걱정이 많았는데, 그날은 아무래도 검사를 받아야 할 것 같아 병원을 찾아왔습니다.

멀쩡하던 아이가 코피를 흘리면 부모님은 당황스러울 뿐 아니라, 혹시 무슨 큰 병을 앓고 있는 것은 아닌지 걱정이 됩니다. 코를 풀면 약간 묻어 나오는 정도에서부터 비교적 많은 양의 피가 흐르는 경우까지 코피를 흘리는 정도도 다양합니다.

그렇다면 특별히 혈액 질환이 있는 것도 아닌데 아이들이 코피를 자주 흘리는 이유는 무엇일까요? 대부분 아이들이 코를 손가락으로 후비거나 코를 너무 심하게 풀 때, 혹은 부딪히거나 다쳤을 때 코피를 흘립니다. 또 어린아이들은 가끔 코 안에 작은 물건을 집어 넣기도 하는데, 코 안의 이물질이 코피의 원인이 되기도 하지요.

또 히터나 에어컨이 가동되는 건물 안에서는 공기가 건조해 코점막이 마르고 쉽게 손상되어 코피가 흐르기도 합니다. 물론 비염이나 다른 코 안의 질병이 코피의 원인이 될 수도 있습니다. 그리고 드물지만 혈액이 잘 응고되지 않거나, 쉽게 출혈하는 질병을 앓고 있을 때도 코피가 날 수 있습니다.

01_ 코피 나는 아이 돌보기

아이들이 코피를 흘리는 경우 대부분은 큰 문제가 되지는 않습니다. 하지만 코피를 흘리는 빈도나 양, 다른 부위의 출혈이나 사고, 아이의 병력에 따라 신중하게 돌보아야 합니다. 필요한 경우에는 지체 없이 병원을 찾아 의사의 도움을 받아야 합니다.

그러나 일반적으로 아이가 코피를 흘릴 때 몇 가지 유의할 점들을 알고 있으면 크게 걱정할 일은 없을 것 같습니다. 먼저, 코점막이나 피부에 너무 가까이 있어 쉽게 파열되는 작은 혈관들이 코피의 원인일 때는 이비인후과에서 간단한 혈관 소작술로 치료할 수 있습니다.

아이가 심하게 코를 후비는 버릇이 있을 때는 손톱을 자주 깎아 주고, 특히 잘 때 바세린을 코 안에 발라 주면 밤 사이 코 안이 촉촉해서 코를 덜 후빕니다.

아이의 방 안이 너무 건조하면 가습기를 놓아 주는 것이 좋습니다. 또한 어린아이들이 코 안에 이물질을 집어 넣지 않도록 항상 안전에도 주의를 기울여야 합니다. 만일 이물질이 들어간 것이 확실하면 집에서 함부로 빼내려고 하지 말고 반드시 병원에 가서 의사의 도움을 받아야 합니다.

02_ 코피가 날 때 응급 처치

- 먼저 코피를 삼키지 않도록 해야 합니다. 코피가 나면 눕히거나 고개를 뒤로 젖히면 안 됩니다. 오히려 앉히거나 고개를 앞으로 숙이도록 합니다.
- 대개 아이들은 코점막의 앞 부분에서 코피가 납니다. 콧등 양쪽을 손 끝으로 5~10분 정도 강하게 눌러 줍니다.
- 코에 얼음이나 찬물 찜질을 하는 것도 도움이 됩니다. 바세린 거즈를 넣어 지혈할 수도 있습니다. 물론 출혈이 심하거나 지혈이 잘 되지 않을 때는 곧 바로 병원에서 치료를 받아야 합니다.

♥ 코피 지혈법

코 고는 아이

코는 어른들만 곤다고 생각합니다. 하지만 실제로 아이들도 코를 곱니다. 심지어 신생아들도 코를 곱니다. 놀라운 사실은 아이들 중 거의 10%는 적어도 한 번 이상 코를 곤다고 합니다.

코골이란 잘 때 숨쉬는 소리가 유난히 과장되는 현상을 말합니다. 구강 뒷부분에서 기도로 이어지는 통로 중 어느 부분이 막혔을 때, 숨 쉬면서 드나드는 공기가 목젖과 입천장 뒷부분인 연구개 등에 진동을 일으켜 요란한 소리가 나는 것입니다.

코골이가 심할 때는 산소가 충분히 공급되지 않아 호흡을 잘하지 못하고, 종종 숨을 제대로 쉬기 위해 수시로 잠을 깨기도 합니다. 또한 중간중간 호흡이 일시적으로 멈추기도 하는데, 이를 '폐쇄성 수면무호흡증후군'이라고 합니다. 코를 골다 호흡이 멈춰도 본인은 모르지만, 곁에서 자는 사람은 너무 당황스럽고 불안합니다.

아무튼, 건강한 아이가 코를 고는 것은 생리적인 현상이라고 볼 수만은 없습니다. 코감기나 알레르기가 있는 아이들도 코막힘 증상과 함께 코를 골기도 하고, 앞서 말한 수면무호흡증후군의 증상으로 코를 골기도 합니다.

01_ 왜 코를 골까요?

비만이나 알레르기, 위식도역류장애, 안면이나 턱의 구조적인 특징, 신경이나 근육의 마비 또는 기능장애가 있는 아이들이 코를 고는 경우가 많습니다. 그러나 대체적으로 편도가 큰 아이들이 코를 많이 곱니다.

편도는 크게 네 종류가 있습니다. 구개편도, 인두편도, 이관편도, 혀편도입니다. 구개편도는 구강 뒤쪽의 구개인두 양쪽에 있고, 흔히 '편도선'이라고 불리는 부분입니다. 아이들이 입을 벌리면 쉽게 관찰할 수 있습니다.

인두편도는 목구멍 뒤쪽의 코인두 벽에 붙어 있는 편도입니다. 흔히 '아데노이드'라고 부릅니다. 구개편도가 크지 않아도 코를 심하게 고는 아이들을 검사해 보면 아데노이드가 커져 있는 경우가 많이 있습니다. 또한 구개편도와 인두편도가 모두 커져 있는 아이들도 종종 있습니다. 아이들의 편도는 목구멍 크기

에 비해 커서 눈에 띄기 쉽고, 보통 5~7세 무렵에 가장 크고 그 이후 점차 작아지거나 퇴화하기도 합니다.

코뼈가 휜 경우도 정도에 따라서 코골이의 원인이 될 수 있습니다. 코뼈가 휜 정도에 따라서 중이염이나 축농증(부비동염)과 같은 합병증을 흔히 동반하기도 합니다.

02_ 코골이가 심하면 반드시 수술해야 하나요?

코를 고는 이유는 다양합니다. 아이들이 코를 고는 가장 흔한 원인은 아무래도 알레르기와 관련된 비염이나 편도의 비대, 비만 등일 것입니다. 코골이를 치료하기 전에 코를 고는 원인을 밝히는 것이 중요합니다. 이런 문제는 당연히 의사와 의논해야 합니다. 주 원인이 비염이라면 알레르기를 잘 조절할 수 있도록 적절한 치료와 예방을 해야 합니다.

편도나 아데노이드가 큰 것이 문제라면 코골이의 심한 정도, 수면 중 무호흡 발생의 유무, 아이의 나이, 중이염이나 축농증과 같은 감염성 질환의 재발 상태에 따라 치료의 방향을 정해야 할 것입니다.

물론 비만이 주요 원인이면 주치의 선생님과 잘 의논해서 성장기 어린이의 특성을 고려한 현명한 체중 조절 프로그램으로 살을 빼야 합니다.

코골이 수술은 주로 수술로 교정이 가능한 경우에 할 수 있습니다. 아이들의 코골이는 성인의 경우와 달라 편도 비대의 정도에 따라 수술 여부를 결정하는 경우가 가장 많습니다. 그러나 성인이 되어서도 코골이가 심한 사람은 코와 기도의 구조를 정밀 검사해서 수술과 구강 내 장치 등을 삽입하기도 합니다

03_ 코골이를 치료하지 않으면 어떤 문제들이 생길 수 있나요?

코골이가 심한 아이들은 낮에도 늘 기운이 없고 졸려 합니다. 또 식욕이 없어 밥을 잘 먹지 않거나 귀찮아합니다. 이런 현상들은 아이들의 의욕을 떨어뜨리고, 심한 경우 유치원이나 학교 생활에 잘 적응하지 못해 학습 장애를 겪기도 합니다.

또 밤에 충분히 자지 못한 아이들은 주의력 결핍이나 과다 행동을 보이기도 하는데, 아이들에게서 비교적 흔히 볼 수 있는 주의력 결핍이나 과다행동장애의 원인이 되기도 합니다. 또 이런 현상들이 오랜 기간 계속되면 성장 지연은 물론이고 심장 질환의 원인이 될 수도 있습니다.

04_ 코 고는 아이 돌보기

아이가 코를 심하게 곤다면 가볍게 넘기지 말고, 코를 고는 이유가 무엇인지, 동시에 함께 나타나는 문제들이 어떤 것이 있는지를 주의 깊게 살펴보아야 합니다. 적절한 치료를 받기 위해서는 코골이의 원인과 증상의 정도에 따라 주치의 선생님과 충분히 상의해야 합니다.

진료실 이야기

코 고는 다섯 살 진엽이

약 3년 전 다섯 살이었던 진엽이는 코골이가 너무 심했고, 심지어 수면무호흡증까지 있었습니다. 편도가 유난히 커서 목구멍을 거의 막고 있다시피 해서 이비인후과 선생님은 빨리 수술하는 것이 좋겠다고 했어요. 진엽이 부모님은 저와 오래 의논한 끝에 일단 초등학교에 입학할 때까지 기다려 보자고 결정했지요.

그 당시만 해도 감기를 달고 지내던 진엽이는 그 후 한동안 병원에 오지 않았어요. 최근에 감기에 걸려 병원에 온 진엽이는 이제 무호흡이 나타나지 않는다고 했습니다. 물론 코골이도 현저히 줄었다고 합니다. 그러나 진엽이는 편도 제거 수술을 받지 않았습니다. 불과 2년 남짓한 기간 동안 진엽이의 편도는 더 이상 자라지 않았고, 덕분에 상대적으로 편도 비대로 인한 불편함이 많이 줄어든 것이지요. 사실 진엽이가 다섯 살 때 평소 활발하고 건강해 보이지 않았다면 저도 수술을 권했을 것입니다.

흔히 코골이가 심한 아이들은 잠을 충분히 자지 못하고, 부분적인 호흡 곤란 때문에 뇌로 가는 혈액에 산소가 충분히 녹아 있지 않습니다. 이런 아이들은 낮에도 늘 졸려 하거나 피곤해하고, 밥맛이 없어 잘 먹지 않습니다. 또 매사에 의욕이 없어 학습 능력도 떨어지고, 친구들과 잘 어울리지도 않습니다. 이런 문제점들이 다섯 살이었던 진엽이에게는 다행히도 크게 나타나지 않았습니다.

코골이 수술을 한 현우

이제 막 다섯 살이 된 현우는 밥도 잘 먹지 않고, 체중도 또래 아이들에 비해 아주 적게 나갔습니다. 현우 역시 코골이가 심해 최근에 편도 제거 수술을 받았습니다. 현우는 코를 골기는 했지만 무호흡일 정도는 아니었습니다. 그러나 중이염이 자주 재발해서 병원 문턱을 드나들었습니다. 그래서인지 유치원에 잘 적응하지 못했지요. 그런데 수술을 받고 나서 다시 만난 현우는 예전에 비해 많이 밝아 보였습니다.

♥ 부비동염(축농증)

병원에서 아이가 축농증이라는 진단을 받으면 부모는 한숨부터 쉽니다. "아휴, 축농증은 항생제를 꽤 오랫동안 먹어야 한다는데, 한참 자라는 아이가 항생제를 오래 먹으면 면역력도 떨어지고, 키도 잘 안 큰다는데……." 대부분의 부모들이 이런 생각을 할 겁니다. 그런데 축농증은 항생제를 오래 먹어야 하는 아주 무서운 병이라는 인식은 왜 생겼을까요?

엄밀하게 부비동염을 축농증이라고 합니다. 부비동에 고름이 쌓인 병이라는 뜻이 담긴 것 같지요? 흔히 부비동염을 비염과 많이 혼동하는 것 같습니다. 실제로 코점막이 붓고 코감기나 비염이 장기간 지속되면 부비동염으로 이어지는 경우가 많기는 합니다. 그 이유는 코와 부비동의 기능과 구조가 서로 밀접한 관계가 있기 때문입니다.

01_ 부비동염이 생기는 이유

부비동은 위치에 따라 4개의 다른 명칭이 있습니다. 상악동, 사골동, 접형동, 전두동입니다. 부비동의 안쪽 표면을 덮고 있는 점막은 코(비강)의 점막과

♥ 부비동의 구조

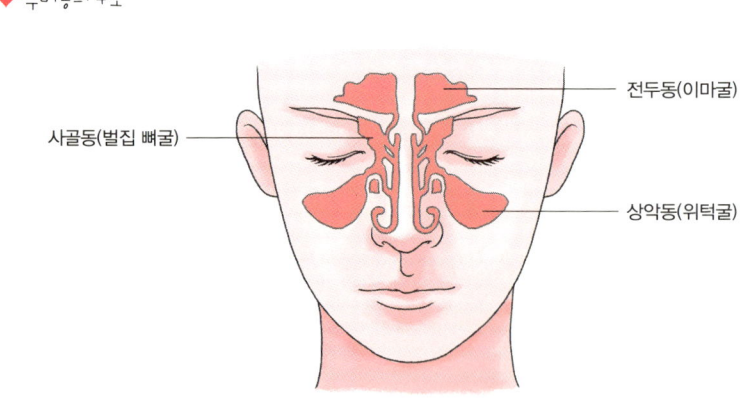

같고, 부비동은 비강과 이어진 좁은 통로를 통해 점액을 내보냅니다. 보통 상기도 감염(감기)의 경우도 코와 동시에 부비동을 침범하기도 합니다. 알레르기도 마찬가지입니다. 감기나 알레르기 때문에 코와 부비동의 점막에 염증이 생겨 부으면, 점막에서는 더 많은 분비물을 만들어 내지요. 처음 감기나 비염이 시작될 무렵 콧물이 엄청나게 나온다고 느끼게 됩니다.

 대부분 감기는 저절로 좋아지고 콧물도 사라집니다. 하지만 좋아지지 않고 계속되다 결국 부비동에서 비강 안으로 분비물을 내보내는 배출구가 막히면, 부비동에 갇혀 버린 분비물이 점점 쌓여 가고, 환기가 되지 않는 환경에서 세균이 자라게 되면 2차 세균 감염을 일으켜 부비동염의 증상이 나타납니다. 비염이 낫지 않고 오래되면 부비동염이 될 가능성이 매우 높습니다. 엄밀한 의미에서 부비동염은 '비부비동염'이라는 명칭이 더 걸맞을 수 있습니다. 결국 코와 부비동의 위치와 기능은 서로 밀접하게 연결되어 있어 비염 증상은 대부분 부비동염을 동반하기 때문입니다.

02_ 부비동염은 한 번 앓고 나면 자꾸 재발한다?

부비동염은 항생제 치료를 시작하면 며칠 이내에 증상이 좋아집니다. 급성 부비동염은 비교적 짧은 기간만 치료해도 금세 좋아집니다. 하지만 만성인 경우, 특히 비염이나 다른 선행 조건이 있을 때, 증상이 좋아져 항생제 치료를 중단해 버리면 이내 곧 다시 증상이 나타납니다. 이런 경우, 증상이 재발했다기보다는 이전의 치료가 완전하지 않았다는 것을 뜻할 수도 있습니다.

 대부분의 부모들은 항생제를 오래 복용하는 것을 꺼립니다. 물론 불필요한 항생제의 복용은 문제가 될 수 있지만, 꼭 필요한 경우라면 의사를 믿고 협조하는 마음으로 끝까지 치료를 마치는 것이 중요합니다. 항생제 치료를 제대로 하지 않으면 항생제 내성균을 키울 수 있습니다. 물론 항생제뿐만 아니라, 평소 비강을 깨끗하게 관리하는 습관을 들이는 것도 중요합니다. 아무리 좋은 약이라도 약이 일할 수 있는 공간이 열악하면 마치 '모래 위에 지은 집'이 쉽게 무너질 수 있는 것처럼, 항생제도 제 역할을 할 수 없습니다.

03_ 만성 부비동염

만성 부비동염이 생기는 이유는 부비동을 덮고 있는 점막이 두꺼워지면서 부비동에서 만들어진 점액의 배출구를 막아 부비동에 갇혀 버린 분비물들이 쌓이면 여기에 바이러스, 세균, 곰팡이 들이 서식하기 때문입니다.

만성 부비동염의 증상은 각각의 부비동의 배출구가 있는 위치에 따라 안면부의 불쾌감이나 통증, 두통을 호소할 수 있고, 눈 주위가 눌리는 듯한 통증, 부비동의 분비물이 목 뒤로 넘어가는 후비루와 기침, 냄새를 맡을 수 없는 경우도 있습니다. 치료가 힘들고 환자 스스로 불편함을 해소하기 위한 노력이 매우 중요합니다. 치료가 어려울 때는 이비인후과에서 수술을 받을 수도 있습니다.

04_ 부비동염은 알레르기 질환인가요?

대부부분의 알레르기 비염 또는 만성 비염을 앓는 환자들이 부비동염을 앓습니다. 알레르기 비염이 있는 아이는 코가 간지러워 자꾸 손가락으로 쑤십니다. 뿐만 아니라 재채기, 콧물, 코막힘, 후비루와 같은 증상들을 호소하는데, 이런 증상들은 비부비동염의 증상과 매우 흡사합니다. 많은 경우에서 알레르기로 인해 코와 부비동의 점막이 부어 비부비동염이 생깁니다. 그러나 이외에도 다른 많은 원인들이 부비동염의 발생과 관계가 있습니다.

05_ 부비동염 치료법

물론 대부분 약물로 치료를 합니다. 코충혈 완화제, 거담제, 항생제 및 스테로이드를 코점막에 직접 뿌리는 방법 등, 의사의 판단에 따라 이런 약제들을 더하기도 하고 빼기도 하면서 치료를 합니다. 그러나 약물 치료를 했는데도 좋아지지 않는다면, 막힌 부비동 배출구를 뚫어 주는 수술을 받을 수도 있습니다. 그러나 이런 약물이나 수술은 영구적인 방법은 아닙니다.

특히 자주 부비동염을 앓는 환자들에게는 이런 치료들이 더 효과가 있고, 또 예방할 수 있는 '비강 세척'의 중요성이 많이 강조되고 있습니다. 어떤 문헌에는 "비강 세척이 코와 부비동의 점액을 씻어 내는 매우 유용한 방법이다"라고 적혀 있습니다.

인터넷 검색을 해보면 '비강 세척' 또는 '코 세척'을 위한 다양한 기구들이 시판되고 있습니다. 비강 세척을 너무 자주하면 점막이 상하거나 코가 스스로 정화 기능을 하지 못한다고 우려하는 분들도 있습니다. 그러나 아무리 스스로 정화 기능을 발휘하려고 해도 코나 부비동의 점막에 분비물들이 쌓여 있다면 과연 가능할까요? 최소한 '약발'이 들으려면 '바닥이 깨끗해야' 합니다.

07 귀가 아파요

뱃속에 있는 아기는 엄마의 말을 들을 수 있나요?
아이가 크면 중이염에 안 걸리나요?
중이염에 걸리면 항생제를 오래 먹어야 하나요?
귀지는 꼭 파주어야 하나요?

'임신입니다'라는 한마디는 세상을 다 얻은 것 같은 기쁨을 느낄 것입니다. 나와 나의 배우자를 닮은 작은 생명이 몸 안에 자라고 있다는 경이로운 사건은 세상 밖에서 아이를 만나기까지 엄마를 내내 설레게 합니다. 평소에는 지루해서 잘 듣지 않던 클래식 음악을 듣고, 일부러 시간을 내서 독서에도 열중해 봅니다. 좋은 것만 보고, 좋은 것만 듣고, 좋은 것만 생각하려고 합니다. 시끄럽고 정신없는 록이나 요즘 유행하는 랩보다는 모차르트나 베토벤의 음악을 아기에게 들려주면 왠지 더 감성이 풍부하고 차분한 아기가 태어날 것만 같습니다. 이런 생각은 아마도 엄마 뱃속에 있는 아기가 들을 수 있을 것이라는 믿음 때문이겠지요.

그런데 실제로 아기는 엄마 자궁 안에서도 들을 수 있다고 합니다. 다른 기관들에 비해 귀는 뇌의 발달과 더불어 비교적 빠르게 발달하고 성장합니다. 이미 임신 중기가 되면 태아는 외부의 소리에 반응한다고 합니다. 출생 당시에도 이미 귀가 완전히 발달해 있고, 또 며칠 내로 청력이 예민해져 1개월이면 벌써 엄마의 목소리를 구별할 수 있습니다.

이런 귀의 발달 과정 때문에 출생 직후에도 이미 귀의 선천적 기형이나 자궁 내 감염, 혹은 여러 가지 귀의 이상이나 청력의 이상을 진단할 수 있습니다. 더구나 귀의 이상이나 이로 인한 청력의 저하는 자라는 아이들의 언어와 인지 발달에 영향을 미치기 때문에 조기 발견, 조기 치료가 매우 중요합니다. 이런 이유들 때문에 요즘은 미국을 비롯한 몇몇 나라에서 신생아 청력 선별 검사를 필수 검사로 지정해 시행 중입니다. 최근 몇 년 사이, 우리나라에서도 이런 추세에 영향을 받아 출생 직후 신생아 청력 선별 검사를 시행하는 곳이 늘어나고 있습니다. 곧 선천성 대사 질환 선별 검사처럼 필수 선별 검사로 자리를 잡게 될 것 같습니다. 출생 직후 신생아 난청 선별 검사를 받는 것이 좋습니다.

귀의 구조 이해하기

다른 대부분의 질병들이 그렇듯이 아이들의 귀 질환도 성인과 다른 중요한 특징이 있습니다. 바로 아이들은 계속 성장하고 발달하는 중이라는 사실이죠. 특히 소아과나 이비인후과를 많이 찾게 되는 중이염도 대개는 만 3세 이전의 아이들에게 흔합니다. 4세가 되면 이런 급성 중이염으로 고생하는 경우가 현저히 줄어듭니다. 이런 현상은 연령에 따른 면역 기능의 발달과 해부학적인 성장과 관련이 있습니다.

발달 과정에 따른 흔한 귀 질환

- 신생아기: 중이염, 선천성 감염, 귀의 기형-귀의 기형과 관련된 선천성 기형 장애
- 영아기: 중이염 등 반복되는 감염성 질환
- 유아기: 삼출성 중이염, 편도나 아데노이드 비대와 관련된 질환
- 학령기~사춘기: 심리적 요인이나 유전성 질환에 의한 귀 증상(난청)의 발현 등

♥ 귀의 구조

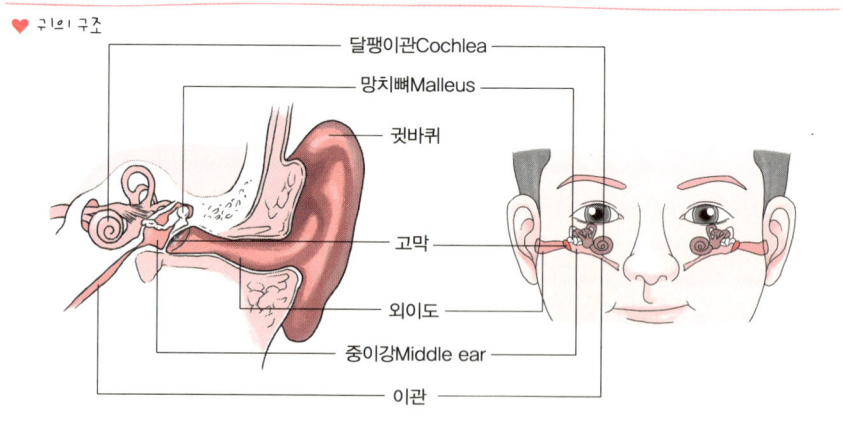

귀의 구조를 이해하면 우리 아이들의 귀 질환을 훨씬 이해하기 쉽습니다. 귀는 크게 외이, 중이, 내이 이렇게 세 부분으로 이루어져 있습니다. 외이는 고막의 바깥쪽을 말하고, 귓바퀴와 고막 사이는 외이도라는 통로로 이어져 있습니다. 중이는 고막과 고실, 이관의 일부가 포함된 구조입니다. 그림에서 볼 수 있듯이, 유스타키오관이라고 불리는 이관은 비인두라는 코의 안쪽 부분과 연결되어 있습니다. 아이들이 병원을 찾는 가장 흔한 원인 중의 하나로 알려져 있는 중이염은 이런 이관의 기능과 구조의 특성을 이해하고 나면 훨씬 치료와 관리가 쉽습니다.

이관유스타키오관은 전체가 호흡기 점막으로 덮여 있습니다. 아이들이 성장하면서 이관의 형태와 구조도 변합니다. 아이들의 이관은 비교적 수평하게 있는데 비해, 성인은 45도 정도 위쪽으로 기울어져 있습니다.

3세 이전의 아이들이 중이염에 자주 걸리는 이유는 물론 면역 기능이 아직 미숙한 탓도 있지만, 이 연령의 이관이 어른에 비해 짧고 두껍고 비교적 수평으로 놓여 있기 때문입니다. 이관을 통해 소량의 공기가 중이로 전달되어 중이를 건강하게 유지하도록 돕습니다. 하지만 이관이 어떤 이유에서든 공기를 통과시키지 못하게 될 때는 중이의 압력이 낮아지고 진공 상태가 되면서 주변에서 만들어진 분비물이 고여 염증이 생깁니다. 또 코의 뒷부분에서 세균이나 바이러스 등을 빨아들여 중이가 감염되기도 합니다.

♥ 이관의 발육

어린이
수평면에 수평하게 위치

성인
수평면에 비스듬하게 위치

🍑 중이염

평소에 순하던 민찬이가 어쩐지 하루 종일 보채고 무척 예민해졌습니다. 젖을 물려도 울음을 그치지 않고 잠도 잘 자지 못해 병원을 찾았습니다. 병원에 도착해서 측정한 체온은 37.9℃였고, 오른쪽 고막이 도넛처럼 붓고 빨갛게 충혈되어 있었습니다. 민찬이는 급성 중이염으로 진단받았습니다.

  급성 중이염에 걸리면 고막이 붓고, 열이 나거나 보채고, 귀의 통증, 이루, 청력 감소, 두통과 같은 증상이 나타납니다. 나이가 어릴수록 구토나 설사와 같은 소화기 증상이 자주 나타납니다. 열이 없는 중이염도 반 이상이 나됩니다. 중이염은 크게 삼출성 중이염과 급성 중이염으로 나뉩니다.

  삼출성 중이염 – 삼출성 중이염은 환기구인 유스타기오관이 제대로 기능을 하지 못해 중이의 분비물이 저류되어 염증성 액체가 고이는 상태를 말합니다. 고막이 붓고 청력이 약간 떨어지는 경우도 있지만, 대개는 특별한 증상이 없습니다. 감기 증상이 있는 아이들을 진찰하면서 자주 발견합니다. 대부분 치료를 하지 않아도 자연히 호전되는 경우가 많아 다른 증상이 없다면 정기적으로 관찰하면서 좋아질 때까지 기다려 보기도 합니다.

  급성 중이염 – 급성 중이염은 삼출성 중이염에 세균이나 바이러스 감염이 동반될 때 생깁니다. 삼출성 중이염에 걸렸을 때처럼 고막이 붓고 열이 나거나 귀가 몹시 아픈 급성 염증성 증상을 보입니다. 물론 어린아이일수록 정확하게 아프다는 표현을 하지 못해 유달리 보채거나 짜증을 내고 잘 먹지도 않습니다. 꼼꼼히 진찰하지 않으면 어린아이들의 중이염을 놓칠 만큼 귀와 관련된 전형적인 증상을 보이지 않기도 합니다. 또한 구토나 설사와 같은 소화기 증상을 보여 다른 진단으로 오진할 수도 있습니다. 간혹 귀에서 누런 진물이 나기도 하는데, 고막이 천공되었거나 세균에 심하게 감염된 경우에는 분비물에 피가 섞여 나오기도 합니다. 귀에서 냄새가 나기도 하지요.

01_ 중이염에 걸리면 항생제를 오래 먹어야 하나요?

중이염의 원인은 약 70% 정도가 세균 감염으로 추정됩니다. 말하자면, 모든 중이염의 치료에 반드시 항생제를 먹어야 할 필요는 없습니다. 물론 세균 감염이 원인이라도 정상적인 면역 기능이 있는 만 2세 이상의 어린이나 성인이라면 굳이 항생제를 먹지 않아도 스스로 감염을 이겨 낼 수 있습니다. 1~2일 정도 증상의 경과를 기다려 본 후 그 사이에도 좋아지지 않았다고 판단되면 항생제 치료를 시작할 수도 있지요. 다만 2세 이전의 어린 아이들이나 중이염의 증상이 너무 심한 경우에는 항생제로 치료해야 합니다.

일단 항생제가 처방되면 용법과 용량, 또 정해진 치료 기간을 잘 지켜야 합니다. 만일 임의로 일찍 항생제 복용을 중단하게 되면 일부 세균들이 살아남아 더 강력한 힘을 키워 모든 증상이 다시 나타날 수 있습니다. 말하자면, 항생제를 임의로 중단하는 것은 '항생제 내성균'이 나타날 수 있는 지름길이라고 해도 과언이 아니겠지요.

보통은 만 2세 이전에는 10~14일간, 2세 이후에는 5~7일간 항생제 치료를 권하고 있지만, 환자의 상태에 따라 유연하게 조절할 수 있습니다.

02_ 중이염에 한 번 걸리면 계속 걸리나요?

꼭 그렇다고 할 수는 없습니다. 하지만 절대로 그렇지 않다고 부정할 수도 없습니다. 계속 되풀이하는 이야기지만, 어린아이들이 중이염에 잘 걸리는 원인은 이관의 구조적 특징과 가장 연관이 많습니다. 그런데 이런 이관의 특징을 더 위험하게 만드는 경우들이 있습니다.

- 어린이집이나 놀이방에 다니는 아이
- 가족 중에 흡연을 하는 사람이 있는 경우

- 공갈 젖꼭지를 물고 사는 아이
- 반듯이 누워서 젖병 수유를 하는 아이
- 분유 수유
- 알레르기 비염이나 아데노이드가 커져 있는 아이
- 중이염의 가족력이 있는 경우
- 어린 나이에 중이염을 앓은 경우

요즘은 맞벌이 부부가 늘어나 엄마의 출산 휴가가 끝나는 생후 3~4개월부터 어린이집에 맡겨지는 아이들이 많습니다. 심지어는 태어나자마자 신생아방에 보내지는 아기들도 늘고 있습니다. 이렇듯 일찍부터 단체 생활을 하면서 여러 병원균에 노출되는 경우도 있고, 또 형제가 있어서 간접적으로 노출되기도 합니다. 간접흡연의 영향도 중요한데, 가족 중에 흡연하는 사람이 있으면 흡연자는 가능한 아이와 멀리 떨어져 있도록 하고, 아이의 방은 환기를 잘 시켜야 합니다. 특히 처음 중이염을 앓은 나이가 어리면 어릴수록 중이염이 재발할 가능성이 높습니다.

03_ 누워서 수유를 하면 중이염에 잘 걸리나요?

자주 듣는 질문입니다. 하지만 중요한 점이 간과되어 있습니다. 모유 수유와 젖병 수유의 차이점을 잘 이해해야 합니다. 모유 수유는 아기의 면역 기능을 회복하는 데 도움을 주어 감염을 예방하는 효과가 있습니다. 중이염 예방을 위한 학회의 지침에는 만 2세 이전에는 아이를 반듯이 누인 채 젖병 수유를 하지 않도록 권합니다. 이관의 구조적 특성 때문에 반듯이 누운 상태에서 젖병 수유를 하면 젖이 이관으로 흘러 들어가 이관의 기능을 방해할 수 있기 때문입니다.

♥ 젖병 수유의 좋은 자세, 나쁜 자세

꼭 알고 넘어가기

젖병 수유를 하더라도 모유를 주는 것과 분유를 주는 것은 다릅니다. 당연히 모유를 먹는 아이가 젖병으로 먹더라도 감염을 더 잘 이겨 낼 수 있습니다.

04_ 중이염이 있는데 수영해도 되나요?

이루가 심하거나 고막이 천공된 경우처럼 아직 염증이 진행 중인 경우라면 조심해서 나쁠 건 없겠지요. 심하게 오염된 물이나 너무 깊은 물에 잠수를 하는 것은 피해야 합니다. 하지만 중이염이 있다고 해서 수영을 피해야 할 이유는 없습니다.

다만, 최근 소식에 의하면 염소로 소독한 수영장 물은 코와 귀의 염증을 자극하는 요인이 된다고 합니다. 그래서 수영장 물 소독을 염소로 하는 대신 인체에 해를 주지 않는 새로운 성분을 개발하려는 움직임이 활발히 일어나고 있답니다.

05_ 중이염을 예방할 수 있는 방법은 없을까요?

중이염 예방을 위한 지침들이 이미 많이 소개되어 있습니다. 어떤 형태의 감염이라도 기본적인 사항들을 잘 지킨다면 감염으로부터 우리 아이들을 지켜 줄 수 있습니다.

- 감기에 걸리지 않도록 합니다. 특히 코를 풀 때는 휴지를 사용하고, 기침할 때는 입을 가리도록 지도해 주세요.
- 기침이나 재채기를 하고 나서 손을 깨끗이 씻도록 합니다.
- 가급적 장난감은 다른 아이와 함께 갖고 놀지 않는 것이 좋습니다. 더구나 입으로 가져가는 것도 주의해야 합니다. 이런 부분은 아마도 어린이집에서 좀 더 신경을 써주어야 할 것 같네요.
- 갖고 논 장난감은 깨끗하게 잘 씻어 둡니다.
- 아픈 아이와 음식을 함께 나누지 않도록 하세요.
- 물컵이나 수저 등을 함께 쓰지 않는 것이 좋습니다.
- 모유 수유를 하면 예방할 수 있습니다.
- 아이가 누워서 젖병을 빨지 않도록 하면 중이염의 발생을 줄일 수 있습니다.
- 간접흡연의 위험성도 간과되어서는 안 됩니다.
- 아픈 아이는 가급적 어린이집에 보내지 않는 것이 아이를 위해서나 전염의 예방을 위해서도 최선의 방법입니다. 하지만 부득이하게 어린이집에 보내야 한다면 손 씻기를 비롯한 철저한 위생 수칙을 지키도록 당부하는 것도 잊지 마세요.

06_ 예방접종을 하면 중이염을 예방할 수 있나요?

그렇습니다. 수막염 접종과 폐구균 접종은 2개월부터 할 수 있습니다. 보통 2, 4, 6개월과 돌 이후 1회의 추가 접종을 받도록 되어 있습니다. 중이염은 3

세 이전의 아이에게 잘 생기고, 특히 학교에 들어가기 전에 심하게 감염될 위험이 높기 때문에 가능한 2세 전에 접종을 완료하는 것이 가장 좋습니다.

간혹 돌 이후에 처음 접종을 시작하면 접종 횟수를 줄일 수 있어 굳이 돌이나 두 돌 이후로 접종을 연기하는 경우가 있습니다. 하지만 이들 접종은 이미 만 2세가 되기 전에 완료해야 최상의 효과를 기대할 수 있다는 점을 꼭 기억하세요. 물론 늦게 접종을 시작해도 전혀 효과가 없는 것은 아닙니다만, 최상의 효과를 기대할 수는 없습니다. 독감 예방접종도 잊지 마세요.

♥ 귀의 모양 이상

이제 귀 바깥 부분에 대해 좀 더 자세히 알아볼까요? 크게 외적인 형태의 이상과 외이도의 염증으로 구분하면 쉬울 것 같습니다.

외이의 기형은 대개 금방 알 수 있기 때문에 태어나자마자 치료할 수 있습니다. 귀의 위치가 너무 낮은 경우, 귀가 너무 작거나 큰 경우, 귓바퀴가 돌출된 경우가 기형입니다.

귀의 형태에 문제가 있을 때는 단순히 귀에만 국한된 것이 아니라 선천성 기형과 관련된 다른 질환을 고려해야 할 경우가 있습니다. 예를 들면, 다운증후군인 아이들은 귀가 상대적으로 작고, 귀의 위치가 정상보다 낮습니다. 또한 외이 주변에 구멍이 있을 때는 계속 염증이 생겨 분비물이 나오기도 해서 외과적인 치료가 필요할 수 있습니다. 또 구멍의 깊이와 위치를 파악하기 위한 검사를 받아야 하는 경우도 있습니다. 또한 외이의 기형이 난청과 연관이 있을 수 있다는 점도 간과해서는 안 됩니다.

 귀지

"선생님, 귀지 좀 파주세요. 집에서는 도저히 못하겠어요."
"귀지는 파주면 안 된다면서요?"

사실 진료실에서 죽기 살기로 울어 대는 아이들의 귀를 잡고 핀셋이나 갈고리로 귀지를 빼기란 정말 힘듭니다. 저도 귀지 앞에서 고민스러울 때가 정말 많습니다. 고막의 이상 여부를 정확히 진단하기 위해서는 어느 정도 귀지를 제거해야 합니다.

도대체 귀지는 왜 생기는 것일까요? 외관상 보기도 좋지 않고, 또 저절로 빠지지 않으면 외이도의 염증이나 청력의 문제를 일으킬 수 있는데 말입니다. 귀지는 이도의 피부를 보호하고, 먼지나 벌레, 이물질이 고막까지 들어가지 못하도록 붙잡아 주는 역할을 한답니다. 외이도의 바깥 부분에 귀지를 만들어 내는 분비선들이 있습니다. 어느 정도 귀지가 차면 음식을 씹거나 말할 때 턱을 움직이면서 자연스럽게 떨어져 나갑니다.

그러나 귀지가 너무 많아서 밖으로 나올 정도가 되면 먼저 외관상으로도 청결해 보이지 않습니다. 또 귀지가 너무 꽉 차 있으면 드물지만 소리의 전달을 방해할 수도 있습니다. 뿐만 아니라 여기에 물기가 남아 있으면 세균이 번식하기 좋은 배지를 만들기도 합니다. 귀가 아파 병원에 가더라도 귀지가 차 있으면 제거해야만 고막의 상태를 정확히 볼 수 있습니다.

01_ 안전하게 귀지 제거하는 법

귀지는 귀의 바깥 부분에서 분비되는 것이기 때문에 털이 난 귀의 바깥 부분만 청소해 줍니다. 가능하면 귀지를 안으로 밀어 넣지 않도록 주의하세요. 원래는 바깥 부분에만 차는 것이 정상이지만, 잘못해서 귀지를 안으로 밀어 넣으면 고막 근처까지 귀지가 차게 되어 나중에 제거하기도 힘들어지고, 잘못 건드리면 통증을 일으킬 수도 있습니다.

집에서 귀지를 제거할 때는 건성 귀지는 1주일에 한 번 정도, 연성 귀지물 귀지는 1주일에 2~3회 정도 가볍게 청소해 주는 것이 좋습니다.

- 먼저 아이들이 겁먹지 않도록 안심시켜야 합니다.
- 밝은 곳에서 귀지를 직접 보면서 제거해야 합니다.
- 너무 깨끗하게 제거할 필요는 없습니다.
- 아이가 갑작스럽게 움직이거나 놀랄 수 있으니 주의해야 합니다.

02_ 귀지 제거하는 순서

1. 아이를 옆으로 눕히고 머리를 엄마의 무릎 위에 올립니다.
2. 엄지와 중지로 아이의 귓바퀴를 잡아 머리 뒤쪽과 아래쪽으로 당기면서 검지로 귓기둥을 얼굴 앞쪽으로 밀듯이 눌러 주면 외이도를 관찰하기 쉬워집니다.
3. 귀이개나 면봉 등으로 외이도 벽면을 따라 쓰다듬듯이 살짝 닦아 줍니다.
4. 귀이개의 끝부분에서 1cm 이상 깊이 들어가지 않도록 주의해야 합니다.
5. 외이도를 꽉 막고 있는 딱딱한 귀지는 억지로 파내지 말고, 필요하면 이비인후과나 소아과 의사의 도움을 받는 것이 좋습니다.

외이도염

외이도염은 덥고 습할 때 잘 생깁니다. 특히 수영을 자주하는 사람이 잘 걸려서 수영하는 사람의 귀(swimmer's ear)라고도 합니다. 습도가 올라가고 외이도의 피부가 자주 자극을 받으면 염증이 생깁니다.

외이도염의 증상은 대체로 귀가 가렵고 아플 수도 있습니다. 귀가 멍멍한 느낌이 들 수도 있구요. 외이도의 피부가 염증 때문에 부으면 주위 신경을 자극해 통증을 느끼게 합니다. 아이들이 귀를 자꾸 만지거나 귀를 때리고 신경질을 자주 내면 외이도염이 생겼는지 확인해 봐야 합니다. 더구나 여기에 귀지나 분비물이 있을 때는 염증과 함께 난청이 될 수도 있습니다.

무엇보다 외이도염을 예방하기 위해서는 외이도에 습기가 남아 있지 않도록 주의해야 합니다. 세수나 목욕, 수영을 한 뒤 귓속을 완전히 말려야 합니다. 또 귀지를 제거하기 위해 지나치게 외이도를 자극해서도 안 됩니다.

외이도염의 치료는 염증이 심할 때는 항생제를 단기간 복용하기도 합니다. 또 점이액을 처방받아 귀에 떨어뜨려 줄 수도 있습니다. 통증이 심할 때는 진통제를 복용할 수도 있습니다.

● 곰팡이 감염

외이도염을 치료했는데도 좋아지지 않을 때는 곰팡이 감염을 생각할 수도 있습니다. 곰팡이 감염이 심해지면 외이도에 촛농 같은 분비물들이 차 있기도 합니다. 증상은 외이도염의 증상과 더불어 심한 이루, 이물감, 이명, 청력 장애를 호소할 수도 있습니다.

곰팡이 감염증을 치료하는 데도 왕도는 없습니다. 귀를 청결하게 유지하는 것이 가장 중요합니다. 심한 경우 항진균제를 귀에 발라 주기도 합니다. 곰팡이 감염은 치료 기간을 잘 지켜야 합니다. 보통 일반적으로 중이염이나 외이도염을 치료하는 기간보다 훨씬 더 오래 치료해야 합니다.

● 고막천공

중이염이 아주 심한 경우, 혹은 외상을 입어 고막이 천공되는 경우가 종종 있습니다. 귀를 심하게 맞았거나, 간혹 귀지를 억지로 빼내다가 천공이 생기는 수가 있습니다. 물론 드물지만 폭발음과 같은 심한 자극을 받아 고막에 과도한 힘이 가해지면서 천공이 생길 수도 있습니다. 고막이 천공되면 금세 심한 고통을 호소하지만 곧바로 통증이 가라앉는 것이 특징입니다.

중이염 때문에 천공이 되는 경우에는 항생제를 써야 하지만, 대부분의 고막천공은 2~3주면 자연히 치유됩니다. 그런데 한 달이 지나도 천공이 막히지 않으면 병원에서 고막을 막는 시술을 받을 수 있습니다. 물론 천공이 치유된 후에도 청력이 온전한지 검사해 보아야 합니다. 특별히 다른 손상이 없고 청력이 정상이라면 천공이 치유된 후 특별히 걱정할 필요는 없습니다.

기침이 나요

08

기침이 오래가면 폐렴이 되나요?
폐렴에 걸리면 병원에 입원해야 하나요?
왜 밤에 기침이 더 심해지나요?
기침을 하면서 토하기도 하는데 위험하지 않나요?

기침은 감기의 신호탄처럼 여겨지기도 합니다. 아이가 기침을 시작하면 얼른 멈추게 해야 한다고 생각을 하지요. 하지만 기침은 일차적으로는 우리 몸의 방위군과 같은 역할을 한다는 것을 기억하세요. 물론 기침이 심해지면 괴롭기도 하고 심지어는 잠도 잘 못 자고, 일상생활이 힘들어질 수도 있습니다. 하지만 먼저 기침을 멈추게 하기 전에 기침의 원인이 무엇인지를 아는 것이 중요합니다.

콧물과 마찬가지로 기침은 우리가 호흡하면서 들이마신 공기 중에 있던 병균이나 자극적인 부유물들을 밀어 내기 위해 기관지가 수축하면서 일어나는 현상입니다. 기침을 하도록 조절하는 기침 중추는 여러 가지 자극에 대해 적절히 반응하도록 지시합니다.

> 윤호는 지난 주부터 기침을 했어요. 심한 것 같지는 않은 데 벌써 1주일이 지나도록 기침이 멈추지 않아 폐렴이 될까 봐 걱정입니다.

어떤 원인에서든 감기에 걸려 있는 상태라면, 건강할 때보다 더 충분한 영양과 휴식이 필요합니다. 이런 지원이 충분하지 않으면 우리 몸의 면역력이 떨어질 수가 있습니다. 그러면 다른 세균이나 바이러스들이 우리의 폐를 공격해서 폐렴에 걸릴 수도 있습니다.

❤ 기침 이해하기

기침은 아주 자연스러운 호흡의 한 형태입니다. 실제로 기침은 먼지나 여러 유해한 자극으로부터 기도를 보호하거나 바이러스나 세균과 같은 병원균에 의한 호흡기 감염으로 발생하는 가래를 밀어 냅니다. 물론 기침이 항상 자연스럽고 견딜 만한 것은 아닙니다. 때로는 다른 자극이나 원인으로 인해 기침이 견디기 힘들만큼 심해지기도 합니다. 지독한 기침으로 인해 생활에 불편이나 어려움을 겪게 된다면 당연히 기침을 줄여 주고 기침으로 인한 피로를 덜어 주어야 합니다. 하지만 대부분의 기침은 자연스럽게 멈출 수 있도록 도와주는 것이 더 좋습니다.

그렇다면 어떤 경우 기침을 멈추게 하고, 어떤 경우 기침이 자연스럽게 멈추도록 도와주어야 하는 걸까요? 대개 건강해 보이고 활동적인 아이의 기침은 문제가 되는 경우가 많지 않습니다. 다만 기침이 잦으면 곁에서 지켜보기에 불편한 정도입니다.

하지만 간혹 건강해 보이는 아이의 기침도 심각한 질환의 초기 증상일 수 있기 때문에 의사의 검진을 받아 보아야 합니다. 특히 기침을 하면서 열과 같은 다른 증상이 나타나면 반드시 의사의 견해를 들어 보아야 합니다. 뿐만 아니라 어떤 경우라도 기침이 오래가거나 자주 재발한다면 반드시 병원에 가야 합니다. 예를 들면, 아이가 낮에는 기침을 하지만 밤에는 전혀 기침을 하지 않는다면 관심을 더 받으려는 것일 수도 있습니다. 즉 병적인 원인보다는 심리적인 원인이 더 크게 작용하는 경우입니다. 가끔 아무리 병원을 다녀도 약을 먹을 때 뿐이고 다시 기침이 심해진다는 아이들 중 몇몇은 이런 경우에 해당하는 것을 저도 경험하곤 합니다.

반면에 활동을 할수록 심해지거나 간혹 활동을 못할 정도로 기침을 심하게 하는 경우는 천식과 관련된 기침인 경우가 많지요. 콧물이나 코막힘과 같은 코 증상이 있으면서 밤에 심해지는 기침은 알레르기 비염이나 축농증 등과 관련된 기침입니다. 간혹 수유 중 기침이 심해지는 아이들이 있습니다. 기관-식도 연결로 인해 흡인성 폐렴이 생기는 아이도 있고, 수유 후 몸을 활처럼 뒤로 뻗치면서 괴로워하는 아이들의 기침은 위식도 역류와 관련이 있는 기침을 생각할 수 있습니다.

기침을 시작하는 나이나 시기 등도 고려해야 합니다. 또한 기침이 일시적인지, 자주 재발하는 기침인지, 만성적인지에 따라서도 각각 기침의 원인이

다를 수 있습니다. 가령 3개월 이전의 아이가 심한 기침이 자꾸 재발하는 경우라면 선천적인 문제나 몸의 해부학적인 기형이 있을 가능성이 있기 때문에 반드시 의사의 진찰과 정밀한 검사가 필요합니다. 이처럼 기침의 여러 유형을 이해하면 기침의 원인을 알 수 있고 그에 따라 적절한 치료를 할 수 있습니다.

01_ 컹컹거리는 기침

컹컹거리는 기침은 주로 기도의 윗부분에 해당되는 후인두와 후두기관지 부위가 부었을 때 보입니다. 크룹이라는 급성 후두염에 걸린 아이들의 특징적인 기침이기도 합니다. 호흡기 바이러스가 주요 원인이지만, 알레르기나 야간의 기온 변화가 원인이 되기도 하지요. 특히 3세 미만의 아이들은 후두기관지가 상대적으로 좁기 때문에 조금만 부어도 심한 기침과 호흡곤란을 일으킬 수 있습니다.

02_ 백일해 기침

백일해성 기침은 발작적으로 짧은 호기성 기침이 연속적으로 나타나다가 기침 끝에 숨을 길게 들이쉴 때 '훕' 하는 소리가 납니다. 나이가 어릴수록 얼굴이 빨개지고, 눈이 충혈되기도 하며, 끈끈한 가래가 나오거나 구토를 하기도 합니다. 백일해는 전염성이 매우 강하기 때문에 백신을 접종받지 않은 돌 전의 아이들이 백일해에 걸리면 아주 위험합니다.

03_ 쌕쌕거리는 기침(천명)

숨 쉴 때 쌕쌕거리는 소리가 들리는 경우를 말합니다. 컹컹거리는 기침과는 달리 기도의 하부인 세기관지들이 염증 때문에 부었을 때 들을 수 있습니다. 천식이나 모세기관지염에 걸렸을 때 나오는 특징적인 호흡음입니다.

04_ 야간 기침

기침이 심한 시간이 언제인지를 물어보면 밤에 심해진다는 경우가 대부분입니다. 주로 비염이나 부비동염이 원인이고, 코와 부비동에서 나온 점액이 목구멍으로 흐르면서 자고 있는 동안 기침을 일으킵니다. 종종 이런 기침은 아이들의 잠을 방해하기도 하는데, 이런 경우 치료가 필요합니다.

천식 환자도 밤에 기침이 더 심해지기도 하는데, 야간에는 기도가 더 민감해지기 때문이지요.

05_ 낮에만 하는 기침

찬 공기나 낮 시간의 활동이 기침을 악화시키는 경우입니다. 간혹 심리적인 원인 때문에 기침을 하기도 하는데, 이때의 특징은 잘 때는 전혀 기침을 하지 않습니다.

06_ 발열을 동반한 기침

기침과 콧물, 열이 나면 일반적으로는 감기로 볼 수 있습니다. 하지만 39℃ 이상의 고열을 동반한 기침은 폐렴 같은 심한 경우를 의심해 보아야 합니다. 이 경우 아이의 호흡이 빨라지고 때로는 기침과 함께 호흡곤란을 보이기도 합니다. 기침하는 아이가 고열이 날 때는 지체 없이 의사의 도움을 받아 치료를 받도록 해야 합니다.

07_ 구토를 동반한 기침

기침을 심하게 하는 아이들은 구토를 하기도 합니다. 간혹 기침을 심하게 해서 가래가 위로 넘어가 토할 것 같은 메스꺼움을 호소하기도 합니다. 그러나 기침 끝에 토하는 현상 그 자체가 위험한 신호라고 볼 수는 없습니다.

08_ 잘 낫지 않는 기침

"감기가 왜 이렇게 안 나아요?"

진료실에서 이런 질문을 받으면 참 막막합니다. 간혹 의사의 실력이 기침하는 기간과 비례하는 듯한 느낌을 받기도 하니 말입니다. 그런데 아이들은 한 번 감기에 걸리면 어른에 비해 좋아지기까지 시간이 다소 걸리는 편입니다. 보통 어른들이 사나흘 아프고 낫는다면, 아이들은 최소한 1주일에서 2주일정도 감기를 앓는 편이지요. 아마 아이들의 면역력이 상대적으로 낮기 때문일 것입니다.

또 다른 이유로는 감기가 낫고 나서 곧 다른 감기에 이어서 걸리거나, 알레르기로 인한 비염이나 천식 등이 원인일 때는 감기 여부와 관계없이 기도 점막의 과민 반응이 기침을 일으키기 때문에 오래 계속되는 것처럼 보이기도 합니다. 물론 이유를 불문하고 3주 이상 계속되는 기침은 반드시 의사의 도움을 받아 정확한 원인을 알아내서 치료를 받도록 해야 합니다.

이 외에도 수유 중 기침, 또는 누웠을 때만 하는 기침은 위식도 역류를 동반하기도 합니다. 이 경우도 잘 낫지 않는 만성 기침에 해당됩니다.

> 지원이는 이제 태어난 지 한 달이 되었어요. 젖을 먹는 동안 무척이나 신경질적이고, 먹고 나서는 등을 활처럼 뻣뻣하게 펼치면서 울곤 해요. 그러다 기침을 하면 얼굴이 파랗게 질려 버려요. 어떻게 해야 할지 너무 걱정입니다.

지원이의 경우는 앞에서 말씀드린 것처럼, 위식도 역류를 의심할 수 있습니다. 젖을 잘 게우기도 하고, 간혹 흡인성 폐렴으로 진행하는 경우도 있습니다. 이런 경우는 기침을 치료하기보다는 수유 자세와 수유 후 상체를 좀 더 높게 해서 눕히는 것이 도움이 된답니다. 또 심한 경우, 역류를 줄여 주고 통증을 가라앉힐 수 있는 치료를 받을 수도 있습니다.

이제 3개월인 도윤이는 기침이 너무 심해 수유조차 힘들어합니다. 코를 벌 렁거리고 숨 쉴 때 쌕쌕거리는 소리가 납니다. 어린이집에 다니는 누나가 요즘 감기에 걸렸는데, 누나에게 옮은 것 같아요 기침약을 먹여도 소용이 없어요.

아무래도 도윤이는 모세기관지염에 걸린 것 같습니다. 도윤이처럼 어린 아이들은 처음에는 가벼운 기침만 하다가 갑자기 심해지기도 합니다. 돌 전의 아이들은 면역력이 제대로 형성되지 않아서 갑작스럽게 나빠지는 경우가 많습니다.

모세기관지염은 '호흡의 나무' 중 잔 가지에 해당하는 아주 작고 가는 기관지에 염증이 생기는 것입니다. 이렇게 염증으로 인해 가느다란 기관지가 좁아지면 호흡을 하기 위해 가슴의 근육들을 최대한 동원하기 때문에 간혹 숨 쉴 때 마다 갈비뼈 사이사이가 쑥쑥 들어가는 모양의 힘겨운 호흡을 합니다. 이 정도까지 진행하면 아주 중하고 위급한 상황이 될 수도 있지요. 무엇보다 기침이 심하고 숨소리가 거칠어지는 돌 전의 아기들은 더 전문적인 치

♥ 호흡기의 구조

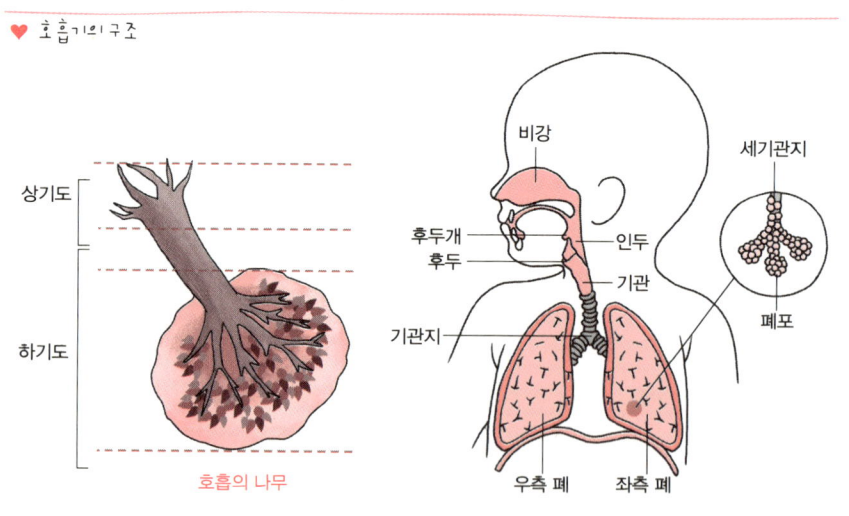

료를 받는 것이 최선입니다. 모세기관지염의 경우는 기침을 멈추는 것보다는 염증으로 인해 좁아진 기관지들을 넓혀 주는 치료가 필요하기 때문에 기침약이 도움을 주지 못합니다.

🍑 아이들에게 흔한 호흡기 질환

01_ 모세기관지염

모세기관지염은 주로 2세 이전의 아이들에게 발생하는 호흡기 질환입니다. 어린 영아들은 다른 장기나 기관과 마찬가지로 호흡기의 기관지 역시 구조적으로 단단하지 못합니다.

하부 호흡기 중에서도 가늘고 작은 기도를 세기관지라고 하는데, 바이러스나 세균과 같은 병원균에 의해 염증이 생기면 세기관지가 붓고 좁아져 숨쉬기가 어려워집니다. 좀 더 큰 아이들이나 성인에 비해 좁아진 기관지에 적응하지 못하는 아기들은 심한 기침과 호흡곤란을 겪을 수 있습니다.

<u>원인</u> – 대부분은 바이러스 감염이 원인이고, 특히 감기와 관련된 호흡기 바이러스들의 공격이 문제가 됩니다. 특이한 점은 인구가 많고 사회·경제적으로 발전한 선진국에서 더 잘 발생하는 병인데, 요즘처럼 일찍부터 어린이집이나 놀이방 같은 집단 시설에 다니기 시작하면서 더 자주 볼 수 있는 질병이 되었답니다.

<u>증상</u> – 처음에는 가벼운 콧물, 기침, 재채기 등을 하다가 갑자기 빠르게 진행하면서 발작적인 기침과 호흡곤란을 보입니다. 호흡이 빨라져서 수유하기도 어렵고, 경우에 따라서는 고열이 나기도 합니다.

<u>치료</u> – 치료를 위해 입원해야 하는 경우도 허다합니다. 집에서는 수분을 충분히 섭취하게 하고, 가습기를 틀어 놓으면 빠른 호흡으로 인한 탈수를 막을 수 있습니다.

> ### 알아 두면 좋은 상식
>
> 좁아진 기관지를 일시적으로 넓혀 주기 위해 네불라이저라는 기계로 기관지 확장제를 흡입하는 방법은 많이 알고 있을 것입니다. 간혹 기침을 하면 무조건 네불라이저를 해 달라는 분들이 계십니다. 하지만 기관지 확장제는 단지 좁아진 기관지로 인한 기침과 호흡곤란을 해소하기 위한 것이지, 기침 자체를 치료하는 것이 아니라는 점을 꼭 기억해 두세요.

02_ 폐렴

폐렴은 하부 기도의 말단인 세기관지 하부에 연결된 폐조직에 염증이 생긴 것을 말합니다. 세균이나 바이러스, 진균곰팡이들이 감염되어 생기기도 하지만, 약물이나 유해 물질 등에 의해서도 폐렴이 생길 수 있습니다. 물론 어린아이의 폐렴은 다른 호흡기 질환과 마찬가지로 바이러스가 가장 흔한 원인이지만, 마이코플라즈마균을 비롯한 세균 감염도 비교적 많습니다.

증상 – 폐렴의 증상은 앞에서 다룬 다른 호흡기 감염보다 증상이 더 심한 편입니다. 대부분은 가벼운 감기 증상을 보이는 듯하다가 점차 고열과 심한 기침으로 진행하고, 심지어 호흡곤란을 보이는 경우도 드물지 않게 볼 수 있습니다. 갑자기 증상이 시작되기보다는 기침이나 콧물을 보이다 서서히 심해집니다.

치료 – 원인에 따라 근본적인 치료가 달라질 수 있습니다. 폐렴의 치료도 무엇보다 충분한 수분 섭취가 기본입니다. 증상의 정도에 따라서는 링거를 맞아야 할 정도로 심한 경우도 있지만 안정과 휴식, 수분을 섭취하는 것이 우선입니다.

또한 염증으로 인한 가래가 많을 때는 가래가 잘 배출될 수 있도록 해야 합니다. 이런 경우는 무조건 기침을 억제하기보다는 기침을 통해 가래가 잘 나올 수 있도록 해야 합니다. 대부분 병원에서는 기침약으로 진해거담제를 처방합니다. 진해거담제는 가래가 묽어져서 기관지로부터 잘 떨어져 나올 수 있게 해줍니다.

조금 덜 흔하기는 해도 세균성 폐렴에 걸리면 항생제로 치료해야 합니다. 폐렴사슬알균 폐렴이나 인플루엔자균 폐렴, 마이코플라즈마 폐렴 등은 특히 아이들에게 흔한 세균성 폐렴입니다. 요즘에는 폐렴사슬알균이나 인플루엔자균에 의한 감염증이 아이들에게는 심한 경우 뇌염이나 뇌막염과 같은 심각한 질환까지 일으킬 가능성이 있어서 아예 예방접종을 통해 예방하고 있습니다. 보통 2개월부터 접종하는 뇌수막염, 폐구균 접종이 여기에 해당합니다.

폐렴에 걸리면 입원해야 하나요?

폐렴은 아직도 엄마들에게 무서운 질병으로 인식되고 있는 것 같습니다. 진료를 하다 보면 청진을 통해서 폐렴이 의심되는 경우가 꽤 있습니다. 물론 폐렴이 가벼운 감기와 같을 수는 없겠지요. 폐렴에 걸리면 평소보다 기침이나 열이 더 심하고 아이도 견디기 힘들어합니다. 하지만 감기 정도인데도 아이가 기침이나 열을 견디지 못하는 경우도 있고, 폐렴이라고 진단을 해도 오히려 별로 힘들어하지 않는 아이도 있습니다. 감기든 폐렴이든 아이가 견딜 수 있는 상태에 따라 치료의 정도를 결정할 수 있습니다. 폐렴 진단을 받더라도 약물 치료만으로도 충분하다고 판단되면 굳이 입원을 하지 않아도 됩니다.

기관지염과 폐렴은 어떻게 다른가요?

기관지염은 기관지의 감염을 말합니다. 나무줄기에서 뻗어 나가는 중간 정도 크기의 가지에 해당하는 '기관지'라는 호흡기 통로에 염증이 생기는 것이지요. 기관지에 염증이 생기면 점액이 분비되는데, 이런 점액을 내보내기 위해 기침이라는 방위군이 나섭니다. 기관지에서 일어나는 기침은 오히려 낮에 더 심한 편입니다. 밤에는 기침이 가벼워지기도 하지요.

반면에 폐렴은 작은 나뭇가지 끝에 달려 있는 나뭇잎에 해당하는 폐조직의 염증을 말합니다. 호흡기의 가장 아래쪽 부위이고, 실제로 폐의 중요한 기능인 환기가 이루어지는 장소로 염증으로 가래나 분비물이 쌓이면 기관지나 세기관지 경우보다 훨씬 배출이 어렵고 기침도 심해집니다. 간단히 말하면, 기관지염과 폐렴은 염증이 생기는 부위가 다르고, 그 때문에 증상의 경과나 심한 정도도 차이가 날 수 있습니다.

03_ 컹컹거리는 기침, '크룹'

크룹에 걸린 아이의 기침은 누가 들어도 금방 알 수 있을 만큼 특이합니다. 흔히 개가 짖는 소리와 비슷하다고 하지요. 듣기만 해도 목을 긁어 내는 것 같은 마르고 거친 기침 소리가 납니다. 후두가 염증 때문에 부어서 나는 기침입니다. 후두는 목구멍 바로 아래 있습니다.

크룹성 기침은 기침 소리도 매우 거슬리지만, 기관지염이나 폐렴보다 응급한 상황을 만들 수도 있습니다. 말하자면, 나무의 큰 줄기(기둥)에 해당하는 부분에 염증이 생긴 것입니다.

기관이나 작은 기관지는 무수히 많아서 몇 군데가 좁아지고 막혀도 순간적인 호흡곤란이 생기는 경우가 드뭅니다. 그런데 후두는 비교적 넓은 통로지만 하나밖에 없어서 이 부분이 부으면 호흡 통로가 아예 막혀 버릴 수도 있기 때문입니다. 목이 쉬고, 컹컹거리는 기침을 하면서 심한 경우 호흡 폐쇄를 일으키기도 하는 것이 크룹의 전형적인 증상입니다.

04_ 집에서 할 수 있는 응급 처치

샤워기로 더운 수증기나 차가운 수증기를 쐬어 주면 호흡곤란 증세가 곧 안정되기도 합니다. 욕실에 더운 수증기를 채워 두고 아이가 서 있도록 하거나, 가습기에서 나오는 차가운 증기를 들이마시도록 해주는 것도 도움이 될 수 있습니다.

　많은 아이들이 갑작스러운 호흡곤란으로 밤중에 응급실로 달려오다가 증상이 좋아지는 것을 경험하기도 합니다. 밤중에 바깥의 차가운 공기를 마셔서 목구멍의 부기가 가라앉은 것이지요. 일단 병원에 도착하면 후두의 부종을 가라앉혀 호흡을 안정시키기 위한 조치를 합니다.

05_ 기침 치료하기

치료를 위해서는 기침의 원인을 파악하는 것이 가장 중요합니다. 특히 자주 재발하고 만성적인 기침일수록 원인에 따른 치료가 가장 효과적인 방법입니다. 하지만 대부분의 호흡기 감염에 의한 일시적인 기침은 대개 증상을 완화시켜 주는 정도만으로도 충분합니다.

- 먼저 수분을 충분히 섭취하고, 가습기에서 나오는 수증기를 흡입하는 방법이 도움이 될 수 있습니다. 수증기는 대부분의 기침에 놀랄 만한 효과가 있습니다. 수증기를 깊이 들이마시면 부비동이나 기도에 있는 점액을 묽게 만들어 주어 발작적인 기침 반사를 줄여 줄 수 있습니다.

　수증기 흡입이 어려운 경우, 수분을 충분히 섭취할 것을 권하는 이유도 여기 있습니다. 우리 몸은 70%가 수분으로 이루어져 있습니다. 예를 들어, 피부가 촉촉하고 부드러우면 그만큼 외부 환경에 의한 여러 가지 자극으로부터 피부를 보호할 수 있습니다. 수분 섭취나 수증기 흡입을 통해 자칫 건조해지기 쉬운 호흡기 점막을 촉촉하게 해주고 점액성 분비물을 묽게 해주어 콧물이나 가래가 쉽게 배출될 수 있습니다.

- 자세를 바꾸어 주는 것이 좋을 때가 있습니다. 특히 잠잘 때 기침을 하는 아이들의 상반신을 높게 해주면 기침을 덜 합니다.

- 안정이 필요합니다. 가능한 기침이 심한 아이들은 활동을 삼가도록 합

니다. 심한 활동이 기침을 더 악화시키는 경우가 많이 있습니다. 하지만 잠시도 가만히 있지 않는 아이들을 안정시키기란 쉬운 일이 아니지요? 이럴 때는 재미있는 만화 영화를 보여 주는 것이 좋습니다.

- 가능한 2세 이전의 아이들에게 약국에서 쉽게 구입할 수 있는 감기약을 먹이지 않도록 합니다. 약국에서 파는 감기약들은 대개 종합감기약의 형태로 복합 제제입니다. 종합감기약은 생각지도 못한 심각한 부작용을 일으킬 수 있는 성분들이 포함되어 있습니다.

06_ 기침약

기침약에는 크게 두 종류가 있습니다. 가래를 묽게 해주어 쉽게 배출할 수 있도록 도와주는 가래용 해제(거담제)와 기침억제제(진해제)입니다.

<u>거담제</u> – 건강한 호흡기의 점액은 90% 이상이 수분입니다. 하지만 어떤 자극으로 인해 점액이 과도하게 분비되면 충분히 묽어지지 않은 채 기도에 쌓이면서 정상적인 호흡을 방해합니다. 거담제는 이렇게 쌓여 있는 가래를 묽게 만들어 쉽게 기도에서 내보낼 수 있는 상태로 만들어 줍니다. 그런 의미에서 물은 훌륭한 거담제가 됩니다. 물을 충분히 섭취하도록 하세요.

<u>진해제</u> – 기침은 어떤 의미에서 꼭 필요한 정상 반응입니다. 하지만 기침이 너무 심해지면 일상생활을 하는 것이 어려워지기도 합니다. 또 기침하는 행동 자체만으로도 아이들이 쉽게 지칠 수 있고, 그만큼 병을 이겨 내는 힘을 소비하게 되겠지요. 그래서 지나친 기침은 조절해 줄 필요가 있습니다. 하지만 이런 약제는 심한 활동이나 수면 장애를 일으킬 만큼 심한 기침이나, 비교적 가래가 적은 기침일 때 제한적으로 사용하는 것이 좋습니다.

결론적으로 기침약을 선택할 때, 무조건 기침을 없애 주기만을 바라지 말아야 합니다. 빨리 기침을 멈추는 것보다는 아이 스스로 잘 이겨 낼 수 있는 환경을 만들어 주는 것이 훨씬 중요합니다.

기침의 유형

- 쉴 새 없이 몰아서 하는 기침
- 탁탁 끊어지는 듯한 기침
- 개가 짖는 듯한 기침
- 낮 동안 심한 기침. 특히 주의를 기울이면 더 심해지는 기침
- 외출했을 때나 운동을 하면 더 심해지는 기침
- 음식을 먹을 때 심해지는 기침
- 음식을 먹은 직후 하는 기침

09 입이 아파요

편도가 크면 목감기에 잘 걸리나요?
작년에 수족구를 앓았는데 올해 또 걸릴 수 있나요?
유치가 고르게 나면 영구치도 고르게 나나요?
치아 교정은 언제부터 하는 게 좋은가요?

사람이 살아가는 데 가장 중요한 것이 먹고 자고 배설하는 것일 겁니다. 건강할 때는 잘 못 느끼다가도 몸이 아플 때 가장 신경 쓰이는 부분이 얼마나 잘 먹을 수 있는가 하는 문제가 아닐까요? 대부분의 경우, 몸이 아파도 잘 먹고 잘 자고 잘 배설할 수 있으면 희망이 있어 보입니다. 하지만 이런 기본적인 요건들이 원활하지 않으면 병도 길어지고 회복도 늦어질 거라고 예상할 수 있지요.

특히 아이들의 경우는 스스로 통증을 조절하며 억지로라도 먹어서 힘을 내려는 자의지가 부족하기 때문에 더욱 그렇습니다. 사회가 고도로 발전했고, 환경과 위생의 중요성을 너무도 잘 아는 요즘 시대에 아이러니하게도 아이들은 훨씬 많은 감염의 위험에 노출되어 있습니다. 자, 이제부터는 입에서부터 목구멍까지 아이들을 괴롭히는 녀석들이 어떻게 활동하게 되는지 알아볼까요?

● 아이들에게 흔한 구강 질환

입의 구조는 입술, 치아, 잇몸, 혀, 경구개, 연구개로 이루어져 있고, 목젖을 경계로 그 뒷부분은 인후부로 이어집니다. 무엇보다 구강의 기능은 음식의 맛을 느끼고, 소화되기 쉽게 잘게 부수어 목구멍을 통해 식도로 내려 보내는 일을 합니다. 또한 구강의 공명을 이용해 소리를 만들어 내고 입 모양을 변화시켜 각각 다른 소리로 분리해 줍니다.

이런 입과 입 주변이 다치거나 염증이 생기면 아이들은 몹시 괴로워하고, 간혹 음식을 제대로 먹을 수 없어 심한 경우 탈수가 생길 수도 있습니다. 또한 구강 구조의 이상이나 병변 때문에 발음이나 조음의 문제를 일으킬 수도 있습니다.

그럼 먼저 아이들에게 흔한 염증성 질환들을 알아볼까요? 가장 먼저 감염성 질환을 생각할 수 있습니다. 감염의 원인은 세균, 바이러스, 진균곰팡이처럼 다양하지만, 이 중에서 바이러스 감염에 의한 질환이 아이들에게 가장 흔합니다.

어린이집에 다니기 시작하면서부터 감기를 달고 사는 아이들이 많습니다. 실제로 아이들이 단체 생활을 시작하면서 여러 감염성 질환에 노출됩니다. 어린이집과 같은 위탁 시설에서는 가정에서보다 위생 관리가 소홀할 수 있고, 일정한 공간에서 여러 명이 함께 생활하기 때문에 유행하는 바이러스에 노출될 기회도 많아집니다. 그야말로 나으면 또 걸리고 하는 상황이 됩니다. 과연 어린이집을 계속 보내야 할지 고민스러워집니다.

  입의 구조

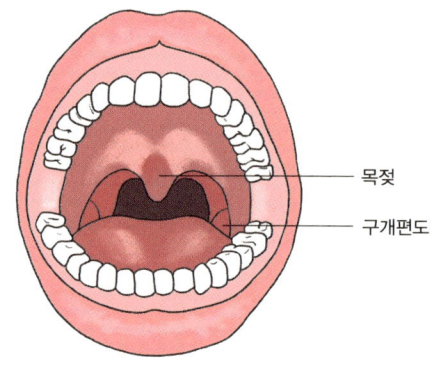

🎀 목감기(급성 인두염, 인두편도염)

우리 아이는 편도가 커서 그런지 감기에 너무 잘 걸려요.

열이 나고 기침해요. 목이 부은 거 같아요

목소리가 쉬었어요

목이 간질거려요

목이 아파서 병원을 찾는 아이들의 증상입니다. 보통 '편도' 라고 알고 있는 부위는 정확하게 '구개편도' 라고 합니다. 구개편도는 입을 벌리면 밤알처럼 양쪽 목구멍에 붙어 있는 일종의 면역 기관인 임파선 조직입니다. 콧구멍 뒤, 인두 부위와 연결되는 곳에는 '아데노이드' 라는 '인두편도' 가 있습니다. 편도나 아데노이드는 5~7세 사이에 가장 크고, 그 후부터는 크기도 줄고 면역에 관계된 활동도 줄게 됩니다.

이렇게 편도가 면역 기관의 역할을 하다 보니 아이가 감기만 들어도 목이 부었다는 말을 듣게 되지요. 하지만 인두편도염은 주 병변이 인두나 편도에 있는 것을 말합니다. 여기에 염증이 생기면 편도 표면이 빨갛게 되고 크기가 더 커집니다. 좀 더 진행을 하면 편도 표면에 하얀 농진이 나타나기도 하는데, 흔히 '곱' 이 끼었다라고 표현합니다.

목감기의 증상은 열이 나고, 목이 아프거나 심지어는 침 삼키는 것도 힘들 정도로 통증이 심하기 때문에 잘 먹지도 못하고 계속 보채는 특징이 있습니다. 심한 두통을 호소하기도 하고, 입안이 마르고, 이물감이 느껴질 수도 있습니다.

치료는 원인에 따라 다릅니다. 바이러스가 원인인 경우는 보통 특별한 치료가 없습니다. 통증이 심하면 아이스크림 같은 시원한 음식을 조금씩 먹게 하거나, 타이레놀이나 부루펜 같은 해열 진통제를 먹일 수도 있습니다. 미지근한 식염수로 가글을 하거나 수증기를 쐬면 목의 통증과 이물감을 줄여 줄 수 있습니다. 굳이 잘 먹는 아이라면 상관 없지만, 억지로 음식을 먹이는 것은 좋지 않습니다. 가능한 부드러운 음식을 식혀서 먹이도록 하고, 잠깐 동안은 잘 먹지 않더라고 아이의 전신 상태를 살펴가면서 지켜보는 것도 괜찮습니다.

다만 세균으로는 주로 A군 사슬알균이 흔한 원인인데, 치료하지 않으면 류마티스 열 또는 급성 사구체신염이라는 신장 질환을 앓게 될 수 있습니다.

또한 중이염이나 부비동염, 편도 주위의 농양과 같은 합병증이 생길 수도 있습니다. 그리고 임파선의 염증이 장간막 사이에도 생기면 배가 많이 아픈데, 간혹 맹장염과 구별해야 할 정도로 통증이 심합니다.

❤ 바이러스 감염

홍역이나 수두가 바이러스 감염 때문에 생기는 질환인 것은 많이 알고 있습니다. 진료를 하다 보면 3세 미만의 어린아이들이 열이 나거나 보채고, 구토, 피부 발진 같은 증상들을 보일 때, 바이러스 감염증이라는 진단을 자주 하게 됩니다.

사실 바이러스 감염증이라는 진단은 아주 모호합니다. 세상에 무수히 많은 종류의 바이러스들이 있고, 그중에 사람이 감염되었을 때 질병을 일으키는 종류도 다양합니다. 흔히 감기로 알고 있는 상기도 감염의 경우도 다양한 호흡기 바이러스들에 의해 다양한 증상이 나타납니다. 유명한 인플루엔자를 비롯해서 파라인플루엔자, 아데노바이러스, 라이노바이러스, RS 바이러스 들이 바로 호흡기 바이러스입니다.

여름철이면 장바이러스라고 불리는 엔테로바이러스Enterovirus에 감염되는 경우가 많은데, 사람이 감염되는 것으로 알려진 장바이러스만도 그 종류가 매우 많습니다. 폴리오바이러스, 콕사키바이러스, 에코바이러스, 엔테로바이러스 들이 있습니다. 이 중에서 폴리오바이러스는 소아마비를 일으키는 바이러스인데, 요즘에는 예방접종으로 거의 자취를 감추었습니다. 폴리오바이러스를 제외한 나머지 장바이러스들은 사람이 유일하게 서식할 수 있는 숙주이고, 주로 분변이나 입 또는 호흡기를 통해서 사람 간에 전파됩니다. 임산부가 감염되면 태아나 신생아 감염을 일으킬 수도 있습니다. 대부분은 집, 유아원이나 놀이방, 환자들이 많은 병원이나 백화점같이 사람이 많이 모이는 장소는 어디든 바이러스가 전파되기 쉽습니다.

> 어제까지만 해도 잘 놀고 아무 문제 없던 아이가 오늘 아침에 갑자기 열이 나고 보채요. 그럴 수도 있나요?

대부분 장바이러스에 의한 감염은 전구 증상 없이 급성으로 나타납니다. 갑자기 열이 나고, 보채거나 토하고 설사하는 증상이 나타나기도 합니다. 바이러스 유형에 따라 눈이 충혈되고 눈곱이 끼는 등 결막염 증상이 함께 나타나기도 하고, 입이나 목구멍의 염증, 피부의 발진이 생기기도 합니다. 열은 보통 38.5~40℃ 정도로 3~4일 정도 나지만, 약간의 개인차가 있습니다.

01_ 손발입병(수족구병)

수족구병은 손발입병이라고 합니다. 장바이러스 중에서도 콕사키바이러스나 엔테로바이러스 감염 때문에 생기는데, 말 그대로 손과 발과 입에 특징적인 수포성 궤양이나 발진이 나타납니다. 엉덩이나 몸통에도 발진이 생길 수 있습니다.

대부분 병의 경과는 양호한 편이지만, 간혹 엔테로바이러스 71형에 의한 감염증은 무균성 뇌수막염이나 뇌염을 일으키기도 하고, 심한 경우 치명적일 때도 있습니다.

최근에 엔테로바이러스 71형 감염과 관련해서 수족구병으로 사망한 사건이 알려져 부모들을 두려움에 떨게 한 적이 있습니다. 다행히도 이런 끔찍한 상황은 아주 드뭅니다. 정상적인 면역력이 있다면 수족구병을 앓더라도 잘 이겨 내기 때문입니다.

> 아이가 작년에 수족구병을 앓았어요. 그런데 올해 또 걸릴 수도 있나요?

그럼요. 수족구를 일으키는 바이러스의 종류가 다양한 만큼, 각각의 원인 바이러스에 대한 면역력이 차이가 있기 때문에 지난 해 수족구병을 일으킨 바이러스와 다른 유형의 바이러스에 감염되면 또 수족구병에 걸릴 수 있습니다.

02_ 헤르페스 목구멍염(헤르판지나)

헤르페스 목구멍염은 헤르판지나 herpangina라고도 합니다. 갑자기 고열이 나는 것이 특징이며, 좀 큰 아이들은 두통이나 구토, 복통을 보이기도 합니다. 열이 날 때 목구멍에 염증이 함께 나타나는데, 편도 주위, 연구개(입천장 뒤쪽), 목젖, 인후두 벽면에 물집이나 궤양이 생깁니다. 물론 간혹 심한 감염증으로 무균성 수막염이 생길 수도 있지만, 대부분은 1주일 안에 자연히 좋아집니다.

03_ 급성 헤르페스 치은 구내염(잇몸입안염)

급성 헤르페스 치은 구내염은 1~3세 아이들에게 가장 흔한 구내염입니다. 고열이 나고, 입안이 아파서 잘 먹지 못하고 침을 많이 흘립니다. 장바이러스 감염보다는 서서히 증상이 나타나는 편이어서 초기에 입 주위에 작은 수포가 생기거나 일찍 터져 버리면 눈치채지 못하다가 열이 나고 보채기 시작하면 발병 사실을 알게 되는 경우가 많습니다.

혓바닥에 궤양이나 수포가 생기기도 하고, 볼 점막과 입 주변, 뺨에도 수포성 궤양이 나타납니다. 편도에 병변이 있을 때는 세균성 인두편도염이나 헤르판지나와 구별하기 어려울 때도 있습니다. 구강 통증이 심해서 잘 먹지 못해 탈수증에 빠질 위험이 있지만, 대부분은 10일 이내에 저절로 좋아집니다.

수족구병, 헤르페스 목구멍염, 급성 헤르페스 치은 구내염 모두 치료는 특별한 것이 없습니다. 아이의 불편함을 줄여 줄 수 있는 대중 치료(증상에 따른 치료)

만 해줄 뿐입니다.

목이 아픈데 목감기 약은 따로 먹이지 않나요?

목감기에 걸려 병원에 가면 목의 통증을 줄여 주고 소염 작용을 하는 외용제를 병변 부위에 발라 주거나 뿌려 주기도 합니다. 그러나 그런 치료는 근본적인 치료가 아닙니다. 목이 부은 것을 없애 주면 병이 낫는 것이 아닌 것처럼, 통증을 줄여 주는 것은 아이의 불편함을 덜어 주기 위한 방법일 뿐입니다. 필요하다면 목의 통증을 줄여 주기 위해 해열 진통제인 타이레놀 등을 복용할 수 있습니다. 물론 세균성 인후염이라면 항생제를 복용해 인후염을 일으킨 세균을 다스릴 수 있습니다.

그러나 불행히도 대부분의 바이러스 감염을 치료하는 약은 많이 개발되어 있지 않습니다. 에이즈나, 대상포진, 전신성 헤르페스 감염, 인플루엔자와 같은 특정 질병을 제외하고는 거의 모두 대증 치료에 의존합니다. 하지만, 다행스러운 것은 드문 경우를 제외하면, 바이러스 감염에 의한 질병들은 대부분 일정 기간이 지나면 저절로 좋아지고, 완전히 나은 후에도 후유증이 거의 남지 않습니다.

◉ 목감기 예방법

- 기저귀를 갈아 준 뒤 기저귀를 잘 말아서 따로 버리고, 손을 깨끗이 씻으세요.
- 유아원이나 어린이집, 놀이방에서 아이들에게 손 씻기 교육을 하고, 아이들이 가지고 노는 장난감도 날마다 소독해 줍니다.
- 일반적으로 감염을 예방하는 가장 좋은 방법은 손을 깨끗하게 씻는 것입니다.

구강 점막 질환

01_ 아구창(구강칸디다증)

아구창은 입안 점막에 생긴 '칸디다'라는 곰팡이 감염을 말합니다. 주로 수유 중인 아이들의 입안에 잘 생기고, 때로는 기저귀 발진으로 나타나기도 하지요. 엄마들에게 아이가 곰팡이에 감염됐다고 말하면 바이러스나 세균에 의한 감염을 설명할 때보다 더욱 난처해합니다. 왠지 곰팡이는 엄마가 위생 관리를 제대로 못해서 생긴다고 생각하기 때문인 것 같습니다.

그러나 사실 우리 몸의 내부 또는 외부에서 얼마간의 칸디다는 발견할 수 있습니다. 주로 피부나 구강, 장관 내, 또는 생식기 부근에 존재합니다. 하지만 항상 어떤 증상이 나타나는 것은 아니고, 다만 어떤 이유에서든 칸디다가 과다하게 성장하게 되면 사람에게 감염증을 일으킬 수 있습니다.

면역 기능이 떨어진 사람이 칸디다에 감염되면 혈액을 통해 전신 감염증을 일으키기도 하는데, 이런 경우는 치료 기간도 길어지고, 치료 성공률도 떨어져 의사나 환자 모두에게 힘든 중증 질환이기도 합니다.

그렇지만, 대부분 흔한 곰팡이 감염은 피부나 점막(구강, 목구멍), 손톱, 발톱, 눈 또는 목의 주름진 곳이나 겨드랑이, 기저귀 찬 부위(외부 생식기나 서혜부) 등에서 발견됩니다.

특히, '스러쉬thrush'라고 불리우는 구강 점막의 감염은 영·유아들에게서 자주 발견됩니다. 저는 개인적으로 입안에 우유 슬러시(slush, 얼음을 갈아 만든 음료)를 뿌려 놓은 것과 같은 모양이어서 '구강 스러쉬'라고 부른다고 엄마들에게 우스갯소리로 설명하곤 합니다. 실제로 아기의 혀, 입술 안쪽, 입천장, 볼 안쪽 점막에 흰색 또는 겨자색의 플라그들이 나타나고, 종종 통증을 동반하기도 합니다.

만일, 수유 중인 아이들이 이유 없이 먹지 않거나 보채면 먼저 입안을 꼼꼼히 들여다보세요. 심한 경우에는 구강 병변이 식도까지 내려갈 수도 있는

데, 이 정도가 되면 음식물을 삼키는 것조차 어려울 정도로 통증이 심해지기도 합니다.

또 기저귀 찬 부위를 살펴보면 빨갛게 발진이 난 주위로 작은 구진들이 떨어져 나가는 듯한 모양으로 주변으로 번져 가는 것을 볼 수 있습니다. 이런 모양의 발진은 일반 기저귀 발진 크림이나 연고를 사용하면 오히려 더 심해질 수도 있습니다. 아구창이 있는 아이들은 기저귀 발진이 함께 나타나기도 합니다.

어떻게 어린아이에게 곰팡이가 생기나요?

어린아이들에게도 곰팡이가 생깁니다. 곰팡이 감염이라고 하면 으레 입 안을 잘 닦아 주지 않아서 그런 건 아닌지, 젖병 소독을 잘못한 것은 아닌지 걱정합니다. 심한 경우 아이에게 미안한 마음에 죄의식마저 느끼는 엄마들도 많이 보았습니다.

그러나 안심하세요. 대부분 젖먹이 아이들에게 감염을 일으키는 곰팡이는 엄마의 자궁에 있을 때, 또는 분만 중 산도를 통과하면서 엄마의 자궁이나 질 점막에 살고 있던 곰팡이들과 만나면서 자연스럽게 생깁니다. 평소에는 활동을 안 하다가 어떤 이유에서든 갑자기 힘을 얻은 곰팡이들이 아기들을 괴롭히는 것입니다.

특히 모유를 먹는 아기가 아구창이 있을 때는 엄마의 유방이 감염되었을 가능성도 반드시 고려해야 합니다. 엄마의 유방이 이스트에 감염되었다면 반대로 아기의 감염도 염두에 두고 함께 치료해야 합니다.

아구창은 항진균제로 치료합니다. 감염된 부위나 감염의 정도에 따라 항진균제를 복용하거나 발라 줍니다. 보통 아구창과 같은 점막이나 피부 질환은 2주 이내에 좋아지기는 하지만 재발할 수 있고, 또 오래가는 편입니다.

특히 공갈 젖꼭지를 사용하거나 항생제를 장기간 사용할 때 쉽게 재발합니다. 치료 중에는 공갈 젖꼭지의 사용을 자제하거나 철저하게 소독해야 합니다.

또 불필요한 항생제를 무분별하게 사용하는 것도 매우 유의할 점입니다. 이럴 경우 항생제는 오히려 우리 몸을 지켜주는 이로운 세균들마저 공격해서 언제나 틈을 노리고 있는 곰팡이에게 좋은 기회를 제공할 수도 있습니다.

꼭 알고 넘어가기

만일 아구창이 젖먹이 영·유아 시기 이후에 생기거나 만성화하는 경향이 있다면 아이의 면역력이 선천적 또는 후천적으로 결핍되어 있을 가능성이 있습니다.

02_ 아프타 구내염

입안 점막 곳곳에 한 개 혹은 여러 개의 염증성 궤양이 생겨 통증이 심한 비교적 흔한 질환입니다. 바이러스 감염이 원인일 것이라고 의심하고 있지만 확실한 것은 아닙니다.

남자보다는 여자에게 더 잘 생기고, 심한 구강 손상이나 스트레스, 영양 결핍, 호르몬의 변화 등이 아프타 구내염 발병과 관련이 있을 것으로 봅니다. '면역력이 약하고 영양이 부족해서 그런지 자꾸 입안이 헐어요' 라는 말은 일리가 있습니다. 통증이 너무 심해 아주 어린 아이들은 잘 먹지 못해 염려스럽지만, 대부분은 1~3주 내에 자연히 좋아집니다. 통증이 심하면 의사에게 적절한 처방을 받는 것이 좋습니다.

> 입술이 자꾸 마르고 갈라져요. 어떻게 해주면 좋을까요?

아이들의 입술에 습윤제를 발라 주는 것을 꺼리는 부모님들이 의외로 많습니다. 입술이 심하게 건조하고 트면 통증을 느낄 수도 있습니다. 요즘에는 어린이 전용 입술 보호제도 많이 나와 있습니다. 일반적으로는 입술에 바세린을 발라 주면 도움이 됩니다.

03_ 설소대(설유착)

혀주름띠가 혀끝 아래 바짝 붙어 있는 경우이고, 비교적 흔합니다. 신생아가 설소대가 심해서 젖을 빨지 못할 정도로 붙어 있으면 일찍 분리해 주기도 하지만, 특별히 문제가 없다면 치료를 꼭 해야 하는 것은 아닙니다. 예전에는 돌이 되었는데도 설소대가 여전히 남아 있으면 수술을 했습니다. 하지만 요즘은 좀 더 기다리면서 혀의 움직임이 너무 심하게 제한되어 언어 장애를 일으킬 정도가 되면 수술을 해주기도 합니다. 물론 이런 경우 너무 늦게 치료하면 언어 교정을 위해서 꽤 긴 시간과 노력이 필요할 수 있습니다.

04_ 지도 모양 혀

혀 표면에 평평한 회백색의 부정형 융기나 선홍색의 반점이 있는 경우입니다. 모양이 수시로 변하는데 아직 원인을 잘 모릅니다. 아토피가 있는 아이들에게서도 자주 발견되곤 하는데, 크게 아프지 않아 특별히 치료하지 않습니다.

05_ 음낭 모양 혀

혀의 등 부분의 가운데가 움푹 파이고 주름이 잡혀 있는 모양을 말합니다. 간혹 음식 찌꺼기가 움푹 파인 곳에 끼어 염증이 생길 수 있어서 구강 청결에 특별히 신경을 써야 합니다. 선천적으로 모양이 기형인 경우도 있고, 외상이나 감염, 영양 결핍(특히 비타민A 결핍)과 관련이 있습니다.

🩷 침샘 질환

침샘은 귀밑샘, 턱밑샘, 혀밑샘이 있습니다. 아이들에게 흔한 침샘 질환은 볼거리입니다. 하지만 예방접종 때문에 볼거리는 실제로 많이 줄었고, 다른 바이러스나 세균 감염이 원인이 되기도 합니다.

01_ 반복성 침샘염증(귀밑샘염)

건강한 아이들도 아무 이유 없이 귀밑샘이 자주 붓는데, 통증이 없고 대부분은 2~3주면 저절로 좋아집니다. 하지만 매번 통증과 발적을 동반하는 부종이 자꾸 재발하는 경우에는 침샘관에 작은 돌이나 이물이 끼어 있을 가능성이 있기 때문에 정밀 검진을 받아 보아야 합니다.

🩷 구강 건강 관리

아이들의 치아 관리는 언제부터 시작하는 것이 좋은가요?

치실은 언제부터 사용할 수 있나요?

치아 교정은 언제 하는 것이 좋은가요?

아이들의 치아는 아주 어릴 때부터 잘 관리해 주어야 합니다. 예방접종을 하기 위해 정기적으로 병원에 가듯이 일년에 적어도 두 번은 치과에서 정기 검진을 받는 것이 좋습니다. 요즘 아이들은 집에서 만든 음식보다는 외식을 하거나 인스턴트 음식을 먹는 경우가 더 많아졌습니다. 예로부터 '보임직도 해야 먹음직도 하다' 는 말이 있듯이 사람들의 선택을 받기 위해 인스턴

트 식품들은 맛과 모양이 정말 다양합니다. 하루 세끼 식사 외에 간식은 꿈도 꾸지 못했던 예전에 비해 요즘 아이들은 달콤한 먹거리들에 둘러싸여 있습니다. 그래서 더더욱 치아 관리에 신경을 써야 합니다.

치아 관리는 유치가 나기 전부터 시작해야 합니다. 치아는 태어날 때 이미 형성되어 잇몸 속에 감추어져 있습니다. 잇몸을 뚫고 치아가 올라오기 전이라도 미리미리 관리해 주지 않으면 유치가 정상적으로 예쁘게 올라오지 못할 수 있습니다.

대개 만 2세 전에는 불소가 들어간 치약을 사용하지 않도록 하고 있지만, 일단 이가 하나라도 나기 시작하면 적어도 하루 한 번, 잠들기 전에 부드러운 솔이나 거즈로 음식 찌꺼기들을 닦아 주어야 합니다.

01_ 치아 우식증

치아 우식증은 수유하는 방법에 따라서도 생길 수 있습니다. 말 그대로 치아가 부식되는 현상을 말합니다. 아기가 젖병을 문 채 잠들면 중이염에 걸릴 위험이 높아질 뿐 아니라, 치아도 손상될 수 있습니다.

주스나 우유의 단 성분이 몇 시간이고 남아 있게 되면 치아의 에나멜 성분을 녹여 색이 변하거나 치아에 구멍을 만들기도 합니다. 심각한 치아 우식증이 생기면 영구치가 올라올 때까지 치아를 모두 뽑아야 하는 경우도 생깁니다.

◉ 충치를 예방하려면

- 치과의사협회에서는 가능하면 돌이 되기 전(치아가 6~8개 정도 올라왔을 때)에 치과 검진을 받도록 권하고 있습니다.
- 적어도 치아 두 개가 서로 붙어 있다면 치실을 사용해 이 사이를 깨끗이 하는 것이 좋습니다.
- 유치가 모두 나오는 만 2세 무렵에는(2세 6개월) 불소가 들어 있는 치약을 사용해야 합니다.
- 치아에 남아 있는 음식 찌꺼기와 세균 때문에 충치가 생깁니다.
- 수돗물에 불소를 첨가하지 않은 지역에 살거나, 불소가 포함되지 않은 생수 혹은 미네랄 성분까지 모두 걸러 내는 정수기 물만 사용하는 경우에는 반드시 치과 의사와 상의해서 별도로 불소를 보충해야 합니다. 치약을 사용하는 것만으로 충치를 완전히 예방할 수는 없습니다.
- 만 2세가 지나면 적어도 하루 두 번 양치질을 하도록 하고, 정기적으로 치실을 사용해 치간을 깨끗하게 해야 합니다. 이때 치약은 땅콩 크기만큼만 덜어 쓰도록 하고, 양치하는 동안 치약을 삼키지 않도록 부모가 지켜보아야 합니다. 아이 혼자서 양치하는 것은 위험해요!
- 일단 영구치가 난 후 생긴 충치는 치과에서 치료를 받아야 합니다.

02_ 치아 교정

아이들이 자라면서 치아의 교합이나 배열이 문제가 됩니다. 유난히 앞니가 돌출된 아이, 손가락을 심하게 빨아 치열에 문제가 생긴 아이, 위 치아들이 아래 치아 안쪽으로 들어간 부정교합이 있는 아이, 주걱턱이나 입천정이 너무 높고 좁은 아이들은 영구치가 나오기 전이라도 일찍 교정 치료를 받을 수 있습니다.

치과교정학회에서는 만 7세 무렵에 교정을 위한 검진을 시작할 것을 권하고 있습니다. 검진을 통해 적당한 치료 시기를 정하게 됩니다. 성장기에 있는 아이들은 얼굴을 구성하는 뼈들도 아직 성장 중이어서 심한 주걱턱인 경우에는 조기에 치료를 하면 얼굴 골격 교정이 훨씬 쉽다고 합니다.

♥ 치아에 대한 잘못된 상식

유치가 고르게 나면 영구치도 고르게 난다.
☞ 유치가 고르게 난 아이들이 오히려 영구치가 날 때는 덧니가 나기 쉽습니다. 오히려 유치가 고르게 난 아이들은 영구치가 자리 잡는 동안 세심하게 살펴보고, 필요하면 정기적으로 치과 검진을 받는 것이 좋습니다.

유치는 어차피 빠지기 때문에 충치가 있어도 상관 없다.
☞ 유치라도 충치를 방치하면 너무 일찍 빠지고, 오히려 영구치가 나야 할 공간을 제대로 확보하지 못하게 될 수도 있기 때문에 유치라도 잘 관리를 해주어야 합니다.

치아가 가지런하면 치과에는 전혀 갈 필요가 없다.
☞ 치아가 가지런히 나고 있더라도 여전히 성장 중인 아이들의 치아는

변수가 많습니다. 초등학교에 입학하면 가능한 6개월 간격으로 치과를 방문하는 것이 좋습니다.

덧니는 충치와 잇몸병(풍치)과는 상관이 없다.
☞ 덧니를 그대로 방치하면 치아 사이가 썩거나 치석이 쌓여 염증을 일으키고, 잇몸 뼈를 약하게 합니다.

어렸을 때 교정 치료를 받으면 치아가 약해진다.
☞ 부정 교합이나 주걱턱, 무턱 같은 경우 치아의 배열이 고르지 않고 치아 간 지지도가 약해 씹는 힘이 약해집니다. 그리고 칫솔질을 제대로 안 하면 잇몸의 건강도 해칠 수 있습니다.

❤ 이를 가는 아이

실제로 왜 이를 가는지 아직 그 원인을 정확히 모릅니다. 간혹 위아래 치열이 고르지 않은 아이들이 이를 갈기도 하고, 귀나 이가 아플 때 고통을 참기 위해 이를 꽉 물거나 갈기도 합니다. 이를 가는 버릇은 대부분 자연스럽게 사라집니다.

    이를 갈면 치아가 상하지 않을까 걱정을 많이 합니다. 이를 갈아도 치아가 상하지는 않습니다. 가끔 두통이나 이통을 호소하기도 하지만, 정작 이를 가는 자신보다는 주위 사람들이 더 괴롭습니다. 치아의 에나멜이 벗겨지고 치아가 부서지는 경우는 아주 드뭅니다.

    잠잘 때 아이가 이를 갈면 우선은 먼저 의사에게 검진을 받아 보는 것이 좋습니다. 아침에 일어나서 턱이나 안면이 아프다고 하거나, 손가락을 심하게 빨거나, 손톱을 물어뜯거나, 혀 안쪽을 씹거나, 연필이나 장난감을 씹는 경우에는 정기적으로 검진을 받아야 합니다.

이를 가는 버릇은 대부분 저절로 좋아집니다. 더 어린 아이들의 경우는 영구치가 나면서 없어지기도 합니다. 스트레스가 원인인 경우에는 문제가 해결되면 이를 갈지 않기도 합니다. 그렇지만, 정기적으로 치과 검진을 받고 가족들도 주의 깊게 살펴보는 것이 좋습니다. 간혹 안면이나 턱의 통증을 호소하거나 치아가 손상될 정도라면 잘 때 치아를 보호해 주는 보조기를 할 수 있습니다.

그리고 가능하면 잠자리에 들기 전에 따뜻한 물로 샤워를 하거나 조용한 음악을 듣게 하는 등, 아이가 긴장을 풀고 편안하게 잠들 수 있도록 도와주면 좋습니다. 스트레스가 원인이라고 판단된다면 아이를 힘들게 하는 근본적인 문제를 찾아 함께 풀어 가도록 노력하는 것도 중요합니다.

♥ 유치가 나기 시작할 때

유치는 모두 20개가 있습니다. 보통 생후 6~7개월부터 이가 나기 시작해서 30개월 정도면 모두 올라옵니다. 하지만 이가 나오는 시기는 사람마다 혹은 인종마다 조금씩 달라서 이르면 3개월쯤부터 이가 나기 시작해서 만 3세까지 계속 나기도 합니다.

간혹 태어날 때 이미 이가 나와 있는 아이도 있고, 돌이 되어서야 처음 이가 나는 아이도 있습니다. 이가 늦게 나오기 시작해도 정상적인 아이들은 3세 전에 20개의 이가 다 나옵니다. 이가 늦게 나오는 경우에는 영양이나 성장 장애, 혹은 다른 유전적, 내분비적 전신 질환이 있을 가능성이 있기 때문에 반드시 소아과에서 진찰을 받아 보아야 합니다.

아이들은 이가 나기 시작할 때 이유 없이 보채거나 침을 많이 흘리고, 수유 중에 엄마의 젖꼭지를 자주 깨물기도 합니다. 또한 잠자는 습관이 변하는 경우도 있어서 잘 자던 아이가 갑자기 깊게 잠들지 못하고 자주 깨서 보채기도 하고, 심지어는 수유를 거부하는 아이들도 있습니다.

이가 나면서 잇몸이 붓고 아파서 아이의 체온이 약간 오르기도 하지만 대개 정상 체온 범위 내에서 약간의 차이가 있을 뿐입니다. 보통은 이가 나는 것 때문에 고열이 나거나 설사를 하지는 않습니다.

언젠가 4개월 된 아이가 2~3일 전부터 침을 많이 흘리고 보채더니 갑자기 열이 나기 시작해서 병원에 왔습니다. 엄마는 아마도 이가 나느라고 그런 것 같다고 했습니다. 진찰을 해보니 잇몸 사이로 아랫니가 살짝 머리를 내밀기 시작했지만, 아이는 급성 중이염을 앓고 있었습니다. 이처럼 이가 나는 동안이라도 열이 나거나 심하게 보챌 때는 다른 질환이 있을 수 있기 때문에 반드시 의사의 진찰을 받도록 해야 합니다.

🎯 이가 나기 시작할 때 유의할 점

- 침을 많이 흘리는 아이는 수시로 침을 닦아 주어야 입 주변에 발진이 생기지 않습니다.
- 잇몸이 간지러울 때 오물거릴 수 있는 장난감이나 젖은 거즈 같은 것을 주면 좋습니다. 시중에 아이들이 입에 넣고 씹을 수 있는 부드러운 고무 제품들이 많이 나와 있습니다.
아이가 부주의해서 삼킬 수도 있으니 너무 작지 않은 것을 선택하고, 안에 액체 성분이 들어 있는 것은 좋지 않습니다. 냉장고에 잠깐 넣어 두어 시원하게 만들어 주면 좋아합니다. 하지만 너무 오래 두어 얼거나 딱딱해서 자칫 아이의 잇몸이 다치지 않도록 주의해야 합니다. 사용 후에는 반드시 깨끗하게 씻어 두어야 합니다.
- 깨끗한 손가락으로 아이의 잇몸을 문질러 주는 것도 도움이 됩니다.
- 너무 심하게 보챌 때는 아세트아미노펜을 먹일 수도 있지만 함부로 선

택해서는 안 되는 방법입니다. 반드시 사전에 소아과 의사와 상의해서 아이에게 특별히 다른 질환이 없다는 것을 확인한 뒤 먹여야 합니다.

배가 아파요

이유 없이 배가 아프다고 하는데 꾀병이 아닌가요?
맹장염과 복통은 어떻게 다른가요?
감기에 걸리면 배가 아플 수도 있나요?
밥을 먹으면 배가 아프다고 해서 걱정이에요

아이들은 아무 이유 없이 자주 배가 아프다고 합니다. 심지어는 4~16세 사이의 10~15% 아이들은 날마다 혹은 주 1회 정도 배가 아프다고 호소한다는 통계도 있습니다.

처음 어린이집이나 유치원에 가기 시작한 아이들이 아침마다 배가 아프다고 할 때는 엄마와 떨어지기 싫어 꾀병을 부리는 것이라고 생각합니다. 실제로 복통은 꾀병처럼 심리적인 요인이 있을 때 나타나기도 합니다. 하지만 복통의 부위, 복통의 정도, 동반된 증상 등을 잘 살펴야 합니다. 급성 장염, 요로감염과 같은 염증성 질환이 있거나, 맹장염이나 변비가 오래되면 배가 아플 수도 있습니다. 음식 알레르기나 음식에 대한 과민 반응도 복통을 일으킬 수 있습니다. 또 큰 아이들은 궤양이나 위염 등으로 통증을 호소하기도 합니다.

게다가 자꾸 재발하고 반복되는 복통은 아이에게 특별히 기질적인 원인이 없더라도 분명 통증으로 느껴지는 '기능성 복통'이기도 합니다. 흔히 '꾀병'이라고 치부해 버리기 쉽지만, 실제로는 아이가 스트레스를 받거나 어떤 일에 대한 과민 반응이 통증으로 나타나는 경우이기 때문에 정서적인 안정이나 격려와 사랑이 통증을 다스려 줄 수 있다는 점도 간과해서는 안 됩니다.

🌸 복통의 여러 증상

- 주로 배꼽 주변이 아픈 경우는 기능성 복통이 많습니다.
- 아랫배가 아프다고 하지만 다른 증상이 없는 아이들은 배변을 잘하면 통증이 사라지기도 합니다.
- 요로감염은 아랫배나 옆구리가 아프기도 합니다. 배뇨통이나 열이 나기도 해서 검사를 통해 쉽게 진단할 수 있습니다.
- 오른쪽 아랫배가 심하게 아파 제대로 걷지도 못할 정도이면 맹장염을

의심해야 합니다.

- 특정 음식을 먹고 나서 배가 아프다고 하는 아이들은 가스가 많이 찼기 때문입니다. 설사나 구토를 하기도 합니다.
- 이른 아침이나 밤에, 특히 음식을 먹고 나서 속이 타는 듯한 통증을 호소하는 아이들은 궤양일 가능성이 있습니다. 이 경우에는 궤양의 가족력을 살피는 것도 중요합니다
- 아이가 감기를 앓고 있으면 복통을 호소할 수도 있습니다. 저는 장에 걸리는 감기 같은 것이라고 설명하기도 합니다.
- 임파선이 부어서 배가 아프다고 할 때는 간혹 맹장염과 구별하기 어려울 정도로 통증이 심합니다.

● 주의해야 할 증상들

오심이나 구역질, 구토를 동반하는 경우, 설사, 변비, 창백해 보이는 경우, 주로 밤에만 아픈 경우, 혈변을 보는 경우 등 이런 증상들이 있으면 주의해야 합니다.

간혹 편두통을 앓는 아이가 배가 아프다고 할 수 있습니다. 이 경우 아이는 창백해 보이고, 오심이나 구토를 하기도 합니다. 동반 증상이 있어도 다른 이상을 발견할 수 없고, 가족력이나 아이의 과거 병력을 볼 때 편두통이 의심된다면 진단을 고려할 수 있지요. 아이들은 편두통이 없을 것 같지만, 요즘에는 편두통이 있는 아이들이 점점 늘어나는 추세입니다. 그만큼 요즘 아이들이 복잡한 세상에 살면서 스트레스를 많이 받고 있음을 알 수 있습니다.

🍑 배가 아픈 아이 돌보는 법

배가 아픈 아이들은 먼저 정확한 진단을 받는 것이 중요합니다. 진단에 따라 돌보는 방법이나 치료, 또는 치료의 시기도 결정되기 때문입니다. 명확하지 않은 상식을 믿고 가정에서 상비약 등으로 통증을 먼저 해결하기보다는 원인을 찾아 그에 맞는 치료를 해야 합니다.

11 구토가 나요

갓난아기가 자꾸 토하면 위험하지 않나요?
중이염에 걸리면 토하기도 하나요?
심하게 토하면서 쌀뜨물 같은 설사를 계속해요
변비가 있으면 구토를 하나요?

구토는 설사, 복통과 더불어 급성 장염의 대표적인 증상입니다. 그러나 구토를 시작한 시기, 구토하는 정도, 구토하는 기간이나 반복성, 다른 신체 질환과의 연관성 등에 따라 구토의 원인은 매우 다양합니다.

구토와 역류

무엇보다 출생한 지 얼마 안 된 아기들이 토할 때는 역류(위식도 역류)인지 구토인지를 구별해야 합니다.

역류 – 역류는 식도나 위의 내용물이 가로막이나 복근이 수축하지 않고 힘없이 입 밖으로 나오는 현상을 말합니다. 발달 과정상 미숙한 단계에 있는 신생아들은 혼자 자기 몸을 가누지 못하는 것과 마찬가지로 음식물이 들어가면 위 내용물이 식도로 다시 올라오지 못하도록 하는 위식도 괄약근의 근력이 약합니다.

괄약근의 근력의 정도에 따라 신생아의 생리적 위식도 역류의 정도가 다르지만, 어느 정도의 역류가 있어도 체중이 정상적으로 증가하고 활동성이 양호한 아이라면 '역류' 자체가 문제가 되지는 않습니다. 다만 역류의 정도가 심하고 식도염이 있어 성장에 지장을 줄 정도라면 치료를 받아야 합니다.

구토 – 구토는 식도의 괄약근이 이완되고, 가로막이나 복근이 수축해서 복압이 상승해 위의 내용물이 입 밖으로 튀어나오는 현상을 말합니다. 역류가 수동적 반사에 의해 발생한다면, 구토는 능동적인 반사 작용의 결과라고 할 수 있습니다.

일반적으로 역류는 영·유아기에 흔히 볼 수 있는 발달 과정상의 한 부분으로 생각할 수 있습니다. 특별히 후유증을 남기지 않고 자라면서 저절로 좋아집니다.

다만 심한 역류와 함께 식도염, 무호흡의 반복, 흡인성 폐렴, 성장 장애와 같은 합병증이 동반되는 경우는 병적인 역류이기 때문에 반드시 치료를 해주어야 합니다.

알아두면 좋은 상식

6개월 된 하은이는 밤새 보채고 계속 구토를 해서 병원에 왔습니다. 다행히 하은이는 열이 나거나 설사를 하지 않았습니다. 진찰을 해보니 하은이의 왼쪽 고막이 부어 있었고, 발적도 심했습니다. 특히 고막을 진찰하는 도중 하은이는 자지러지게 울었습니다. 결국 저는 중이염으로 진단했지요. 장염 때문에 토하는 줄 알았으나, 곧 중이염이 구토의 원인이었던 것을 알 수 있었습니다. 중이염을 치료하자 하은이는 더 이상 토하지 않았습니다. 요컨대 장염이나 장관의 이상이 아니더라도 중이염과 같은 장외 감염이나 원인이 구토를 일으킬 수 있다는 사실도 기억해 두면 좋겠습니다.

🍑 구토하는 이유

01_ 신생아가 토할 때(2~3개월 미만)

갓난아이가 수유 후 젖을 게우는 경우는 흔히 볼 수 있습니다.

위식도 역류 – 구토라고 하기에는 좀 약한 강도로 젖을 게우는 경우는 대개 '생리적 역류'라고 볼 수 있습니다. 이 경우에 아이는 건강해 보이고 자주 게우더라도 체중이 잘 늡니다.

위식도 역류 병 – 역류가 심한 아이는 수유 도중 몹시 보채고 온몸에 힘을 주면서 등이 활처럼 휘기도 합니다. 역류성 식도염이 동반되면 심한 통증을 느껴 수유를 거부하기도 합니다. 결국 체중이 잘 늘지 않아 영양이 결핍되어 성장이 지연되기도 합니다.

일반적으로 경미한 역류 현상은 시간이 지나면서 저절로 좋아집니다. 하지만 역류의 정도가 심하고 체중이 잘 늘지 않고 역류성 식도염까지 있으면 '위식도 역류 병'라고 볼 수 있어 반드시 치료를 받아야 합니다

유전날문협착증(비대날문협착증) – 보통 생후 3~4주가 지나면서부터 구토의 정도가 점차 심해지고 빈번해진다면 선천 유문협착증일 가능성이 있습니다. 처음에는 조금씩 분유를 흘리는 듯하지만, 협착이 진행하고 유문부가 점점 더 막혀 갈수록 구토하는 횟수가 늘어 갑니다. 시간이 지나면 위의 내용물을 모두 쏟아 내듯 심하게 사출성 구토를 합니다.

정상적인 아기들이 조금씩 토할 때는 기껏해야 안고 있는 엄마의 어깨 위에 젖이나 분유를 흘리는 정도지만, 유문협착이 있는 아기들의 토물은 꽤 멀리까지 발사되기도 합니다. 물론 토하고 나서 곧 배 고파서 다시 수유를 시도하지만 수유의 빈도가 늘어도 아이의 체중이 통 늘지 않습니다. 대부분 수술이 필요하고 또 치료받으면 비교적 경과가 양호해서 단시간 내에 정상적으로 수유를 할 수 있습니다.

02_ 신생아기 이후의 구토

일반적으로 구토의 원인을 크게 5가지로 압축해 볼 수 있습니다. 장염, 식중독, 기침을 동반한 구토, 장외 감염과 관련된 구토(중이염, 폐렴, 요로감염 등), 장 폐쇄 등이 있습니다.

장염 – 구토의 가장 흔한 원인은 아마도 다양한 바이러스나 세균 감염으로 인한 감염성 질환, 특히 감염성 장염일 것입니다. 아이가 토하면 먼저 체한 것으로 간주하고 집에 있는 상비약이나 약국에서 구입한 약을 먹이는 경우가 많습니다. 체했을 때의 구토는 반복성이 없는 편이지요. 한두 번 시원

하게 토하고 나면 기분도 좋아지고 몸도 더 이상 불편하지 않습니다.

그러나 장염에 걸린 아이들은 원인이 무엇이든, 한 번 구토하는 것으로 끝나지 않습니다. 계속 구토를 반복하거나 설사를 동반하기도 하고, 열이 나고 배가 아픈 경우도 있습니다.

장염은 흔히 바이러스 감염이 원인이지만, 장염을 일으키는 바이러스의 종류가 셀 수 없이 많고, 또 유행하는 시기마다 약간씩 특징이 변하기도 합니다. 최근에는 A형 로타바이러스와 노로바이러스에 의한 장염이 꾸준히 유행하고 있습니다.

로타바이러스에 의한 장염은 심한 구토 후 쏟아지는 듯한 쌀뜨물 같은 설사가 계속됩니다. 그리고 1~2일간 심한 구토와 고열, 복통을 보이지만 곧 회복됩니다. 일부 이런 바이러스들의 경우를 제외하면 대부분의 장염은 원인과 관계없이 여러 증상이나 경과가 서로 겹치거나 유사하기도 합니다.

바이러스 감염에 의한 장염은 대개 유행하는 양상이 있습니다. 어린이집이나 산후 조리원에서 집단 감염이 잘 생기는 이유도 여기에 있답니다. 이질이나 장티푸스와 같은 세균성 장염을 빼고는 아이들에게 흔한 바이러스 감염에 의한 장염은 구토나 설사가 계속되는 동안 아이가 탈수되지 않고 잘 이겨 낼 수 있도록 돕는 것이 가장 최선입니다.

식중독 - 식중독은 보통 포도상구균이나 살모넬라와 같은 세균에 감염된 음식을 먹었을 때 걸립니다. 그래서 함께 식사를 했거나 같은 음식을 먹었던 사람들이 동시에 유사한 증상을 보이기도 합니다. 보통 음식을 먹고 난 후 2시간에서 12시간 사이에 구토 증상을 보입니다.

식중독의 일반적인 특징은 대부분 열이 나지 않고, 집보다는 집 밖에서 먹은 음식이 문제가 됩니다. 일반적으로 구토가 12시간 이상 계속되지 않는 편입니다. 만일 12시간 이상 계속 구토를 하고 고열이 난다면 식중독이 아닐 가능성이 많습니다

기침과 구토 - "기침이 심해졌어요. 심지어는 기침하다가 토하기도 해

요", "기침하다 토했는데, 가래가 나왔어요", "가래를 뱉을 수가 없어서 삼키는 것 같아요. 가끔 가래를 삼키다 토하기도 해요." 기침과 관련된 구토에 대한 이야기는 진료실에서 자주 듣습니다. 기침 끝에 토하기까지 하다니! 감기가 점점 심해지고 있는 것은 아닌지 걱정스럽습니다. 물론 감기가 심해질수록 기침의 강도가 세지고 구토도 할 수 있지만, 토한다고 해서 반드시 감기가 더 심해졌다고 생각할 필요는 없습니다.

기침은 종종 구역 반사를 유발하기도 하고, 정도에 따라 실제로 구토로 이어지기도 합니다. 물론 기침을 심하게 하면서 많은 양의 가래가 위로 넘어가면 구역질이 나면서 구토를 일으킬 수도 있지요. 그러나 구토 자체를 문제 삼아야 하는 경우는 아닙니다.

중이염이나 폐렴, 요로감염 – 보통 장외 감염증으로 중이염이나 폐렴, 요로감염 등이 구토의 원인이 되기도 합니다. 이런 이유 때문에 구토를 한다고 해서 다른 증상이나 징후가 보이는 것을 간과해서는 안 됩니다. 실제로 나이가 어릴수록 실제 아픈 부위의 통증을 호소하기보다는 구토나 발열과 같은 일반적인 증상이 먼저 나타날 때가 있습니다.

장폐쇄 – 장폐쇄는 간단히 넘어갈 수 없는 심각한 경우가 많기는 하지만, 다행히도 그렇게 주변에서 흔히 볼 수 있는 것은 아니지요. 장이 어떤 원인으로든 막히게 되면 장운동이 떨어지지만, 구토의 양상은 폐쇄의 정도와 위치, 원인에 따라 다양하게 나타납니다.

03_ 구토 증상을 보일 때 간과할 수 없는 몇 가지 경우들

음식 알레르기 – 간혹 식중독과 음식 알레르기를 혼동하는 경우가 있습니다. 음식 알레르기는 같은 음식이 또다시 구토를 일으킨 요인이었을 때 진단하기 쉽습니다. "아무래도 상한 우유를 먹어서 식중독에 걸렸나 봐요"라고 말하지만, 자세히 들여다 보면 다른 유제품을 먹고도 아이가 구토를 하기도 합니다. 냉장고에 있던 우유가 상한 것이 아니라 우유에 대한 알레르기가 있는 경우겠지요. 우유에 알레르기가 있다면 구토뿐 아니라 설사나 두드러기와 같은 피부 증상이 함께 나타나는지 확인해 보아야 합니다.

음식에 대한 과민 반응 - 과민 반응은 알레르기와는 다른 개념입니다. 특정 음식에 대한 과민 반응이 일어나는 이유는 대체로 이전의 안 좋은 기억이나 경험이 작용합니다. 고기를 먹다가 제대로 씹지 않고 삼켜 버려 목에 걸렸던 경험, 혹은 어떤 음식을 먹을 때 불행한 일을 경험한 기억 같은 것이 특정 음식에 대한 과민 반응을 일으켜 구토를 하기도 합니다.

멀미와 구토 - 차만 타면 멀미를 해서 토하는 아이들이 있습니다. "도무지 함께 외출을 할 수 없어요" 라고 호소하는 부모님들도 계십니다. 또 자동차나 버스를 타고 책을 읽으면 멀미를 해서 구토를 하기도 합니다. 항히스타민제를 출발하기 전에 미리 먹이면 멀미를 예방할 수 있습니다.

심한 두통과 구토 - 흔히 늦봄과 여름철에 유행하는 바이러스 감염증은 제각각 심한 감염을 일으킬 경우 뇌수막염을 일으키기도 합니다. 아이가 처음에는 장염인 줄 알았는데, 심한 두통과 함께 계속 토하면 뇌수막염을 의심해 봐야 합니다. 물론 바이러스뿐 아니라 세균이나 곰팡이도 뇌수막염을 일으킬 수 있습니다.

그러나 세균이나 곰팡이는 뇌척수액을 검사하면 원인 균을 확인할 수 있고, 또 병의 경과가 무서울 정도로 심하고 빠릅니다. 반면, 흔히 '무균성 뇌수막염' 이라고 불리는 '바이러스성 뇌수막염' 은 상대적으로 병의 경과가 짧고 증상도 훨씬 덜 심한 경우가 많습니다.

물론, 급성 인두염이나 인플루엔자와 같은 호흡기 감염도 구토와 두통이 나타날 수 있습니다. 그러나 구토와 함께 심한 두통을 호소한다면 반드시 병원에 가야 합니다.

● 토하는 아이 돌보기

한밤중에 아이가 갑자기 토하면 무척 당황스럽습니다. 응급실로 바로 달려가야 할지, 그대로 지켜 보아야 할지, 전전긍긍하며 밤을 새고 다음 날 일찍 서둘러 병원을 찾게 되지요.

우리나라 사람들은 장에 탈이 나면 좋아질 때까지 죽을 먹어야 한다고 생각합니다. 그런데 일반적인 구토는 크게 위험한 경우가 별로 없습니다. 구토의 가장 흔한 원인으로 생각되는 장염도 '탈수'를 걱정해야 하는 경우만 아니라면 금세 좋아질 수 있습니다.

먼저, 구토를 심하게 한 뒤에는 입안에 남아 있는 토물을 씻어 주고, 약 30분에서 1시간 동안 아무것도 먹이지 않는 것이 좋습니다. 일단 장이 진정되고 나면 물이나 이온 음료, 주스 또는 모유 수유 중이라면 모유를 조금씩 자주 먹입니다. 보통 구토가 시작되고 12시간 정도 지나면 토하는 빈도가 현저하게 줄어듭니다.

하루 2회 내지 4회 정도 토하거나 아예 멈추면 평소처럼 고형식을 줄 수 있습니다. 물론 평소 식사할 때처럼 한꺼번에 많이 주기보다는 조금씩 양을 늘려 가야 합니다. 그러다가 아이가 무리 없이 잘 먹고 더 이상 구토를 하지 않으면 보통 때처럼 먹일 수 있습니다.

또한 탈수 증세를 보일 때는 원칙은 앞서 언급한 경우가 같지만, 탈수의 정도와 아이의 전신 상태에 따라 경구용 전해질 용액을 처방받아 먹이거나 심한 경우 탈수를 교정하고 전신 순환을 좋게 하기 위해 링거액을 주사로 줄 수 있습니다. 주사 치료가 필요할 정도라면 구토의 원인이 단순한 장염이 아닐 수도 있기 때문에 더 정밀한 검사가 필요할 수도 있습니다.

◉ 위험한 구토의 증상들

- 계속되는 구토
- 탈수
- 구토 증상이 나아졌다가 며칠이 지나 구토를 다시 반복하는 경우
- 특정한 상황에만 반복되는 구토
- 토물에 담즙(파란색 액체)이나 피가 섞여 있는 경우
- 고열이나 두통 또는 설사 등 동반 증상이 있을 때

진료실 이야기

태수는 얼마 전부터 먹는 양이 줄고 구역질을 자주하더니 며칠 전부터 자꾸 토했습니다. 가끔 배가 아프다고 하고, 속옷에 변이 묻어 있기도 했습니다. 체한 것인지, 장염에 걸린 것인지 걱정이 되어 병원에 왔습니다.

태수는 별다른 이상은 없어 보였습니다. 얼굴에 병색이 돌지도 않았고, 진찰을 해도 질병을 의심할 만한 점을 발견할 수 없었습니다. 다만, 유난히 배가 부르고 장의 움직임이 활발하지 않았습니다. 엄마는 태수가 매일 변을 보고 있고, 변을 보면서 힘들어한 적도 없다고 하셨지요. 그래서 변의 양, 변의 굳기, 변의 물기가 어떤지는 잘 모르고 있었습니다. 방사선 검사를 해보니 장에 대변이 가득 차 있었습니다. 태수 엄마는 검사 결과를 보고 깜짝 놀랐습니다. 우선 장을 비우기 위해 변비 치료를 하기로 했습니다. 결국 배변을 잘하게 되자 구토는 물론 속옷에 변을 묻히지도 않았습니다.

아이들은 복벽이 얇고 괄약근이 단단하지 못해 변의가 느껴져 배에 힘을 주면 소화되지 않은 음식물이 거꾸로 밀려 올라오는 역류 현상이 있을 수도 있습니다.

구토를 일으키는 원인은 매우 다양합니다. 아이들이 갑자가 자주 구토를 하면서 잘 먹지 않으면, 한 번쯤 변비를 의심해 봐야 합니다. 태수의 경우처럼 평소 잘 느끼지 못했던 변비도 병적이지는 않지만 물리적인 힘에 의해 반복적으로 구토를 일으킬 수 있는 원인이 될 수 있으니까요.

태수는 평소 변기에 앉아 있다가도 좋아하는 만화영화가 시작되면 곧바로 화장실을 뛰쳐나왔습니다. 태수 엄마는 태수가 변기에 앉아 있어 정상적인 배변 습관을 가지고 있다고 생각했지만, 실제로 태수는 시원하게 변을 보지 못했던 것입니다.

12 아기 변이 이상해요

모유를 먹이는 엄마가 음식을 잘못 먹으면 아이의 변이 이상한가요?
아이의 변에 피가 섞여 있어요.
아이가 거의 흰색에 가까운 변을 봐요.
아이가 놀라면 녹변을 보나요?

갓 태어난 아이는 생후 12~24시간 안에 처음으로 암녹색의 끈적끈적한 변을 봅니다. 이것을 '태변'이라고 하는데, 흔히 24시간이 지나도 태변을 보지 못하면 장폐쇄를 의심할 수 있습니다. 수유를 시작하면 소화 과정을 돕기 위해 담즙이 분비되어 암녹색의 태변은 녹갈색의 '이행변'으로 바뀝니다. 그러다가 다시 4~5일이 지나면 황갈색으로 변합니다.

● 날마다 변을 보지 않으면 변비?

변을 보는 빈도는 아이가 먹는 양과 장이 음식물을 통과시키는 시간에 따라 정해집니다. 변의 양은 장에서 음식물을 흡수하는 정도와 장 안에 살고 있는 세균의 수에 따라 정해집니다. 장이 음식을 흡수하는 정도는 처음 몇 주간 계속 변합니다. 점점 아이의 장 기능이 성숙해지면 흡수력도 향상되고 그만큼 장 안에 남아 있는 변의 양도 줄어들지요. 장 점막의 흡수력이 낮을수록 장관 안에 남아 있는 변도 많아지는데, 그렇게 되면 배변의 빈도가 늘어납니다. 특히 수유할 때마다, 혹은 먹기만 하면 배변을 하거나 지리는 아이들은 장 점막의 흡수 능력이 저하되어 장 안에 남아 있는 변의 양이 많아지는데, 수유를 시작하면 장운동이 촉진되면서 변을 조금씩 밀어 냅니다.

> 아이가 변을 볼 때면 온몸에 힘을 주고 팔다리가 뻣뻣해지면서 얼굴색도 붉어져요. 게다가 끙끙거리면서 괴로워해요.

다른 부위와 마찬가지로 아기들의 위장관 기능도 발달하는 과정이기 때문에 아직 미숙한 장운동을 도와 대변을 항문 쪽으로 밀어내기 위해 아기들이 자연스럽게 취하는 행동이라고 생각할 수 있습니다. 물론 성인이 되어서도 대변이 너무 단단하거나, 변의가 있어도 제대로 볼일을 볼 수 없을 때는 최대한 몸을 웅크리고 힘을 주어 대변을 밀어내려는 노력을 하기도 합니다. 출생한 지 얼마 되지 않은 아이들은 변비가 아니더라도 미숙한 장운동을 돕기 위해 온몸으로 지원하고 있다고 볼 수 있습니다.

🍑 대변의 색

일반적으로 대변 색의 변화는 거의 흰색에 가까운 무담즙변과 혈액이 섞여 있는 변을 제외하면, 임상적으로 큰 의미가 없습니다. 이런 대변의 색을 결정하는 요소는 크게 두 가지로 나눌 수 있는데, 섭취한 식품과 장관 안의 정상 세균 총의 구성입니다. 정상 변은 보통 연노랑이나 암녹색, 또는 밝은 갈색이나 암갈색입니다.

무담즙변 – 흰색이나 혹은 회색에 가까운 변을 보는 아이들은 황달이 있거나 흑색 소변을 보기도 합니다. 음식물을 소화하려면 담즙의 도움이 필요한데, 선천적인 이상이나 혹은 후천적인 문제로 인해 담즙을 만드는 데 문제가 있거나 담즙을 제대로 배출하지 못하면, 거의 흰색에 가까운 무담즙변을 보게 됩니다. 만일 아이가 무담즙변으로 의심되는 변을 계속해서 본다면 지체 없이 의사에게 진단과 치료를 받아야 합니다.

간혹 겨자색 같은 변을 볼 때가 있습니다. 겨자색은 얼핏 흰색에 가까워 보이지만 노랑색에 더 가깝지요. 또 간헐적으로 겨자색이 묻어 나오는 것은 별로 의미가 없습니다. 계속 하얀 변을 보는 경우와는 아주 다른 경우입니다.

혈변 – 대변에 혈액이 섞여 나오는 모양에 따라 원인을 다르게 생각할 수 있습니다. 보통 변비가 있거나, 묽은 변을 자주 누면서 항문 주위에 열상이나 습진이 생긴 경우에는 실핏줄 같은 혈액이 변에 조금 섞여 있거나 묻어 있습니다. 또 엄마 젖을 먹는 아이가 혈변을 보는 경우에는 유두의 상처가 원인이 되기도 합니다. 유두 상처로 인한 피가 아이 변에 섞여 나오는 경우지요.

피가 나오면서 점액성 변을 보는 경우는 장중첩증이라는 병을 의심할 수 있습니다. 물론 주기적으로 심하게 보채거나 반복적인 복통과 구토를 하면 쉽게 알 수 있습니다. 또한 우유 단백 알레르기가 있을 때도 혈변을 볼 수 있습니다. 개인에 따라서는 우유 단백 알레르기로 인한 다른 증상 즉, 구토나 복통, 피부 발진 등이 함께 나타나기도 합니다.

녹변 – 일반적으로 대변의 색은 무담즙변이나 혈변을 제외하고는 섭취한 식품에 따라 정해집니다. 섭취한 식품의 색, 소화 정도, 장운동의 속도 등이 변의 색을 결정합니다. 대부분의 녹변은 일시적이고 문제가 되는 경우는 별로 없습니다. 그러나 계속 녹변을 보거나 성장 장애 등 다른 이상이 함께 나타나면 정확한 진단을 받아 보아야 합니다.

어른들은 "아이가 놀라면 녹변을 본다"고 하십니다. 혹은 녹변을 보면 "소화가 안 되는 거다"라고 말씀하십니다. 사실 아이들이 스트레스를 받으면 장운동에 변화가 생깁니다. 놀라는 것도 일종의 스트레스라고 생각한다면 전혀 근거가 없는 말은 아니겠지요? 또 담즙이 분비되어 충분히 소화 과정을 거치기도 전에 장운동이 빨라지면 그대로 대변으로 나올 수도 있겠지요. 그러나 녹변은 섭취한 식품에 따라 변화하는 대변 색의 한 형태로 보는 것이 더 일반적입니다.

이럴 때는 꼭 병원에 가야 해요

- 타르와 같은 흑변을 보거나 변에 피가 보일 때
- 대변이 물처럼 나오거나 점액성 변이 계속될 때
- 심한 변비로 돌처럼 단단한 변을 보거나 무담즙변을 볼 때

변비에 걸렸어요

날마다 변을 보지 못하면 변비인가요?
변을 잘 보는데 날마다 배가 아프다고 해요.
자꾸 대변을 참아서 걱정이에요.
아이들이라도 변비가 있으면 변비약을 먹어도 되나요?

아기는 태어나서 처음 3~4일간 짙은 초록색이나 검은색에 가까운 냄새 없는 태변을 봅니다. 그 후 끈적끈적한 이행변을 보다가 생후 1주일이 지나면 어느 정도 변의 패턴이 안정됩니다. 그런데 아기가 처음부터 정상적으로 변을 보지 못한다면 선천성 거대 결장증이나 항문 폐쇄증 혹은 선천성 갑상선 기능저하증 등과 같은 기질적인 원인이 있는지 정밀한 진단을 받아야 합니다.

> 모유 수유 중이라 처음 한 달 간은 하루에도 열 번 이상 수시로 변을 보았어요. 그런데 얼마 전부터 2~3일에 한 번씩 변을 봐요. 변비가 생긴 건 아닐까요?

돌 전에는 아이들의 장 기능이 완전히 성숙하지 못해서 여러 번 운동 상태가 변할 수 있습니다. 변비는 단지 배변의 횟수만을 문제 삼지 않습니다. 얼마 전까지 변을 자주 보던 아이라도 배변을 힘들어하지 않고, 먹는 양도 줄지 않고, 대변 양이나 굳기 등이 적당하다면 인내심을 갖고 지켜보아야 합니다.

❤ 아이들의 변비

변비는 대변을 자주 누지 못하고 변이 딱딱해져 대변 보기가 어려운 상태를 말합니다. 딱딱해진 변을 볼 때 통증이 심해 점점 더 변비가 만성화되고 악화되는 경향이 있습니다. 변을 속옷에 조금씩 지리거나 오줌을 자주 누고 간혹 요로감염, 야뇨증, 식욕 감소, 성장 부진과 같은 이차적인 문제들이 나타나기도 합니다.

특히 변비는 선진국일수록 더 심각합니다. 유아기에 16~37% 정도는 변비를 경험한다고 합니다. 이들 중 90%는 일시적으로 약물 또는 식이 섬유를 섭취하면 저절로 좋아질 수 있는 기능성 변비입니다. 그런데 무엇보다 간과해서는 안 될 것은 유아기의 사회성 발달에 가장 중요한 요인의 하나가 배변을 조절하는 것이라는 점입니다.

> 변을 잘 보는데 날마다 배가 아프다고 해요.

자주 배가 아프다는 아이들을 진료하다 보면 변비인 경우가 종종 있습니다. 직장에 손가락을 넣어서 검사를 해보면, 거의 항문 입구까지 딱딱한 대변이 차 있는 아이들이 있습니다. 배변력이 나쁘지 않은 아이들은 엑스레이 검사를 해서 변이 직장까지 가득 차 있는 모습을 확인한 후에야 부모님들은 변비에 대해 수긍하시곤 합니다.

● 아이들이 대변을 참는 이유

어린아이들은 항문 열상이나 항문 주위의 피부염, 배변 훈련에 대한 아픈 경험, 일시적인 탈수나 질병 때문에 장운동이 떨어진 경우 변비가 생깁니다. 어떤 원인이든 일단 변을 참기 시작하면 결국 만성화되는 경우가 흔합니다. 유아기에는 변을 보는 것이 고통스러워 변을 참기 시작했는데, 그럴 때마다 부모님이 관심을 보이면 오히려 변을 참는 경우도 있습니다. 좀 더 자라서 어린이집이나 학교에 가면, 공중화장실이 불편해서 배변을 참기도 합니다.

01_ 감각의 이상

드물지 않게 만성 변비로 고생하는 아이들 중에 괄약근 조절에 문제가 있는 경우도 있습니다. 일명 '거대 직장'이라고 알려져 있습니다. 배변을 조절하기 위해 좀 더 많은 자극이 필요한 경우라서 어느 정도 변의를 느낄 정도로 충분한 양이 직장에 차기 전에는 배변을 하지 못합니다. 이런 경우는 치료가 된 후에도 자주 재발할 수가 있습니다.

02_ 식이 습관

실제로 식이 습관이 변비와 직접적인 연관이 있는지는 분명하지는 않지만, 식이 섬유가 규칙적인 장운동을 하는 데 어느 정도 기여한다고 대부분 수긍하고 있습니다. 하지만 섬유질을 지나치게 섭취하면 미네랄 등 다른 영양소의 흡수를 방해할 수도 있어 주의해야 합니다. 모유를 먹던 아이가 분유로 바꾸는 과정에서 배변 습관이 달라지거나, 유아기에 지나치게 생우유를 많이 먹어 단백질이 과잉 공급되어 변비가 되는 경우도 흔히 볼 수 있습니다.

● 영아기의 변비

모유를 먹는 아이들은 정상적으로도 무른 변을 1주일에 한 번 정도 볼 수 있습니다. 특별히 성장과 건강에 문제가 없다면 변을 자주 누지 못한다고 해서 변비라고 하지 않습니다. 이 시기에는 대변을 보는 횟수보다는 대변의 굳기가 변비의 유무를 확인하는 중요한 소견입니다.

아기들은 부드럽고 적당한 굵기의 변을 누면서도 얼굴이 빨개지도록 힘을 잔뜩 줍니다. 이런 모습은 보기 안타깝기까지 합니다. 하지만 출생할 때 정상적으로 직장-항문 운동을 방해하는 반사 작용이 존재한다고 합니다. 실제로 변비가 있는 아이들은 변을 눌 때의 긴장감과 더불어 단단하고 물기 없는 대변을 보는데, 변이 점점 조약돌처럼 변해 갑니다.

❤ 유아기의 변비

이 시기의 아이들은 변을 참는 행동을 자주 보입니다. 하지만 부모님들은 아이가 변을 참는 것을 대수롭지 않게 여기거나 오해를 하기도 합니다. 아이들이 변을 참을 때 쭈그려 앉거나 춤을 추거나 발끝으로 걷거나 울어 버리는 등 다양한 모습으로 나타나지만 실제로 부모님들은 이런 행동이 변을 참기 위한 아이들의 몸부림이란 것을 잘 모르고 지나치기 쉽지요.

변비로 진단을 하면서 과거에 아이들이 변을 참는 행동들을 보였는지를 확인해 보면 그제서야 아이의 변비가 언제부터 시작되었는지를 깨닫기도 합니다.

❤ 유아기 이후의 변비

일단 유아기가 지나면 아이들의 배변 훈련이 거의 다 되어 화장실에 혼자 갈 수 있습니다. 날마다 화장실에 다녀오는 아이들에게 "오늘 변은 나왔니?" 하고 물으면 대부분 그렇다고 합니다. 실제로 아이들이 어떤 변을 누었는지, 얼마나 시원하게 보았는지를 확인하는 경우는 별로 없습니다.

그런데 이 시기의 아이들은 변을 제대로 누고 나오는 경우가 많지 않습니다. 변을 보다가도 누가 부르는 소리에 그냥 나와 버리거나, 텔레비전에서 재미있는 프로를 하면 뛰쳐나와 버립니다. 일단 변이 나오면 그냥 중도에 그만두고 나와 버리기도 합니다. 그러다 더러는 한꺼번에 몰아서 변을 보기도 합니다. 실제로 이런 아이들은 자주 배가 아프다고 하거나, 변에 피가 묻어 나오거나 변을 지리고, 잘 먹지 않고 음식을 거부하는 등의 증상이 생겨 진료실을 찾게 됩니다. 종종 빈뇨 또는 요실금, 요로감염, 야뇨증의 원인을 찾는 과정에서 변비를 찾아 내기도 합니다.

🍑 변비, 이럴 때는 위험해요

심한 구토 증세를 보이거나 복부가 팽만해지는 경우, 성장 부진이나 체중이 감소하는 경우, 만성적인 항문 열상이나 혈변을 계속 볼 때, 태변 배출이 늦어지는 경우, 소변을 시원하게 보지 못하거나 유뇨증 증세가 있는 경우, 척추의 이상이나 기형 등이 있다면 반드시 의사에게 진단과 치료를 받아야 합니다.

🍑 변비 치료하기

변비 약을 오래 복용하면 약에 의존하게 될 것 같아서 일찍 중단했어요.

자꾸 관장을 해도 괜찮을까요?

우리 아이는 물을 많이 먹어요. 그런데도 변비가 생기나요?

외국에 사는 친척이 보내온 약이 있어요. 먹여도 될까요?

변비를 치료하기 위해서는 다음 4가지 요소가 중요합니다. 첫째 부모 교육, 둘째 완하제(변비 약), 셋째 식이 요법, 넷째 행동 수정이 필요합니다.

변비는 아이의 나이와 변비가 계속된 기간에 따라 치료가 달라질 수 있습니다. 변비가 생긴 지 며칠 되지 않은 아이들은 단기간에 완하제를 먹거나 식이 조절만으로도 치료가 충분합니다. 그러나 대부분의 아이들은 수주에서 수개월 이상 변비로 고생한 후에야 병원을 찾습니다. 경우에 따라서는 1~2년 정도 완하제를 복용해야 하는 경우도 있습니다. '변비로 고생한 기간만큼 치료해야 한다'고 할 수 있습니다. 궁극적으로는 규칙적으로 배변(적어도 1주일에 3회 이상 배변)하고, 완하제를 점차 줄여 가면서 스스로 식이 조절이나 행동 수정을 할 수 있을 때까지를 치료 기간으로 생각하면 좋을 것 같습니다.

01_ 영아기의 변비 치료

이유식을 하기 전이라면 하루에 2~6티스푼 정도의 설탕물을 나누어 먹이는 것이 좋습니다. 주스를 먹거나 이유식이 가능해지면 푸른 주스나 사과 주스, 혹은 과일을 먹여 볼 수 있습니다. 글리세린을 이용한 관장이나 좌약으로 직장에 끼어 있는 대변을 제거해야 하는 경우도 있습니다.

02_ 영아기 이후의 변비 치료

이 시기의 변비는 크게 3단계로 나누어 치료할 수 있습니다.

<u>1단계: 부모 교육과 정체된 대변 제거</u> – 먼저 부모님이 변비와 변비의 치료에 대해 이해해야 합니다. 특히 변비를 치료하기 위해 장기간 완하제를 사용할 수 있다는 점을 이해해야 합니다. 변비약을 너무 오래 사용하면 결국 약물에 의존하게 되지 않을까 걱정하는 부모들이 많습니다. 실제로 이런 우려 때문에 임의로 치료를 중단해 변비가 자주 재발하는 경우를 자주 보았습니다. 그런데 병원에서 주로 처방하는 미네랄 오일, 락툴루스, PEG(상품명: 폴락스) 등은 자극이 없는 하제입니다. 이런 약물들은 약물 의존성을 일으키지 않습니다. 하지만 일반 의약품 혹은 건강식품에 들어 있는 자극성 하제는 장기간 사용하면 심각한 부작용을 일으킬 수 있습니다.

또한 아이가 변을 참을 때 부모의 대응 방법이 중요합니다. 때로는 변을 참느라 거의 분노 발작에 가까운 반응을 보이는 아이들이 있습니다. 아이가 매우 신경질적인 반응을 보이더라도 부모님은 인내심을 갖고 아이를 대해야 합니다. 힘들더라도 잘 참고 변을 볼 수 있게 도와주고, 변을 보면 얼마나 시원해지는지에 대해 반복해서 이야기해 주세요.

다음은 정체된 대변을 제거하는 단계입니다. 처음부터 하제를 복용할 수도 있고, 심한 경우 처음 며칠은 관장을 해서 직장 안에 정체된 단단한 변들을 제거할 수도 있습니다. 관장을 자주해야 하는 경우에는 반드시 의사와 의논해야 합니다. 그 다음은 하제를 꾸준히 먹는 요법입니다. 정기적으로 의사와 상담해서 하제의 적정한 용량을 결정해야 합니다. 이 과정에서 부모님이 임의로 양을 늘리거나 줄이고, 혹은 아예 중단해 버리는 일이 없어야 합니다.

2단계: 유지 – 유지의 단계는 정체된 대변을 제거한 뒤 하제를 꾸준히 복용하고, 식이 요법과 행동 수정을 하는 단계입니다. 특히 배변 훈련 중이던 유아기 아이들은 규칙적으로 변을 볼 때까지는 배변 훈련을 잠시 미루는 것이 좋습니다. 심리적인 부담감이나 배변 훈련에 실패한 아픈 기억은 그 자체로도 변비를 악화시키는 요인이 됩니다. 아이가 이웃집 아이에 비해 다소 변을 늦게 가리더라도 느긋하게 기다려주는 것이 정말 중요합니다.

3단계: 치료의 중단과 관찰 – 어떤 아이들은 6~12주 만에 완전히 치료를 마치기도 합니다. 하지만 어떤 아이들은 1년이 지나도 여전히 유지 치료를 해야 하는 경우도 있습니다. 이렇게 오랜 기간 변비를 치료하는 경우, 하제의 사용을 점진적으로 줄여 가야 합니다. 물론 섬유질을 더 많이 섭취하고 심리적인 부담감을 해소하도록 돕는 과정이 꼭 필요합니다.

꼭 알고 넘어가기

- 다시 한 번 강조하고 싶은 것은 대부분의 아이들은 기능성 변비를 앓지만, 반드시 병원에서 특별한 치료가 필요한 중요한 질병의 증상으로 변비가 나타날 수도 있습니다.
- 배변 훈련과 더불어 변비가 오래 지속되면 아이들이 심리적인 부담감이나 열등감을 느끼게 되어 사회성 발달에 나쁜 영향을 미칠 수도 있습니다.
- 치료 기간은 의사와 상담한 후에 결정해야 합니다.

설사가 나요

신생아가 설사를 하면 위험한가요?
아이가 설사를 하는데, 혹시 장염에 걸린 걸까요?
설사를 하면 항생제를 먹어야 하나요?
묽은 변을 자주 보면 만성 설사인가요?

설사는 구토와 함께 어린아이들에게 흔한 증상 중 하나입니다. 설사는 수분 함량이 많은 변을 자주 보는 것을 말합니다. 실제로 정상 변의 크기나 양은 개인마다 차이가 있습니다. 특히 영·유아의 경우, 변을 얼마나 자주 누고, 변의 질감이 어떠한지는 아이들의 식이 습관에 따라 다릅니다. 물론 아이들이 어른보다 변을 더 많이 누지는 않습니다.

태어나서 처음 약 1주일 간은 하루 8~10회 정도 무른 변을 봅니다. 대부분 수유하면서 변을 지린다고 하는 경우인데, 이것은 위장관 반사gastrocolic reflex에 의한 생리적 현상입니다. 모유보다는 분유나 두유를 먹는 아이들이 변도 더 단단하고 변을 보는 횟수도 적은 편입니다. 일반적으로는 모유를 먹던 아기가 분유로 바꾸거나, 이유식을 시작하면 변이 더 단단해집니다.

설사는 다량의 수분과 전해질이 대변을 통해 소실되는 현상을 말합니다. 정상적으로 사람의 위장관은 상당량의 수분을 처리하는 공장입니다. 특히 소장은 수분의 대부분을 흡수하고 대장에서는 대변을 농축합니다. 만일 소장에 문제가 생기면 수분이 흡수되지 않아 물설사를 많이 하게 되고, 대장에 문제가 생기면 다소 묽지만 덩어리가 있는 변을 조금씩 자주 보게 되지요. 아이들이 좋아하는 음료나 과일은 장에서 흡수되지 않는 소르비톨sorbitol이나 당류를 많이 함유하고 있어 설사를 일으키는 원인이 되기도 합니다.

아이가 모유를 먹는데, 변이 묽고 혈변을 보기도 합니다. 주변에서 모유를 끊고 분유를 먹이라고 하는데 어떻게 해야 할까요?

아이가 묽은 변을 하루에도 서너 번씩 보는데도 잘 먹고, 잘 놀아요. 아이는 아파 보이지 않는데 병원에 가야 하나요?

얼마 전부터 설사를 하기 시작했어요. 토하지도 않고, 배가 아프다고 하지도 않아요. 혹시 장염인가요?

> 설사를 하면서 보채요. 열은 없는데 기분이 좋지 않아 보입니다. 왜 그럴까요?

설사를 하는 기전은 크게 4가지로 나눕니다. 각각의 기전에 따라 설사의 원인과 치료가 달라질 수 있습니다.

01_ 삼투성 설사

보통 장에서 잘 흡수되지 않는 물질들이 대변과 함께 나오면서 다량의 수분과 전해질을 배설하는 경우입니다. 예를 들면, 유당분해효소인 락타아제 lactase가 일시적 혹은 영구적으로 결핍된 상태에서 유당이 포함된 분유나 식품을 섭취했을 때 나타나는 설사입니다. 흔히 장염을 앓고 난 아이들이 일시적으로 유당분해효소가 결핍되거나 장 점막이 회복되지 않아 설사가 계속됩니다.

간혹 알레르기가 심한 아이들이 가수분해 분유를 먹으면 변이 묽어지고 자주 누는 경우가 있습니다. 가수분해 분유는 단백질을 더 소화되기 쉬운 아미노산으로 분해해서 일반 분유에 비해 삼투압이 높기 때문에 일어나는 현상이지요. 또 과일이나 주스와 같은 음료에 다량의 프럭토스 fructose라는 당류가 들어 있어 역시 삼투성 설사를 일으키곤 합니다.

아이들은 좋아하는 음식을 보면 갑자기 폭식을 하는 경향이 있어 종종 설사의 원인이 되기도 하지요. 이런 경우 원인이 되는 식품을 못 먹게 하거나 설사가 심한 경우 잠깐 동안 금식을 시키면 설사가 이내 좋아집니다.

02_ 분비성 설사

분비성 설사는 대개 정상적으로 장에서 흡수되어야 할 전해질들이 어떤 분비성 자극물에 의해 대변으로 나오는 현상을 말합니다. 흔히 아이들이 잘 걸리는 바이러스성 장염에 의한 설사를 말합니다. 대표적인 예가 콜레라인데, 콜레라 독소가 분비성 자극원이 됩니다. 영·유아들에게 흔한 로타바이러스 장염의 원인도 같습니다. 보통은 바이러스성 장 독소가 분비성 설사를 일으킵니다.

일반적으로 물설사를 심하게 해서 갑작스럽게 탈수가 되어 빨리 조치하지 않으면 심한 경우 탈수로 사망할 수도 있습니다. 분비성 설사를 하는 아이들에게 단기간의 금식은 치료가 되지 못합니다. 오히려 빠져나가는 전해질을 빨리 보충해 주는 것이 좋은데, 경구용 전해질을 먹이거나 정상적인 식사가 가능한 아이라면 평상시대로 먹는 것이 도움이 됩니다. 심한 경우에는 반드시 소아과 의사의 도움을 받아야 합니다.

03_ 삼출성 설사

장 점막에 문제가 생겨 수분과 전해질이 대변을 통해 빠져나가는 현상입니다. 이 경우에는 대변에 점액이나 단백질 혹은 혈액이 섞여 나오기도 하는데, 보통 감염성 장염이나 알레르기 혹은 대장염이 있을 경우에 나타납니다. 반드시 대변의 상태를 의사가 확인해서 올바른 진단과 치료를 받아야 합니다.

04_ 운동 이상에 의한 설사

장을 통과하는 시간이 빠르거나 느려져서 설사를 합니다. 흔히 삼투성 설사나 분비성 설사가 함께 나타납니다. 갑자기 너무 많이 먹어서 장운동이 빨라져 대변을 자주 누게 되는 경우도 해당됩니다. 장운동이 빨라지면 장을 통과하는 시간이 짧아 충분히 장을 통해 흡수되어야 할 물질들이 흡수되지 못하게 되지요.

반대로 장운동이 느려지면 장에 정체되는 시간이 길어져서 상대적으로 세균이 번식할 기회가 많아지고 이차적으로 장 점막이 손상됩니다. 운동 이상에 의한 설사는 대변 양이 적고 수유나 식사에 대한 반응도 다양합니다. 장운동 이상이 생기면 위장관 반사가 활발해져서 먹기만 하면 설사를 하거나 복통을 호소하기도 합니다.

　무엇보다 설사를 치료할 때 중요한 점은 설사의 특성을 잘 파악하는 것입니다. 또 설사를 하더라도 식사를 잘하고, 장난감을 주면 잘 놀고, 아파 보이지 않는다면 크게 염려하지 않아도 됩니다.

　또 한 가지 간과해서는 안 되는 다른 원인으로는 장외 원인에 의한 설사입니다. 중이염이나 폐렴, 요로감염과 같은 장관 질환이 아닌 경우에 나타나는 설사를 말하는데, 정확한 기전이 아직 밝혀지지 않았습니다. 실제로 설사를 하면서 보채는 아이가 중이염인 경우도 종종 있습니다. 항생제에 의한 설사도 자주 볼 수 있습니다.

🩸 급성 설사

급성 설사는 정말 흔합니다. 대부분 바이러스나 세균, 기생충과 같은 감염성 설사입니다. 보통은 시간이 지나면 자연히 좋아지지만 원인에 따라서는 수액이나 전해질을 보충해 주어야 하고, 세균성 장염은 항생제를 복용해야 하는 경우도 있습니다.

01_ 장염은 어떻게 걸리나요?

주로 식품이나 음료, 식수, 사람 간 전파, 가정에서 애완동물이나 아이들이 좋아하는 장난감 등에 의해서도 전염이 됩니다. 특히 어린이집은 다양한 감염이 전파되기 쉬운 장소입니다. 또 대변을 통해서 수주 동안 병원체가 배출이 되기 때문에 대변을 치우는 사람의 손을 통해서나 대변을 잘 밀봉해서 버리지 않았을 경우 공기 중으로 전파될 가능성도 있습니다. 흔히 감기처럼 전염된다고 생각하면 이해하기 쉽습니다.

02_ 진단은 어떻게 할까요?

올바른 진단과 치료를 위해서는 먼저 설사의 원인과 설사하는 아이의 탈수 정도를 파악해야 합니다.

대부분의 감염성 장염은 발열과 구토를 동반합니다. 복통을 호소하기도 합니다. 아이가 생기가 있는지, 소변은 정상적으로 보고 있는지, 음식을 잘 먹는지를 확인해야 합니다. 또 평소 체중을 알고 있으면 탈수의 정도를 파악하는 데 도움이 됩니다.

설사를 시작한 시기, 설사하는 기간, 설사를 일으킬 만한 식품을 먹었는지도 점검해 보세요. 아이가 보채고 귀가 아프다고 하는지, 최근 항생제를 복용했는지도 확인해야 합니다.

소아과에서는 필요에 따라 대변 검사를 할 수 있고, 감별을 위해 혈액 검사나 소변 검사, 혹은 엑스레이 촬영을 할 수도 있습니다.

03_ 대변에 피가 섞여 있어요

설사와 함께 혈변을 보기도 합니다. 신생아나 영아들은 묽은 변을 보면서 항문 점막이 자극을 받아 항문 열상이나 심한 발진이 생기기도 합니다. 변비가 심한 아이들이 항문 열상이 생겨 혈변을 보는 경우도 비슷한데, 이런 경우 혈변은 소량이면서 마치 실핏줄이 몇 가닥씩 묻어 있는 것처럼 보입니다.

알레르기에 의한 혈변은 선홍색의 혈액이 많은 양의 대변과 함께 나옵니다. 심한 혈변을 보는데도 아이들은 생기 있어 보입니다. 세균성 장염에 걸렸을 때도 혈변이 나올 수 있습니다. 혈변을 보는 경우에는 반드시 기저귀를 직접 소아과 의사에게 가져가서 보여주거나 대변을 받아 오는 것이 좋습니다.

04_ 대변에 코 같은 것이 묻어 나와요

코 같은 것이 대변에 묻어 나오면 걱정이 많아집니다. 염증성 장염에 걸리면 코처럼 끈끈한 점액질 같은 것이 나오기 때문이지요. 심한 점액성 설사가 아니라면 크게 걱정할 필요는 없습니다. 아이들의 장운동은 정상적으로도 어느 정도 변동이 있기 때문에 간혹 점액성 변을 보기도 합니다.

05_ 녹변이 나와요

대변의 이상을 진단할 때 변의 색은 상대적으로 크게 중요하지 않습니다. 다만 예외적으로 무담즙변은 거의 흰 겨자 같은 색깔이고 의학적으로도 심각하고 응급한 질환입니다.

06_ 급성 설사 치료법

급성 설사를 치료하는 데 가장 중요한 점은 적절한 수분과 전해질 상태를 유지하는 것입니다. 일반적으로 탈수 증상이 없는 아이들은 정상적으로 모유나 분유를 먹고, 평소대로 식사를 하도록 해야 합니다. 다만, 심하게 설사를 할 때는 경구용 전해질을 함께 먹이도록 합니다.

하지만 일반 스포츠 음료를 먹이는 것은 곤란합니다. 탈수 증세가 없는 아이들은 크게 문제가 되지 않지만, 어느 정도 탈수를 보이는 아이들에게는 전해질 함량은 낮고 당분과 삼투압이 높은 스포츠 음료는 오히려 해가 될 수 있습니다. 소아과에서 처방하는 표준화된 경구용 전해질을 먹이도록 하세요. 심한 탈수를 보이는 경우에는 주사를 통해 수분과 전해질을 교정해야 할 수도 있습니다.

예전에는 설사를 치료하기 위해 아예 아무것도 먹이지 않는 것이 당연하다고 생각했습니다. 하지만 앞에서도 언급했듯이, 과식하거나 음료와 과일을 지나치게 먹어서 설사하는 경우를 제외하고는 크게 제한하지 않고 평소 먹던 음식을 그대로 먹이는 것이 장의 회복을 돕고 설사의 기간을 단축할 수 있다는 결과가 나와 있습니다. 또 설사한다고 모유를 중단할 필요도 없습니다. 오히려 모유는 설사를 할 때에도 계속 먹이는 것이 좋습니다.

보리차 – 수분을 공급한다는 의미에서라면 보리차나 물을 많이 먹이는 것이 도움이 되겠지요. 하지만 다른 음식을 다 중단하고 보리차만 먹이는 것은 위험합니다. 쌀이나 감자, 빵, 고기, 요구르트, 야채, 바나나와 같은 과일은 먹일 수 있습니다. 하지만 기름진 음식이나 주스, 탄산음료, 지나친 과일 섭취는 주의해야 합니다.

'쌀미음'은 경구용 전해질을 대체할 수 있는 음식입니다. 삼투압이 낮고 단백질이 포함되어 있어 적절한 칼로리를 공급해 줍니다. 또한 장 점막을 회복시켜 주는 장점이 있어 설사의 양을 줄여 주는 효과가 있다고 알려져 있습니다.

다만 설사가 몹시 심한 경우는 장을 쉬게 하기 위해 4시간 정도 아무것도 먹이지 않는 것이 좋습니다. 그러다가 경구용 수액을 서서히 먹이기 시작해 장의 기능이 어느 정도 회복되는 기미를 보이면 정상적인 식사를 하도록 합니다.

지사제 – 아이가 설사를 심하게 하면 우선 불안하고 보기에도 안쓰럽습니다. 엄마들은 설사가 당장 멈출 수 있는 약을 처방해 주길 원합니다. 물론 아주 심한 설사를 하는 경우에는 일시적으로 장운동을 억제시키는 지사제를 처방하기도 하지만, 대부분의 설사를 치료하는 데 지사제는 바람직하지 않습니다.

특히 나이가 어린 영·유아의 경우에는 지사제의 사용을 자제해야 합니다. 지사제는 장운동을 저하시켜 장 내용물이 빠져나가는 것을 억제하는데, 감염성 설사인 경우 오히려 장 안에 병원균이 머무는 시간을 늘려 주어 장 점막이 더 손상될 수 있습니다. 다만, 흔히 정장제라고 불리는 프로바이오틱스probiotics는 감염성 설사를 예방하고 설사 치료에 도움이 되는 것으로 알려져 있어 소아과에서 자주 처방합니다. 하지만 이런 정장제는 지사제가 아니다.

항생제 - 항생제로 치료해야 하는 설사는 많지 않습니다. 세균성 이질이나 6개월 미만의 아이들이 살모넬라균에 의한 장염에 걸린 경우, 그 외 몇 가지 세균성 감염일 경우에만 항생제 치료가 유용합니다.

설사 분유 - 간혹 일시적으로 유당분해효소가 결핍되어 계속 설사를 하는 아이들에게 유당 제거 분유나 유당 함량을 낮춘 분유를 먹이기도 합니다. 일단 설사가 시작되면 설사 분유를 먹이는 엄마들이 있습니다. 설사 분유는 보통 삼투압과 유당 함량을 낮추어 설사의 기간을 단축시켜 주는데, 일반 분유에 비해 칼로리가 낮고 맛이 없습니다. 설사가 1~2주 이상 계속되는 경우가 아니라면 곧바로 설사 분유로 바꿀 필요는 없습니다.

● 만성 설사

보통 하루에 체중 당 10g 정도의 설사가 2주 이상 계속될 때 만성 설사라고 합니다. 만성 설사는 소화 과정과 영양소의 운반에 관계된 장의 기능에 복합적인 문제가 생겼을 때 나타납니다. 단백질이나 지방, 유당을 소화하는데 선천적인 장애가 있거나 면역 기능에 문제가 있는 경우, 세균이나 바이러스, 기생충 등 병원균의 감염, 알레르기 질환들이 흔한 원인입니다.

오랜 기간 설사하는 아이는 영양이 부족해져 정상적인 성장 발육이 이루어지지 않기도 합니다. 아이들의 설사가 너무 오래 계속되는 경우에는 반드시 소아과 의사의 도움을 받아야 합니다.

모유를 먹는 아이들이 묽은 변을 자주 보는 경우도 만성 설사로 오해할 수 있습니다. 아이의 체중과 성장, 발육의 상태가 정상이라면 크게 걱정할 필요는 없습니다.

보통 1~3세 사이에 간헐적으로 묽은 변을 자주 보는 아이들이 있습니다.

유아기 설사(Toddler's diarrhea)라고 하며, 달콤한 음료를 지나치게 좋아하는 아이들이 낮 시간에만 설사하고 밤에는 설사를 하지 않을 때 유아기 설사를 의심할 수 있습니다. 보통은 음료를 제한하고 고지방 식이를 하면 설사가 그칩니다.

15 비뇨생식기 질환이 궁금해요

요로감염에 걸리면 꼭 병원에 입원해야 하나요?
아이가 자꾸 고추가 아프다고 해요.
포경수술은 꼭 해야 하나요?
신생아인데 질에서 분비물이 나와요.

요로감염

소변을 너무 자주 보거나 소변을 볼 때 아프다고 하면 흔히 요로감염을 의심하게 됩니다. 물론 요로감염의 증상은 이 외에도 농뇨, 발열, 복통(주로 아랫배)이나 옆구리 통증, 구토 등 요로감염의 부위와 아이의 연령에 따라 다르게 나타납니다.

특히 영·유아가 아무 이유 없이 열이 날 때, 소아과 의사라면 소변 검사를 해보자는 제안을 한 번쯤 해보게 됩니다. 실제로 이런 종류의 발열의 약 4~5%가 요로감염 때문인 것으로 알려져 있기는 하지만, 어린아이들의 요로감염은 좀 더 큰 아이들이나 성인의 경우와는 달리 물리적, 신체적 자극보다는 요로계 기형이 원인일 수 있습니다. 일단 영·유아가 요로감염으로 진단되면 신장 초음파, 방광요관조영술, 배설성 동위원소 검사 등 정밀한 검사를 받도록 권장하고 있습니다.

01_ 요로감염의 증상

신생아나 영·유아는 요로감염뿐만 아니라 중이염이나 급성 장염, 심지어는 폐렴이라도 열이 나거나 보채고, 구토, 설사를 하는 등 뚜렷한 특징이 없는 증상이 나타납니다. 더구나 나이가 어릴수록 면역성이 약해 패혈증과 같은 전신성 감염으로 쉽게 진행할 수 있어서 증상이 모호할수록 정확한 진단과 치료가 중요합니다.

02_ 요로감염은 한 번 걸리면 재발이 잘 된다면서요?

실제로 재발할 수 있는 위험 요인이 있는 경우, 보통 처음 감염된 지 1년 이내에 30~50%가 재발하는 것으로 알려져 있습니다.

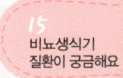

03_ 재발할 수 있는 위험 요인은 무엇인가요?

가장 흔한 경우가 방광요관역류(Vesicourethral reflux)입니다. 요로감염이 있는 아이의 3분의 1에서 발견될 정도로 흔합니다. 방광의 소변이 요관과 신장으로 역류하는 현상을 말합니다.

정상적으로는 방광벽으로 비스듬히 들어가는 요관은 배뇨근과 방광 점막의 작용으로 소변이 거꾸로 역류하지 않도록 되어 있습니다. 그런데 요관의 위치나 방광의 점막, 배뇨근에 문제가 생긴 경우, 혹은 요관이 기형이 면 정상적으로 소변의 역류를 막을 수 없어서 방광요관역류가 됩니다. 소변을 누고 나서도 방광에 잔뇨가 남아 세균이 자라기 좋은 환경이 만들어집니다.

04_ 아이들이 요로감염에 걸리면 꼭 입원 치료를 받아야 하나요?

흔히 열을 동반한 요로감염은 소변 배양 검사를 하고 바로 정맥주사로 항생제 치료를 시작합니다. 보통 열이 내리고 소변 배양 검사가 음성으로 나오면 경구용 항생제로 바꾸어 치료를 합니다. 그러나 열을 동반한 요로감염은 큰 아이들에게서는 드뭅니다. 보통 신생아나 영·유아들이 요로감염에 걸린 경우에 해당됩니다. 그렇지만, 열을 비롯해서 처음 증상이 그다지 심하지 않았다면 굳이 입원해서 주사제로 치료하지 않습니다. 처음부터 경구용 항생제로 치료를 시작하기도 합니다.

05_ 요로감염이 있었던 아이는 반드시 초음파나 다른 정밀 검사를 받아야 하나요? 다음에 혹시 재발할 경우 검사하면 안 될까요?

앞서 언급한 바와 같이 요로감염의 약 3분의 1이 요로계 기형이 동반된 것으로 알려져 있습니다. 이들은 재발할 가능성이 높을 뿐만 아니라, 제때 치료하지 않으면 결국 신부전이라는 심각한 상태까지 될 수도 있습니다. 저도 간혹 엄마들의 말에 마음이 흔들리는 경우가 있습니다. "선생님, 이번이 처음인데 아이도 좋아졌고, 또 검사받는 동안 아이가 고통스러울 것 같아요.

이번에는 좀 지켜보고 다음에 다시 요로감염에 걸리면 정밀 검사를 받으면 안 될까요?" 엄마들의 마음을 충분히 알기에 간혹 동의하기도 합니다. 하지만 마음 한구석은 아주 불안합니다. 제발 아이가 요로 기형이 아니기를 간절히 바랄 뿐입니다.

🍑 기타 질환

아이들이 고추가 아프다고 할 때, 대부분 습진이나 요충에 의한 소양감(가려움증)이 원인입니다. 물론 요도염이나 방광염, 귀두포피염, 요도협착과 같은 요로계 이상이나 질병이 원인이 될 수도 있습니다.

남자아이든 여자아이든 소변 볼 때 아프다고 하면 열이 나는지, 소변의 색이나 냄새가 어떤지, 소변을 자주 보는지, 혈뇨나 요실금, 긴급뇨 등 여러 증상을 함께 보는 것이 매우 중요합니다. 생식기에 염증이 생겼거나, 속옷에 농이 묻어 있는 경우, 아토피 피부염이나 다른 습진이 보이거나 기저귀 발진이 심한 아이들은 보는 것만으로도 어느 정도 진단할 수 있습니다.

여자아이들도 외음부 질염이나 습진, 요충 감염, 방광염 등에 걸리면 외음부의 통증이나 불편함을 호소합니다. 여자아이들은 2~3세만 되어도 벌써 수치심을 느낄 수 있기 때문에 엄마에게만 아프다고 말하고, 병원에서도 엄마가 곁에 있어야 진료를 제대로 받을 수 있기도 합니다.

일단 원인이 밝혀지면 그에 맞는 치료를 받게 됩니다. 최근에는 간과할 수 없는 중요한 문제가 새롭게 등장했습니다. 통증을 호소하는 아이들 중 몇몇은 실제로 외상이나 자위, 성적 학대가 원인인 경우도 있지만 정직하게 자위나 학대의 여부를 말해 주는 아이들은 거의 없습니다.

🎯 소변 볼때 통증을 느끼는 질환들

- 감염성 질환: 방광염, 신우신염, 외음부 질염, 귀두포피염 등
- 비감염성 질환: 음순유착, 요도협착, 요관협착, 신결석, 물리적 자극이나 학대에 의한 외상 등
- 전신 질환: 수두, 베체증후군, 스티븐-존슨 증후군 등

🍑 고추가 아파요(귀두포피염)

귀두를 싸고 있는 포피의 입구가 좁으면 귀두 표면과 포피 사이에 소변 찌꺼기가 쌓이기도 합니다. 대개 습하고 병원균이 번식하기 좋은 조건이 만들어져 귀두 표면에 염증이 생기는 것을 귀두염이라고 합니다.

포피에만 생기는 염증은 포피염, 귀두와 포피 모두에 염증이 생기는 것을 귀두포피염이라고 합니다. 포경수술을 받지 않은 아이들은 귀두가 포피로 싸여 있어 이런 염증이 생기기 쉽습니다. 특히 기저귀를 자주 갈지 않아 주거나 더러운 손으로 음경을 만지면 쉽게 염증이 생기지요.

소변 볼 때 통증을 호소하거나 울음을 터뜨립니다. 보통은 귀두와 포피가 빨갛게 부어 오르고 요도의 입구가 붓는데, 염증이 심하면 농성 분비물이 나오기도 합니다.

귀두포피염이 생겼을 때는 먼저 염증 부위를 청결하게 해주어야 합니다. 따뜻한 물과 비누로 하루 2~3회 정도 부드럽게 씻어 줍니다. 그리고 가능한 습기가 차지 않도록 기저귀를 자주 갈아 주고, 몸에 꼭 끼는 옷을 입히지 않도록 해야 합니다.

심하지 않은 염증은 항생제 연고나 경구용 항생제를 복용하면 되지만, 심한 경우에는 항진균제 치료가 필요합니다. 심한 귀두포피염은 진균 감염이

비교적 흔합니다.

　염증이 너무 심해 배뇨가 어려운 경우에는 일부 염증 부위를 절개해 공기를 통하게 해주고 고름을 제거해 소변을 잘 볼 수 있도록 해주어야 합니다.

　또한 귀두 염증이 너무 자주 생기는 경우에는 귀두를 청결하게 하고 통풍이 잘 되는 옷을 입혀 주세요. 이렇게 해도 귀두의 염증이 자주 재발하면 포경수술(환상절제술)을 하는 것이 좋습니다.

● 아기 고환이 내려오지 않았어요

태어날 때까지 고환이 음낭으로 내려가지 못하고 중간에 머물러 있는 것을 정류고환이라고 합니다. 대개는 생후 3개월까지는 테스토스테론이라는 호르몬이 많이 분비되면서 고환이 제자리로 내려오는데, 보통 한쪽 고환은 정상 위치에 있습니다. 약 10% 정도에서만이 양쪽 고환이 모두 내려오지 않습니다. 아들을 얻은 기쁨이 가시기도 전에 어느 날 갑자기 아이의 고환이 만져지지 않으면 아이가 정상적으로 성기능을 하지 못할까 봐 걱정하는 부모님들이 많습니다.

　보통은 돌이 되기까지는 기다려 볼 것을 권하지만, 먼저 초음파 검사를 해서 고환의 위치를 확인해 두어야 합니다. 고환이 복강에 깊이 있을수록 제자리로 돌아오지 않을 가능성이 크고, 나중에 그로 인한 조직의 손상도 큽니다.

　만약 돌이 되어도 내려오지 않으면 수술을 해야 합니다. 고환이 모두 내려오지 않았을 때는 호르몬 요법을 시도하기도 합니다. 하지만 이런 치료도 고환이 있어야만 할 수 있습니다. 고환 자체가 없으면 다른 근본 질환이 있는지 살펴봐야 합니다.

　간혹 보통 때는 고환이 제 위치에 있다가도 자극을 받으면 위로 숨어 버리는 이동 고환인 경우도 있습니다. 이동 고환은 대개 5세 무렵에 흔히 관찰되지만 사춘기가 되면 자연스럽게 사라집니다.

음낭수종

고환은 음낭이라는 주머니에 들어 있습니다. 정상적으로 음낭은 동그란 고환 외에는 빈 주머니처럼 보입니다. 그런데 간혹 음낭이 탱탱한 아이들이 있습니다. 고환과 음낭의 내막 사이에 무언가 다른 물질이 차 있는 경우인데, 보통은 조명을 비추어 보아 광선이 잘 투과되면 그 사이에 장액성 물질이 차 있는 음낭수종을 의심하게 됩니다. 물론 이 방법이 아주 정확한 방법은 아니지만, 음낭수종은 장액이라는 액체가 찬 경우라서 빛을 잘 통과시키는 성질이 있지요.

음낭수종도 보통 돌이 되면 저절로 장액이 흡수되어 정상적인 형태로 돌아옵니다. 간혹 수종의 크기가 너무 크고 장액의 압력이 세게 느껴질 때는 돌 전이라도 수술을 해주기도 합니다. 돌이 될 때까지 장액이 흡수되지 않으면 역시 수술이 필요합니다.

서혜부 탈장과 음낭수종 – 대부분 서혜부 탈장은 탈장된 장을 손으로 밀어 복강 안으로 올려 줄 수 있습니다. 물론 감돈 탈장의 경우는 탈장된 장을 밀어 올릴 수 없어 서둘러 수술로 고정해야 합니다. 서혜부 탈장과 음낭수종이 함께 있는 경우도 있습니다. 두 질환이 잘 구별되지 않을 때는 초음파 검사를 통해 확인하기도 합니다.

서혜부 탈장은 미숙아에게 흔하지만, 정상 만삭아에서도 1~4% 정도로 흔합니다. 물론 남자아이가 여자아이보다 9배 더 잘 생깁니다. 일반적으로는 아이가 울거나 배에 힘을 줄 때 복강에 있던 장기가 음낭 쪽으로 밀려 내려옵니다. 손으로 밀어 올려 되돌아가는 경우에는 아이가 좀 더 자라서 수술하기 쉬워질 때까지 기다리기도 합니다. 하지만 요즘에는 감돈 탈장이 생길 수 있어 발견되면 가능한 수술을 합니다. 미숙아들은 보통 체중이 2kg이 될 때까지 기다려 수술합니다.

 포경수술

포경수술은 언제 하나요? 또 포경수술을 안 하면 요로감염에 자주 걸리나요?

한동안은 신생아가 태어나자마자 포경수술을 바로 하는 것을 당연하게 생각했습니다. 막 태어났을 때 마취를 하지 않아도 아기가 고통을 잘 느끼지 못하고, 포경수술을 해주면 요로감염에 잘 걸리지 않는다는 믿음 때문이었습니다. 종교적 혹은 문화적 신념 때문에 포경수술을 거의 의무적으로 해주는 나라도 있습니다.

하지만 최근에는 여러 문헌을 통해서 어린 나이에 포경수술을 하는 것이 의학적으로 큰 의미가 없다는 것이 알려지고 있습니다. 이전에는 신생아 시기에 포경수술을 하면 돌 전에 요로감염의 위험을 낮출 수 있고, 나중에 음경 암이나 성접촉에 의해 전염되는 HIV와 같은 감염증을 예방할 수 있을 것이라고 생각했습니다. 또 음경 주위의 위생 상태를 좋게 해줄 수 있다고 생각했습니다.

하지만 오히려 음경의 감각이 둔해지고 성적 만족감이 낮아진다는 의견도 있습니다. 다만, 귀두의 포피에 염증이 자주 생기는 아이들이나 포피가 짧아서 음경이 잘 자라지 못할 것 같을 경우에는 포경수술이 도움이 되기도 합니다.

01_ 포경수술과 요로감염

포경이란 포피의 입구가 좁아 포피가 귀두 뒤로 젖혀지지 않는 상태를 말합니다. 아기 때는 귀두부와 포피의 내면이 유착되어 있다가 자라면서 자연적으로 포피가 뒤로 젖혀집니다. 하지만 포피구가 너무 작으면 배뇨 장애가 생기거나 감염이 잘 생깁니다.

한 살이 안 된 남자아이들은 요로감염에 잘 걸립니다. 그러나 한 살이 지나면 대부분 요로감염에 걸리는 빈도가 현저하게 낮아집니다. 일찍 포경수술을 하면 한 살 전에 요로감염에 걸릴 빈도가 줄어든다는 이점이 있지만, 반드시 포경수술을 할 필요는 없습니다.

02_ 포경수술을 받지 않은 경우 특별한 관리가 필요한가요?

일부러 따로 관리가 필요한 것은 아닙니다. 목욕할 때 온몸을 닦아 주듯이 아이의 성기도 닦아 주면 됩니다. 특별히 더 깨끗하게 관리하려고 귀두 포피의 주름 사이사이를 면봉이나 소독약으로 닦을 필요는 없어요. 귀두와 포피 주름 사이를 따뜻한 물과 비누로 가볍게 닦아 주고, 일부러 포피를 억지로 젖혀 올리지 말아야 합니다.

03_ 병원에 가야 하는 경우는요?

소변 줄기가 평소와 같이 힘차지 않을 때, 소변 보는 것을 불편해하거나 아프다고 할 때에는 소아과 의사에게 진찰을 받아야 합니다. 또한 간혹 귀두가 빨갛게 되고 많이 가려워하면 염증이나 진균 감염을 의심할 수 있는데, 이럴 때는 소아과 의사의 진찰을 받아야 합니다.

❤ 습진

고추가 가렵다고 하는 아이들이 꽤 많이 있습니다. 대부분 접촉성 피부염이나 아토피성 습진이 원인인 경우가 많습니다. 습진 때문에 심한 가려움증이 생기면 아이들은 자연스럽게 손으로 음경을 만집니다. 이럴 때는 연고나 로션을 발라 당장 가려움증을 가라앉혀 주는 것도 중요합니다. 물론 소아과 의사의 진찰을 꼭 받아 보아야 합니다. 습진을 예방하기 위해서는 개인 위생을 철저히 하고, 좀 여유 있는 옷을 입어 공기가 잘 통하게 하는 것이 좋습니다.

외음부 질염

> 연아는 어린이집에 다닙니다. 그런데 얼마 전부터 속옷에 노란 고름 같은 분비물이 묻어 나고, 성기 부분이 가렵다고 합니다. 분비물에서는 달걀 썩는 냄새가 나는 것 같습니다.

생각보다 외음부 질염이 어린 여자아이들에게 흔합니다. 비교적 음순에 지방이 적고, 음모가 없어 자극에 대해 아이들이 좀 민감한 편입니다. 또 에스트로겐이라는 호르몬이 적은 시기여서 질의 상피가 얇고 위축되어 있어서 병원균의 침입에도 쉽게 저항하지 못합니다.

가렵거나 빨갛게 발적이 되고 간혹 소변을 볼 때 아프다고 하기도 합니다. 기저귀를 너무 꼭 맞게 채우고 자주 갈아 주지 않거나, 자극성 비누로 씻어 주는 경우, 옷을 너무 꼭 끼게 입는 아이들에게 잘 생깁니다. 간혹 이 시기에 나타날 수 있는 자위 행위나 아토피 피부염과 같은 습진이 원인인 경우도 있습니다. 분비물에서 비린내 같은 냄새가 나기도 하지요.

외음부 질염이 생기면 따뜻한 물에 좌욕을 시켜 줍니다. 그리고 대소변을 보고 난 후 항문 주위를 깨끗이 닦아야 하는데, 이때 꼭 앞에서 뒤로 닦는 습관을 길러 주세요. 화농이 심하고 잘 낫지 않는 질염은 항생제를 처방하기도 합니다.

🍑 신생아의 질 분비물

간혹 신생아인 여자아이의 질에서 분비물이 나와 당황한 부모님들이 병원을 찾는 경우가 종종 있습니다. 또한 신생아의 외성기 주위에서도 크림색의 끈적한 분비물이 보일 때가 있습니다. 신생아의 분비물은 대부분 엄마의 태반을 통해 넘어온 호르몬에 반응을 보여 나타나는 현상입니다. 유선의 비대와 함께 모체 호르몬의 영향이죠. 이런 상태는 일시적이라서 치료하지 않고 관찰만 하면 됩니다. 할머님들은 젖을 짜주거나 분비물을 닦아 주어야 한다고 말씀하십니다. 하지만 유즙을 짜주거나 분비물을 억지로 닦아 주면 안 됩니다.

🍑 음순유착

드물지만, 여자아이인데 질이 없어서 병원에 오는 경우도 있습니다. 대개는 음순유착으로 외음부 부위의 자극이나 염증으로 음순이 붙어 있습니다. 소변을 보고 나서도 질에 고여 있던 소변이 흘러나와 요실금이 있는 것처럼 보이기도 합니다. 심각한 질병이나 이상이 있는 경우는 매우 드물기 때문에 소아과 의사의 진찰을 받고 연고(대개 에스트로겐 제제의 연고)를 처방받아 2~3주 정도 발라 주면 됩니다.

물론 외음부를 깨끗하게 관리해야 합니다. 자극에 민감한 부위이므로 함부로 비누나 소독약을 사용하면 안 되고, 너무 꽉 끼는 속옷을 입지 않도록 하는 것도 중요합니다. 심하지 않은 유착은 벌려 주면 쉽게 떨어지기도 합니다.

진료실 이야기

　　　　　　　　　어느 날 어린이집에 다니는 ㅇㅇ이가 속옷에 피가 묻어 있고, 통증이 심해서 병원을 찾아왔습니다. 아이를 진찰해 보니 외음부 주변에 찰과상이 있고, 주변 점막이 심하게 충혈되어 있었습니다. 그렇지만, ㅇㅇ이나 어린이집 선생님, 그 누구도 단서가 될 만한 특별한 증거나 사건을 언급하지 않았어요. 진찰대에 누워 있던 ㅇㅇ이는 검사를 위해 무릎을 벌리려고 하자 자지러지게 울었습니다.

　얼마 전까지만 해도 어린아이를 대상으로 한 성폭력은 외국 영화나 드라마에서만 볼 수 있다고 생각했습니다. 그런데 바로 최근에는 어린이를 대상으로 엄청난 범죄를 저지른 사람들이 뉴스에 단골처럼 등장하곤 하더군요. 한동안 딸아이가 있는 집에서는 어린이집은 물론 초등학교, 중학교, 고등학교 하굣길도 부모님이 동반해야 하는 해프닝이 벌어지기도 했습니다. 더 이상 외국의 이야기가 아닌 우리의 현실이 된 것 같습니다. 심지어는 어린아이들이 성인물을 보고 흉내를 내는 경우도 많아져 사회에 큰 충격을 주었습니다.

16 피부 질환이 궁금해요

갓난아기인데 온몸에 자잘한 붉은 반점이 생겼어요.
신생아도 여드름이 나나요?
아토피 피부염은 유전이 되나요?
아토피를 치료할 때 스테로이드가 꼭 필요한가요?

많은 의사들에게 피부 질환은 참 어려운 분야입니다. 다른 질병과는 달리 직접 눈으로 병변을 보고 있으면서도 진단을 내릴 때는 과연 올바른 판단을 했는지 의구심이 드는 경우가 많습니다. 비슷비슷한 모양인데 진단이 다르면 치료 또한 판이하게 달라지기 때문입니다.

아이의 몸에 좁쌀만한 반점이 보여도 엄마는 무척 당황합니다. 혹시 아토피 피부염은 아닌지, 음식 알레르기 때문은 아닌지 걱정이 됩니다. 또 치료에 대한 입장도 다양합니다. 어떤 부모님은 피부 약은 무조건 아기에게 해롭다고 생각해서 습진이 심한데도 고집스럽게 보습제만 발라 줍니다. 특히 스테로이드가 포함된 연고나 로션을 처방하면 꺼려하고, 실제로 좋아지더라도 점차 줄여 가면서 충분한 기간 동안 사용해야 하는데도 어느 정도 피부 상태가 좋아지면 임의로 외용제의 사용을 중단해 버립니다.

❤ 아이들의 피부는 어른들과 달라요

아이가 태어난 순간부터 일정 기간까지는 외부 생활에 적응하기 위해 몸의 여러 기관들과 마찬가지로 피부도 변화와 성장을 합니다.

첫째, 아이들은 피부가 얇아 외부의 자극에 쉽게 손상될 수 있습니다.

둘째, 나이가 어릴수록 피부의 수분 저장량이 상대적으로 많습니다. 신생아는 몸 전체의 수분량의 13% 정도가 피부에 저장되어 있는데, 이것은 어른의 두 배 가량 됩니다. 말하자면 어른의 피부에 비해 탈수가 되면 쉽게 건조해지고 탄력이 떨어집니다.

셋째, 보통 돌 전의 아이들은 피하지방이 상대적으로 많아 체온을 잘 유지하도록 돕고, 외부의 충격으로부터 보호해 주기도 합니다.

넷째, 아이들은 어른보다 상대적으로 체포 면적이 큽니다. 성인의 세 배 정도 되는데, 덕분에 체온의 변화가 급격히 생겨 갑자기 고열이 나거나 저

체온이 되기도 합니다. 뿐만 아니라 스테로이드제와 같은 외용제를 사용할 때도 피부의 투과성이 높아 적은 양을 발라도 온몸에 흡수될 수 있어서 대체로 낮은 강도의 스테로이드를 사용해야 합니다.

다섯째, 아이들은 땀샘의 숫자에 비해 몸이 작아 땀을 흘리기 쉽습니다. 더구나 성장과 발육을 위해 기초대사량이 크기 때문에 쉽게 땀이 나고 이 때문에 땀띠가 잘 생깁니다.

🩷 신생아의 피부 질환

신생아 시기에는 대부분 일시적이지만 어른들에게는 낯설기만 한 특징적인 피부 질환들이 있습니다. 이 경우 엄마는 많이 당황합니다.

01_ 신생아 중독 홍반

태어난 지 얼마 지나지 않아 아기의 얼굴, 팔다리, 몸통에 자잘한 붉은 반점이 생깁니다. 생후 24~48시간 만에 처음 나타나기 때문에 신생아실에 있을 때부터 관찰되는 경우가 많습니다. 생후 1주일 무렵이면 없어지지만, 생후 10일까지는 새로운 병변이 생기기도 합니다. 붉은 반점 위에 작은 농포가 생기기도 하지만 아기는 별로 불편해하지 않습니다. 보통 신생아의 30~70% 정도에서 나타납니다.

02_ 미립종-피지선 비대

신생아의 이마나 뺨, 코 등에 노란색의 점성 구진이 촘촘히 생깁니다. 피지선에 각질과 피지가 쌓여 피지선이 비대해지면서 나타나는 현상인데, 역시 1~2주가 지나면 저절로 없어집니다.

03_ 비립종(한진)

신생아의 얼굴, 특히 이마나 뺨, 콧잔등에 자잘한 물집 같은 것이 촘촘히 생길 때가 있습니다. 고온 다습한 환경에서 땀이 분비되는 통로(에크린 한관)를 각질이 막고 있어 땀이 분비되지 못하고 쌓이면 아주 작은 투명한 물집 같은 것이 생기는데, 수포가 터지면서 저절로 치유됩니다. 수정양 한진이라고도 합니다. 반면에 한관의 장애로 표피가 부어서 생기는 홍색 한진은 수정양 한진에 비해 자주 생기는데, 많이 가렵습니다. 홍반 위로 물집 같은 수포가 잡히고 주로 목과 겨드랑이, 사타구니 주변 등 땀이 많이 나는 곳에 생깁니다. 얼굴과 가슴에도 잘 생깁니다. 모양을 보면 신생아 여드름과 구별하기 어려울 때도 있습니다. 아기를 시원하게 해주면 금방 좋아집니다.

04_ 연어반

연어반은 모세혈관이 확장되어 생기는 화염상 모반의 일종입니다. 불꽃 같은 모양을 하고 있고, 연한 분홍색이어서 붙여진 이름인 것 같습니다. 보통 아기의 눈 위나 목 뒤에 나타나고, 신생아의 30~50%가 연어반을 가지고 태어난다고 합니다. 나이가 들면서 색이 흐려지고 점차 없어지는 것이 보통이지만, 목 뒤에 있는 연어반은 비교적 오래까지 남아 있거나 절반 정도는 없어지지 않고 남아 있는 경우도 있습니다. 남아 있는 연어반은 나중에 레이저로 간단하게 제거할 수 있지만, 실제로 치료까지 해야 하는 경우는 별로 없습니다.

🍑 신생아 여드름

01_ 신생아도 여드름이 나나요?

아기의 얼굴이나 가슴, 등 부위에 우리가 흔히 알고 있는 여드름 같은 모양의 발진이 생기기도 합니다. 실제로 신생아 여드름은 사춘기의 상징이라고도 하는 여드름과 거의 비슷하지만 심한 화농성 발진은 드뭅니다. 여자아이보다는 남자아이에게 더 잘 생기는 것으로 알려져 있고, 보통 생후 3주 무렵에 처음 발견됩니다.

02_ 신생아인데 왜 여드름이 나지요?

이 시기는 아직 모체의 영향이 남아 있는 시기여서 피지선에 태반을 통해 받아 둔 안드로겐이라는 호르몬이 작용합니다. 하지만 대부분 태반을 통해 엄마가 전해 준 각종 면역 항체나 호르몬들은 일정한 시기가 지나면 아기의 몸에서 모두 빠져나갑니다. 점차 아기 스스로 자신의 몸을 구성하고 지탱하고 외부로부터 보호할 수 있는 힘을 길러 나갑니다. 6개월이 되면 점점 엄마로부터 독립해서 자신을 스스로 조절하는 기능을 갖게 된다고 볼 수 있을 것 같습니다.

03_ 치료는 어떻게 하나요?

보통 생후 3주 무렵 처음 생긴 여드름은 3~4개월 정도 계속 남아 있습니다. 특별히 치료를 해야 하는 경우는 별로 없고, 그대로 두어도 적어도 6개월까지는 저절로 없어집니다. 간혹 항생제 연고를 사용할 때도 있지만 의사가 특별히 처방하는 경우가 아니라면 함부로 연고를 발라 주지는 마세요.

❤ 습진성 질환

진료실에서 흔히 '습진'이라고 진단하면 의사의 대답이 어딘가 부정확하다고 여기는 분들이 있습니다. 사실 피부 질환을 진단할 때 피부 표면에 나타난 특징을 보면서 가장 빨리 구별하게 되는 것이 보이는 병변이 습진성 질환인지 아닌지 판단하는 것입니다.

01_ 습진이란?

습진은 피부의 가장 바깥 부분인 상피epidermis와 바로 아래 층인 진피dermis의 염증 때문에 피부 표면에 균열이 생겨 여러 가지 다양한 이상 반응이 나타나는 상태를 말합니다. 균열이 생겨 갈라지거나, 표면이 벗겨지기도 하고 염증성 분비물(흔히 '진물'이 난다고 표현함), 가피(딱지)가 생깁니다. 흔히들 습진과 피부염을 혼동해서 쓰고 있지만, 엄밀하게 말하면 습진은 물집이 생기는 피부염을 의미합니다.

   급성인 경우와 만성인 경우는 습진의 경과와 원인이 각각 다르게 나타납니다. 급성은 수포나 구진, 진물, 가피가 생기는데 반해 만성화가 되면서 외피층이 두꺼워지거나 피부 주름이 더 깊어지고, 피부 표면이 다림질한 것처럼 반질반질하고 평편해지기도 합니다. 급성 습진은 주로 강한 자극에 의해 생기지만, 만성 습진은 비교적 낮은 강도의 자극을 오래도록 반복해서 받을 때 생겨납니다.

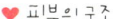 피부의 구조

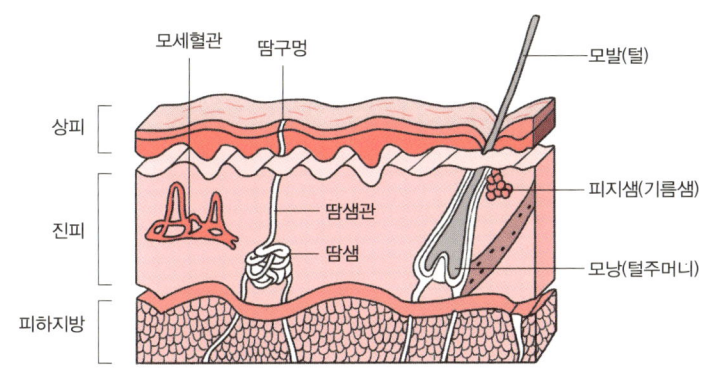

02_ 지루 피부염

지루 피부염은 피지가 과도하게 생긴 일종의 만성 습진입니다. 주로 아기의 두피, 얼굴, 가슴, 회음부에 생깁니다. 신생아기의 지루 피부염과 성인의 지루 피부염이 있습니다. 홍반이 보이고, 피지에 쌓인 인설(비늘 같은 모양)이 피지에 싸여서 오일에 덮인 것처럼 보이기도 해서 '유가'(노랗고 두꺼운 가피)라고도 합니다. 보통 생후 6개월까지는 정상적으로 피지가 활발하게 만들어지는 시기여서 이 시기의 피부염은 지루 피부염과 종종 혼동되기도 합니다. 특히 아토피성 피부염이나 접촉성 피부염, 지루 피부염은 이 시기의 아이들에게 흔한 편이고, 얼핏 보면 모양도 비슷해서 잘못 진단할 수도 있습니다.

두피에 생긴 지루 피부염이 심한 경우를 크래들 캡cradle cap이라고도 하는데, 마치 유가로 만들어진 모자를 쓴 모양이라고 해서 붙여진 이름입니다. 아토피에 의한 습진처럼 많이 가려워하지는 않습니다.

03_ 치료는 어떻게 하나요?

지루 피부염의 치료는 아토피 피부염과 거의 동일합니다. 가정에서는 무엇보다 피부를 청결하게 관리해 주는 것이 가장 중요합니다. 주로 얼굴이나 머리 등 피지 분비가 많은 곳에 생기기 때문에 물로만 씻어 주는 것으로는 충분하지 않습니다. 목욕이나 샴푸를 하기 전에 습진이 있는 부위에 올리브 오일이나 베이비 오일을 충분히 발라 주고 20분 정도 기다린 후 가볍게 마사지하듯이 만져 주면서 두꺼워진 가피를 제거해 줍니다.

보통 심하지 않은 습진은 비스테로이드성 연고를 발라 주어도 충분하지만, 다소 심한 습진에는 스테로이드 연고를 발라 줍니다. 두피에 습진이 심한 경우 머리카락을 밀어 주고 가피를 제거한 다음 병원에서 처방받은 스테로이드 연고를 발라 주는 것도 괜찮습니다. 간혹 많이 가려워하는 아이들을 위해서 의사들은 항히스타민제를 처방하기도 합니다.

04_ 지루 피부염은 치료하지 않으면 아토피가 되나요?

실제로 지루 피부염과 아토피는 다른 질환입니다. 앞에서 잠깐 언급한 것과 마찬가지로 각각의 병변이 생기는 시기나 치료가 유사하기 때문에 진단에 혼선이 생기기도 하지만, 두 질환은 분명히 다른 질환입니다. 다만 아토피성 질환을 앓는 아이들은 지루 피부염도 더 잘 생기고 더 심하게 진행하기도 합니다.

05_ 기저귀 피부염(기저귀 발진)

기저귀를 차는 부위에 생깁니다. 기저귀에 싸인 피부는 소변이나 묽은 변, 땀 등에 의해 항상 습기가 많고 공기가 잘 통하지 않습니다. 그러면 피부는 고온 다습한 환경에 노출된 것과 마찬가지여서 피부 각질이 손상되고 침연되어 피부 장벽이 약해집니다. 간혹 기저귀 위에 기저귀 커버를 입히기도 하는데, 이렇게 하면 피부가 숨을 쉬지 못해 기저귀 발진이 더 잘 생길 수 있습니다. 또 피부가 약해져 세균이나 진균 등 병원균에 쉽게 감염될 수 있어 감염성 발진이 생기기도 합니다.

기저귀 피부염을 예방하기 위해서는 기저귀를 자주 갈아 주어야 합니다. 대변을 닦아 줄 때도 손으로 문지르기보다는 가능하면 흐르는 물에 씻어 주는 것이 좋습니다. 씻고 난 후에는 보습제나 연고를 발라 주고, 바로 기저귀를 채우지 말고 피부를 말려 줍니다.

요즘은 시중에서 유아용 물티슈를 쉽게 구입해서 사용하곤 합니다. 제품들 중에는 거의 물에 가까운 물티슈도 나와 있지만, 가능하면 티슈를 사용하지 말고 흐르는 물에 씻어 주는 것이 더 좋습니다.

또한 기저귀를 선택할 때도 가능하면 통기성이 좋은 것을 선택하고, 기저귀 커버는 꼭 필요한 경우가 아니라면 사용하지 않도록 합니다. 팬티형 기저귀는 주름이 많아 피부에 자극을 주어 짓무르기 쉽습니다. 팬티형 기저귀라도 가능하면 피부에 자극이 덜한 제품을 선택하도록 합니다. 또 종이 테

이프식 기저귀나 천 기저귀를 사용하면 통기성이 훨씬 좋습니다. 기저귀 발진이 생기면 무조건 천 기저귀로 바꾸어야 한다고 생각하지만, 기저귀를 자주 갈아 주는 것이 더 중요합니다.

또한 기저귀를 갈아 준 후 빨리 피부를 건조시키기 위해 드라이기를 사용하는 경우가 있습니다. 잘못하면 화상을 입을 위험이 있으니 제발 드라이기로 말리지는 말아 주세요.

기저귀 발진도 원인에 따라 모양이 조금씩 다릅니다. 칸디다 같은 진균 감염이나 연쇄구균성 발진은 특징적인 모양을 하고 있습니다. 그러므로 기저귀 발진이라고 해서 그냥 알고 있는 치료에만 의존하지 말고, 소아과 의사의 정확한 진단을 받아 적절한 치료를 하는 것이 중요합니다. 감염성 발진의 경우, 스테로이드 연고를 사용하면 오히려 습진이 악화될 수도 있습니다. 진단에 따라 항생제 연고나 항진균제 연고를 사용해야 하는 경우도 있고, 또 경구용 항생제를 처방받아 복용해야 하는 경우도 있습니다.

❤ 아토피 피부염

아토피 피부염은 이제 아이를 키우는 부모라면 누구나 한 번쯤 들어 보고 관심을 가졌을 법한, 아이들의 대표적인 피부 질환입니다. 아이들 습진이 모두 아토피 피부염과 연관되어 있을지 모른다는 두려움은 엄마들을 수많은 정보의 세계로 이끌기도 합니다. 병원은 물론이고 아이들이 먹고, 입고, 바르는 모든 것에 대한 다양한 정보와 각종 상품들이 부모의 지갑을 노리고 있는 것 같기도 합니다. 하지만 실제로 넘쳐 나는 아토피 피부염에 관한 정보들이 정보 제공자에 의해 왜곡되고 과장되어 소개되고 있다는 사실을 의심하는 사람들은 별로 없는 것 같습니다.

과연 아토피 피부염의 정체는 무엇일까요? 아토피 피부염이라는 용어는 유전성 과민 반응이라는 뜻의 '아토피'라는 단어에서 비롯되었습니다. 생후 2세 전에 처음 시작되는데, 보통 6개월 전에 나타나기 시작합니다. 주로 두피, 얼굴, 몸통이나 팔꿈치, 무릎, 손목, 발목과 같이 주름이 있는 부위에 홍반과 구진, 균열을 동반한 건성 피부염입니다. 몹시 가려운 피부염이라는 것이 특징이기도 하지요.

최근 들어 급격히 환자 수가 증가하긴 했지만, 불과 몇 십 년 전 우리나라에서 아토피 피부염은 흔한 질병도 아니었고, 심한 경과를 보이는 경우도 많지 않았습니다. 어른들은 '아이들이 땅을 밟기 시작하면 좋아진다'고 했고, 요즘도 간혹 걱정하는 엄마에 비해 할머니는 오히려 '돌 지나면 다 좋아지는데 괜히 극성이다'고 하십니다.

01_ 아토피 피부염은 유전되나요?

아토피 피부염은 유전적 특성을 띠기도 합니다. 보통 양쪽 부모가 모두 증상이 있으면 자녀의 80%에서, 한쪽 부모만 증상이 있으면 자녀의 55%에서 증상이 나타난다고 알려져 있습니다. 하지만 유전적 소인만으로 아토피 피부염이 생기는 원인을 다 설명할 수는 없습니다. 산업화, 도시화가 진행되면서 오히려 선진국으로 갈수록 아토피 환자들이 급격히 증가하고 있습니다. 이 때문에 많은 기업들이 아토피 제품을 생산하고 홍보하는 데 열을 올리고 있기도 합니다.

제가 어렸을 때만해도 주변에서 아토피 피부염을 앓는 사람을 본 기억이 거의 없습니다. 예전에는 아이들이 날마다 밖에서 뛰어 놀아서 얼굴 피부가 두껍고 빨갛게 되어도 누구 하나 보습제를 바른다든가 걱정을 하지 않았습니다.

02_ 면역력이 약해서 아토피 피부염에 걸리는 건가요?

요즘은 맞벌이 부부가 많아서 할머니 손을 잡고 병원에 오는 아이들이 참 많아졌습니다. 옛날 분들에게 요즘 아이들의 아토피 피부염은 유난스러워 보이는 것 같습니다.

"우리가 자랄 때는 아토피가 어디 있어? 얼굴에 로션도 못 바르고 자랐어도 이런 요상한 피부병은 없었는데……."

"어머, 할머니! 요즘은 사람들이 너무 빼곡하게 붙어 살잖아요. 제가 어릴 때만 해도 친구가 옆 동네에 살았고, 한 마을에 사람들 수도 적었어요. 또 그때는 자동차나 공장이 거의 없어서 매연이니 대기 오염이니 하는 문제가 와 닿지도 않던 시절인걸요. 요즘은 너무 좁은 공간에 많은 사람들이 모여 살아서 문제가 한두 가지가 아니에요. 아이들이 살아가는 환경이 이렇다 보니 제대로 숨 쉬고 살기가 어려워서 그래요."

저는 종종 이렇게 말씀드리곤 합니다. 사실이 그렇지요. 유전적인 소인이 있으면 피부염이 더 잘 생길 수도 있겠지만, 건강한 피부를 유지하기 위해 필요한 최소한의 조건을 만족시키기도 어려운 세상에 살고 있는 것 같습니다. 결국 한마디로 요약하자면, 아토피 피부염은 유전적 소인과 환경, 면역학적 요인이 복합적으로 관계된 질병인 셈입니다.

03_ 아토피 피부염은 왜 생기나요?

피부의 구조와 기능을 알고 있다면 이해하기 좀 더 쉬울 것입니다. 우선 피부의 가장 바깥층인 표피의 방어 기능에 문제가 생기고 여기에 면역 반응이 관여하게 되면서 아토피 피부염이 생깁니다. 이런 방어 기능이나 면역 반응에 자극을 줄 만한 요소들이 많이 있는데, 식품 알레르기, 집먼지진드기와 같은 것들이 대표적입니다. 게다가 병원균의 감염에 대항하는 방어벽이 허술해져 세균이나 바이러스에 의한 피부 감염이 쉽게 일어나고, 이렇게 생긴 2차 감염은 아토피 피부염을 더욱 악화시킵니다.

너무 건조한 환경, 자극적인 비누나 화장품, 땀, 반복되는 피부 자극 들도 모두 표피의 방어 기능을 무너뜨리는 데 한몫을 합니다. 또한 아토피가 있는 아이들에게 스트레스나 불안 장애가 있으면 몸을 심하게 긁고 습진이 더 악화되기도 합니다. 무엇보다 '건성 피부 혹은 건조한 피부'가 아토피 피부염이 되는 출발점이라고 할 수 있습니다.

04_ 이제 3개월인데 아이가 가려운지 어떻게 알아요?

지루성 피부염과 아토피 피부염의 가장 큰 차이는 아토피 피부염은 가려움이 심하다는 점입니다. 물론 좀 큰 아이들은 가렵다고 직접 표현을 하거나 쉴 새 없이 손톱으로 습진이 있는 부위를 긁습니다. 어떤 엄마는 아이가 긁는 소리 때문에 잠을 잘 수가 없을 정도라고 합니다.

　말도 할 수 없고, 가려워도 긁을 수도 없는 3개월 된 아이는 베개나 이불, 혹은 젖을 먹는 동안 엄마의 가슴이나 옷에 대고 마구 문지르는 행동을 합니다. "아기가 자꾸 머리를 흔들고 엄마 가슴에 부비지 않았나요?" 하고 물으면 그제서야 "아, 가려워서 그런 거였구나" 하십니다.

아토피는 완치가 가능한가요?

연고를 발라 주면 가라앉았다가 또 그냥 두면 다시 습진이 올라오곤 해요. 치료가 잘못된 것은 아닐까요?

우리 아이는 보습제를 아주 열심히 발라 주고 있어요. 스테로이드는 위험해서 절대로 사용하지 않으려구요.

스테로이드 연고를 자주 사용하면 아이가 성장을 멈춘다면서요?

체질 개선을 해주면 좋아진다고 해서 한방 치료를 받으려고요.

아이가 아토피 피부염 진단을 받았어요. 모유를 먹이는데, 엄마가 음식을 조심해서 먹어야 한다고 해서 거의 채소만 먹어요.

아토피가 있으면 이유식을 늦게 시작하라고 해서 6개월이 지나면 시작하려구요.

우리 아이가 아토피가 있다는데 제가 뭘 잘 못 먹어서 그런가요? 모유 수유 중이거든요.

아토피 피부염이라고 진단을 내리면 질문이 폭포수처럼 쏟아집니다. 마치 불치병 선고라도 받은 것처럼 금세 엄마의 얼굴에는 수심이 어립니다. 한숨을 푹 쉬면서 많은 질문들을 풀어 놓고 싶어합니다. 이럴 때는 정말 제한된 시간에 진료를 해야 하는 우리의 진료 현실이 원망스럽기까지 합니다. 의사가 차근차근 잘 설명을 해준다면 앞으로 엄마가 아토피 피부염에 대처할 때 좀 더 여유를 가질 수도 있을 텐데, 어쩔 수 없이 하고 싶은 말, 묻고 싶은 말을 하지 못하는 것이 안타깝습니다.

♥ 연령에 따른 피부 습진의 분포

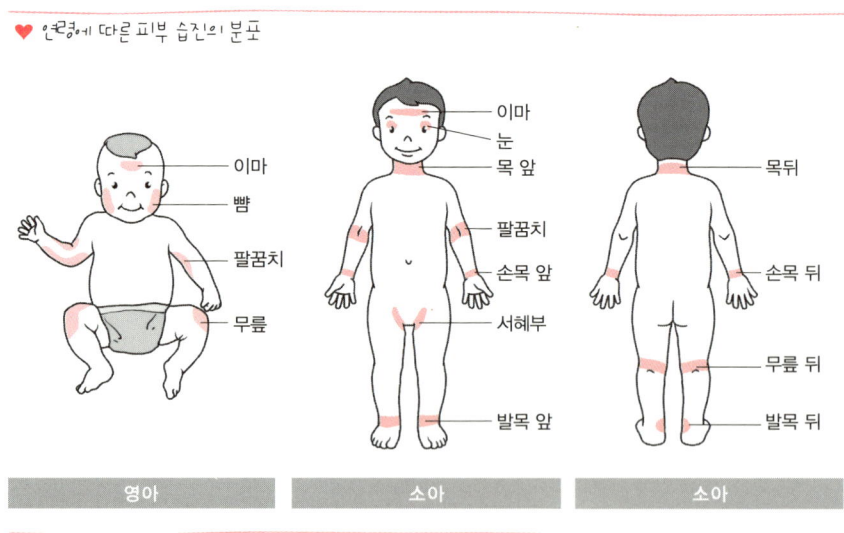

05_ 아토피 피부염 치료

치료에 대해서는 몇 가지 방향으로 나누어 살펴보겠습니다. 먼저 효과적인 치료를 위해서는 습진 자체를 관리하는 것도 중요하지만, 무엇보다 가족들의 도움이 필요합니다. 특히 아토피 피부염은 좋아지는 듯하다가도 갑자기 악화되거나 재발하는 특성이 있어 장기적인 계획과 관리가 반드시 뒤따라야 합니다.

아토피를 단기간에 완치할 수 있는 방법은 없습니다. 다만 시간이 지나면 저절로 회복되기도 하기 때문에 완치보다는 치료를 통해 습진의 경과가 급변하는 현상을 조절할 수 있도록 하는 것이 아토피 치료의 목표라고 할 수 있습니다.

기본적인 아토피 피부염의 치료는 보습과 연고나 로션 타입의 외용 스테로이드제의 사용, 가려움증이나 피부 감염에 대해서는 간단한 약물(항히스타민제나 항균제) 복용 등으로 이루어집니다. 일단 어느 정도 진행된 습진의 경과를 늦추어 아이의 괴로움을 덜어 주고 나면, 지속적인 보습과 피부 위생 관리, 확인 가능한 원인에 대해서는 회피 요법을 시도할 수 있습니다.

06_ 아토피의 치료와 예방은 어떻게 할까요?

- 습진은 치료한다기보다 증상을 완화시키는 것을 목표로 합니다.
- 증상 유발과 관련이 있는 소인, 즉 의심되는 항원, 자극성 물질, 환경적 요인, 스트레스, 날카로운 물건이나 원인이 되는 식품들을 아이들 식단에서 빼면 증상을 예방하거나 가볍게 해줄 수 있습니다.
- 무엇보다 습진이 있는 부위를 자꾸 긁지 않도록 주의시켜야 합니다. 가능한 아이들 손톱은 짧게 잘라 주세요.
- 목욕은 미지근한 물에서 가볍게 하고, 물기가 완전히 마르기 전에 보습용 로션(아토피 전용 로션)을 발라 줍니다.
- 그 외에 염증 반응을 가라앉히고, 가려움증을 없애 주기 위해 처방받은

스테로이드 외용제를 발라 줍니다. 또 스테로이드 경구약, 혹은 항히스타민제를 복용할 수 있습니다.

07_ 아토피 피부염에는 환경과 위생이 중요해요

피부가 건조하고 하얀 비늘 같은 인설을 동반한 피부염이 있을 때, 먼저 보습과 피부 위생을 철저히 관리해야 합니다. 또 피부염을 악화시킨다고 생각되는 환경이나 물질, 식품 등을 파악하고 관련된 요인들을 피할 수 있는 방법을 찾아야 합니다. 예를 들면, 너무 고온 다습하거나 춥고 건조한 환경이라면 온도를 잘 조절하고 적절한 습도가 유지되도록 해야 합니다.

특정 식품을 먹었을 때 습진이 심해진다면 당분간 그 식품의 섭취를 제한할 필요가 있습니다. 아이들을 키우는 집 안에서는 개나 고양이와 같은 애완동물을 키우지 않는 것이 좋고, 실내에는 천으로 만든 카펫이나 소파를 사용하지 않는 것이 좋습니다. 또한 먼지를 제거하고 실내 공기를 쾌적하게 만드는 것도 중요한데, 집 안 구석구석 보이지 않는 곳에 쌓여 있는 먼지를 제거하고, 에어컨이나 공기 청정기의 필터는 반드시 정기적으로 점검해야 합니다.

가습기를 사용하면 실내 습도를 조절할 수 있습니다. 하지만 가습기를 통한 병원균의 감염을 막기 위해서는 매일 깨끗이 청소하고, 사용하지 않을 때는 충분히 건조시켜야 합니다. 물론 필터의 점검도 중요하고, 또 가습기에 사용하는 물은 가능하면 끓여서 식힌 물을 사용하는 것이 좋습니다. 가습기를 잘못 사용하면 오히려 인체에 해롭다는 것이 널리 알려지면서 일부러 가습기를 치워 버리는 가정이 많습니다. 중요한 것은 가습기 자체의 문제라기보다는 가습기를 관리하는 방법이 문제입니다.

꼭 알고 넘어가기

- 적절한 실내 온도는 20℃ 정도, 습도는 40~50% 정도를 유지하는 것이 좋습니다.
- 아이를 키우는 가정에서는 가급적 실내에서 애완동물을 키우지 마세요.
- 에어컨, 공기 청정기, 가습기 등은 정기적으로 필터를 교환해 주세요.
- 천으로 만든 소파나 카펫은 가급적 사용하지 마세요.
- 구석구석 먼지를 깨끗이 제거하고, 바퀴벌레나 진드기, 곰팡이가 생기지 않도록 해주세요.
- 1주일에 한 번은 이불이나 침대 시트를 햇빛에 바짝 말려 주세요.
- 정전기가 생기는 침구나 의복은 피하세요. 정전기는 그 자체로도 피부에 자극을 줄 수 있고, 피부 부스러기를 먹고 사는 집먼지진드기가 붙기 좋습니다. 가능하면 면으로 된 의류나 침구를 선택하고, 몸에 꽉 끼는 의복은 피하도록 하세요.
- 가습기 자체가 인체에 해로운 것이 아닙니다. 정확한 사용법을 준수하고 철저하게 관리해 준다면 실내 습도를 유지하는 데 도움이 됩니다.

08_ 목욕은 날마다 하면 안 되나요?

목욕은 날마다 해도 됩니다. 오히려 피부에 남아 있는 먼지나 땀은 가능한 빨리 씻어 내는 것이 좋습니다. 다만 5~10분 내외로 가볍게 샤워 정도만 하고 때를 밀기 위해 타월 등으로 몸을 세게 문지르지 않도록 하세요. 또 일반 비누는 피부의 지방 성분을 제거하고 비누 자체의 알칼리 성분이 피부에 직접적인 손상을 줄 수 있기 때문에 반드시 보습용 비누나 아토피 전용 세제를 사용해야 합니다.

09_ 가습기는 해롭다고 해서 빨래를 널어 두는데요?

빨래를 널어 두면 잠시 동안은 습도를 조절하는 데 도움이 되지만, 빨래가 마르면서 그 효과가 곧 사라집니다. 아이가 잘 때 머리맡에 빨래를 널어 두더라도 새벽녘이 되면 이미 빨래는 말랐고 더 이상 습도를 유지하는 데 도움이 되지 않습니다.

10_ 아토피 피부염과 음식

모유 수유 중인데 아이가 아토피 피부염 진단을 받았어요. 아토피를 잘 일으키는 식품을 피하라고 해서 이것저것 피하다 보니 먹을 것이 없어요.

아이가 먹는 음식이 아토피를 일으킨다고 해서 제한 식이를 하고 있습니다. 철저하게 제한 식이를 하다 보니 도무지 아이의 체중이 늘지 않아요. 도대체 무엇을 먹여야 할지 모르겠어요.

어릴수록 식품과 관련해 습진이 더 잘 생기는 것은 맞습니다. 대개 달걀, 우유, 대두, 밀, 새우가 아토피 피부염 증상과 관련이 있다고 알려져 있습니다. 하지만, 이런 식품들은 실제로 아이들이 많이 먹는 것들이어서 철저히 이 모든 식품을 제거한 식사를 계획한다면 황망하기 그지없습니다. 물론 그에 따라 아이들의 성장이 부진할 가능성도 있습니다. 따라서 식품을 제한할 때는 먼저 증상과 관계된 식품이 무엇인지 찾아 내야 합니다. 아이마다 특정 식품에 대한 반응이 더 활발하게 일어나기 때문에 가장 위험 요인이라고 파악된 식품만 제한해야 합니다. 아이들의 영양은 단순히 체중의 문제를 떠나 성장을 위해 필요한 영양과 칼로리를 적당히 공급해 주어야 한다는 점에서 매우 중요하게 다루어야 할 부분입니다. 피부과학회에서는 달걀에 대한 IgE라는 특이 항체가 양성으로 나온 아이들이 달걀을 먹지 않으면 아토피 피부염 치료에 도움이 된다고 밝히고 있지만, 그 외 다른 식품에 대한 제한 식이에 대해서는 회의적인 입장을 보입니다.

유산균제나 정장제를 복용하면 아토피를 치료할 수 있나요?

아토피 피부염을 진단받고 아연을 처방받았습니다. 아연이 아토피 피부염에 효과가 있나요?

최근 각광받고 있는 건강 식품군 중 오메가-3를 포함하고 있는 어유(fish oil)와 달맞이꽃유, 보리지유(borage oil), 피리독신, 비타민 E 또는 멀티비타민, 미네랄 성분제 들이 치료에 효과적이라는 증거는 아직 없다고 알려져 있습니다. 다만, 아연은 우리 몸의 여러 기관의 활동에 꼭 필요한 성분이고, 특히 아연이 부족하게 되면 습진성 질환이 생기기도 해서 아토피 피부염 치료의 보조제로 사용하기도 합니다. 프로바이오틱스라는 정장제는 장관 내에서 이로운 세균으로 작용해 특정 식품에 대한 염증 반응을 조절하여 식품 알레르기의 발생을 줄이는 데 도움이 되는 것으로 알려져 있어 치료 보조제로 사용할 수 있습니다.

외용제의 선택과 올바른 사용

01_ 비누와 세정제(연화제, 윤활제)

피부 관리에서 가장 중요한 것은 보습을 유지하는 것입니다. 피부의 수분이 풍부하면 피부의 탄력을 유지하고 쉽게 갈라지는 것을 막을 수 있어 가려움증을 완화할 수 있습니다.

보습을 위해 피부 연화제와 윤활제를 사용하게 되는데, 매일 사용하면 피부의 수분을 안정적으로 유지할 수 있어 습진 발생을 어느 정도 예방할 수 있습니다. 밥을 먹고 이를 닦아야 하듯이, 세정 후에는 꼭 보습 제품을 사용하도록 권하기도 합니다. 물론 자주 사용해도 안전합니다.

호흡기 질환의 경우와는 달리 물을 많이 마시는 것만으로는 피부의 보습을 유지하기에 충분하지 않습니다. 아이가 생활하는 환경의 기후나 습도에 따라 연화제의 사용 빈도를 결정하면 됩니다.

최근에는 목욕 후에도 보습을 오래 유지할 수 있으면서도 자극적이지 않은 세정제들이 많이 나와 있습니다. 이 세정제들은 샤워 후 가볍게 마사지하듯 발라 주고 물로 다시 씻어 내지 말고 자연스럽게 공기 중에서 마르도록 해야 합니다.

아토피 피부염에는 비누를 사용하면 안 되나요?

일반적으로 우리 피부는 pH 4.0~5.5 정도의 약산성을 띠고 있지만, 일반인이 사용하는 비누는 pH 9.0~10.5 정도의 알칼리성입니다. 아토피 피부염에는 pH가 중성인 비누를 사용해야 합니다. 아직까지는 도브Dove 비누가 민감한 피부에 가장 적당하다고 인정받고 있습니다.

세정제는 어떤 제품이 좋은가요?

이런 질문을 받으면 정말 난감합니다. 사실 의사가 어떤 특정 상품을 공개적으로 소개하고 추천하는 것은 도의에 맞지 않는 일입니다. 또 여기에 소개할 여러 세정제들은 모두 피부 자극이 없고 보습 효과가 좋은 성분들을 포함하고 있지만, 모든 피부에 똑같이 효과가 있다고 볼 수는 없습니다. 아무리 좋고 비싼 제품이라도 우리 아이에게 효과가 없다면 사용할 필요가 없겠지요? 시중에 나와 있는 세정제로는 Aquaphor, AVEENO, Basis, CeraVe, Cetaphil, Mustela, Oilatum 등이 있습니다.

02_ 스테로이드 연고와 크림

적절한 스테로이드를 선택한다면 습진 치료에 아주 효과적입니다. 대부분 스테로이드 연고를 처방할 때는 의사들도 스테로이드를 처방한다는 사실을 알려 줍니다. 스테로이드에 대한 공포감이 생각보다 심각한 수준인 것 같습니다. 피부가 얇아지고, 피부 혈관이 확장되어 피부색이 붉어지고, 심지어는 온몸에 흡수되어 성장 장애나 호르몬 장애까지 일으킨다고 알려진 스테로이드의 부작용에 대한 걱정 때문입니다.

　아이는 습진이 너무 심해 보기에도 딱할 정도인데 엄마는 스테로이드는 절대 쓰지 않고 보습제만 열심히 발라 주는 경우를 자주 봅니다. 아이는 얼마나 괴로울까요? 아토피 피부염 치료의 첫 번째 단계가 가려움을 최소화하는 것인데도 말입니다. 가려움이 심하면 많이 긁거나 자극하게 되고 그로 인해 습진이 더 악화되는 악순환이 반복됩니다. 이런 엄마는 아이가 가려워서 긁기라도 하면 아이를 무섭게 야단치기도 합니다. 아이는 괴로움을 제대로 표현하지 못하고 오히려 야단을 맞게 되니, 정서적으로 위축되고 심리적으로 매우 불안해집니다. 또 좋은 보습제를 아무리 사용해도 좋아지는 기색을 보이지 않으면 가족 모두 스트레스를 받기도 합니다. 만성 아토피 질환의 관리 중 빼놓을 수 없는 부분이 가족 및 환자에 대한 정서적 지지라는 점을 기억한다면 스테로이드의 사용을 너무 두려워하지 않았으면 좋겠습니다.

　실제로 소아과에서 처방하는 스테로이드✚는 대개 강도가 약합니다. 이들 class 5, 6, 7 단계의 순한 스테로이드제는 장기간 사용해도 별다른 부작용이 없는 것으로 알려져 있습니다. 특히 온몸에 흡수되어 성장 장애 등을 초래할 위험은 거의 없다고 알려져 있지만, 스테로이드 외용제를 사용할 때는 연속해서 2~3주 이상 바르지 않도록 권합니다.

✚ 스테로이드의 강도는 피부의 혈관 수축력의 정도에 따라 구별합니다. 혈관 수축이 강할수록 염증 반응에 동원되는 다양한 염증 세포들의 응집을 막아 항염증 효과가 있습니다. 그 효과가 강한 것을 class1, 가장 강도가 낮은 것을 class7로 정의합니다.

🔴 국소용 스테로이드 사용법

- 보통 습진의 정도에 따라 처음 처방하는 스테로이드가 중등도 강도인 class3~5에 속하는 경우에는 최소 3~10일간 하루 2회 바릅니다. 가능한 목욕이나 세정 직후 물기가 남아 있을 때 발라 주세요. 물론 보습제를 함께 사용하는 것이 좋습니다. 이 경우도 최소 하루 2회 보습제를 발

라 주는 것이 좋습니다.

- 습진이 어느 정도 좋아지면 스테로이드는 하루 한 번으로 줄이고 보습제는 이전과 동일하게 사용합니다.
- 실제로 소아과에서 주로 처방하는 class6, 7에 해당하는 스테로이드의 사용 기간은 꼭 정해져 있지는 않습니다. 하지만 일선에서는 스테로이드에 대한 두려움과 만일의 경우를 생각해 최소 2주, 최대 한 달 이상 연속해서 사용하는 것을 금하고 있기는 합니다. 강도가 강한 스테로이드를 오래 사용하면 오히려 반동에 의한 혈관 확장으로 얼굴이 붉어집니다.
- 스테로이드제는 연고, 젤, 크림, 로션, 스프레이 등 종류가 다양합니다. 이 중 피부에 가장 흡수력이 뛰어난 것은 연고이고, 로션이나 스프레이가 가장 낮습니다. 습진이 생긴 부위나 범위, 습진의 특성에 따라 결정해야 합니다.
- 필요하다면 의사가 더 강한 스테로이드를 처방할 수도 있습니다. 이럴 때는 의사와 긴밀하게 치료 효과를 살펴보아야 합니다. 적당한 사용 기

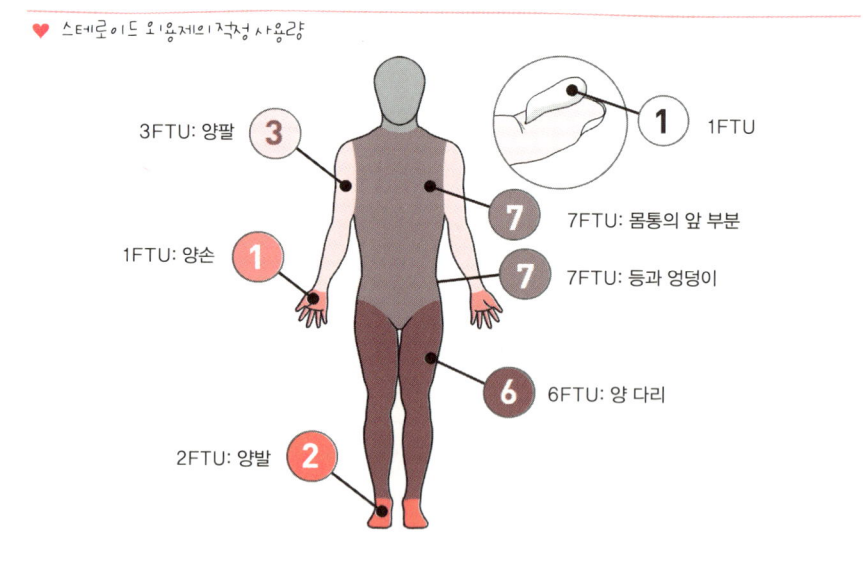

♥ 스테로이드 외용제의 적정 사용량

간과 사용량에 대해 조언을 듣고 적절하게 사용한다면 강한 스테로이드라도 안전하게 사용할 수 있습니다.
- 적당한 사용 양은 FTU Finger Tip Unit라는 단위를 사용합니다. 보통 두 번째 손가락의 마지막 마디 정도의 길이로 연고를 짜면 약 0.5g이 됩니다. 이 정도의 양이면 어른의 양 손바닥을 모두 바를 정도로 충분합니다. 습진의 부위와 범위에 따라 적당량을 사용하는 것도 매우 중요합니다.

03_ 항스타민제

다시 한 번 강조하지만, 가려움을 해소하는 것이 아토피 피부염 치료의 기초입니다. 여러 외용제를 사용해도 특히 잠자는 시간에 가려움증이 가장 심해집니다. 이런 경우에는 병원에서 항히스타민제를 복용하도록 처방합니다. 잠들기 30분이나 1시간 전에 복용하도록 하고, 혹시 어린이집이나 학교에 다니는 아이들에게는 졸리지 않은 항히스타민제를 오전에 복용하도록 처방하기도 합니다. 항히스타민제는 중독성이 없어서 오래 복용하더라도 비교적 안전하기 때문에 다른 알레르기 질환의 경우에도 예방 겸 장기 유지 치료를 위해 처방되기도 합니다.

04_ 습윤 드레싱(Wet dressing)

습윤 드레싱은 습도를 90% 정도로 만든 환경에 피부를 노출시켜 주변 습도가 60% 정도로 낮아질 때까지 유지하는 것입니다. 피부의 수분이 증발하는 속도를 늦추어 피부를 부드럽게 하고 가려움의 고통에서 가능한 빨리 벗어나도록 돕는 방법입니다. 특히 가피가 심하고 만성화되어 피부가 두꺼워진 습진에 시도하면 효과가 좋습니다.

🌸 습윤 드레싱 하는 방법

1. 먼저 의사가 처방한 연고나 로션을 피부에 발라 줍니다.
2. 보습제를 발라 주세요. 1~2번 과정은 피부에 물기가 남아 있을 때 해야 합니다.
3. 드레싱할 부위를 감쌀 만큼 넓은 면 타월 두 개와 면 슬리퍼를 준비하세요.
4. 준비된 두 개의 타월 중 하나는 따듯한 물에 흠뻑 적신 뒤 물기가 다 빠지지 않을 만큼 살짝 짜주세요.
5. 젖은 타월로 습진 부위를 감싼 후 다시 그 위를 마른 타월로 감싸 주세요.
6. 이때 방 온도가 너무 높거나 너무 낮아서 아이가 불편해하지 않도록 주의하세요.
7. 보통 1~2시간 유지하고, 심한 경우에는 처음 2~3일간은 하루 2회 정도 반복하거나 아이가 자는 내내 해주면 좋습니다. 대개 5~10일 정도 계속해 주면 습진으로 인한 증상들이 뚜렷하게 좋아지는 것을 볼 수 있습니다. 또 다른 방법으로 6시간마다 드레싱을 바꿔 주면서 1~3일 정도 계속할 수도 있습니다.

05_ 보습제

보습제도 역시 연고, 크림, 로션으로 나눌 수 있습니다. 이 중 연고는 수분 손실을 막고 피부의 수화를 도와줍니다. 피부의 보습을 유지하는 데는 탁월하지만 미끈미끈한 성질 때문에 불쾌감을 느낄 수도 있습니다.

반면, 크림은 수분이나 다른 액상 성분이 약간 들어 있어 연고보다 덜 미끈거립니다. 하지만 대부분의 크림제는 여러 성분을 보호하고 안정화시키기 위한 첨가물이 들어 있어 사람에 따라서는 오히려 피부에 자극을 줄 수도 있습니다. 로션은 오일과 수분의 혼합물로 수분 보유력이 낮고, 그 자체의 수분이 쉽게 증발하기 때문에 피부가 너무 건조한 사람에게는 별 도움이 안 됩니다.

아토피 Q&A

Q_아토피는 치료될 수 있을까요?

A_ 일반적으로는 나이가 들면서 서서히 좋아지는 경향을 보입니다. 보통 5세가 되면 절반 이상이 좋아지고, 사춘기가 되면 더 많은 아이들이 저절로 좋아집니다. 하지만, 소수의 사람들은 평생 습진으로 고생할 수 있고, 늦게까지 습진으로 고생하는 사람들은 알레르기 비염이나 천식과 같은 질환들로 변할 확률도 더 높습니다.

Q_아기 때는 괜찮았는데, 커서 아토피가 되기도 하나요?

A_ 보통 6개월 이전에 처음 나타나고, 어릴 때 습진으로 고생하던 아이들이 자라면서 좋아지는 경향을 보이기는 합니다. 하지만, 아토피 피부염이 처음 드러나는 시기는 정해져 있지 않습니다. 어느 시기, 어느 연령이라도 습진이 발생할 만한 조건이 되면 나타날 수 있습니다.

Q_아토피가 있으면 알레르기 검사를 받아 보는 것이 좋을까요?

A_ 실제로 알레르기 검사를 해서 양성 반응이 나왔다 하더라도 직접적으로 습진의 원인이라고 보기는 어렵습니다. 좀 더 자라서 습진이 만성화되고 심해지거나, 비염이나 천식과 같은 호흡기 증상이 함께 나타나는 경우라면 어느 정도 환자 관리에 참고할 수 있는 정보를 얻기 위해 검사를 해볼 수 있습니다. 하지만, 아직 영·유아기의 습진의 원인을 찾기 위해 알레르기 검사를 따로 받아야 하는 경우는 별로 없습니다.

Q_ 모유를 먹는데도 아토피 피부염이 생길 수 있나요? 그렇다면 모유를 끊어야 할까요?

A_ 그럼요. 모유를 먹어도 엄마를 포함한 가족 중에 알레르기 질환의 병력이 있으면 모유 속에 들어 있는 식품의 성분이나 또는 식품이 아니라도 환경 요인에 의해서도 습진이 생길 수 있습니다. 모유 수유를 중단해야 하는 경우는 갈락토스혈증과 같은 선천성 대상 이상 질환이나 치료가 잘 안 되는 매우 심한 습진일 경우인데, 이때는 모유가 아닌 성분화 분유를 먹일 수 있습니다. 이런 극히 드문 경우를 제외하면 모유 수유를 중단할 필요가 없습니다. 오히려 모유가 여러 면에서 영아기 아이들을 보호하고 습진의 발생도 줄여 줄 수 있다는 사실이 이미 많은 학자들의 연구를 통해 밝혀졌습니다.

Q_ 아토피 피부염인데 수영을 해도 되나요?

A_ 바다에서 수영하는 것은 오히려 습진 치료에 효과적입니다. 일부러 소금욕을 하기도 합니다. 그렇지만 바닷물의 염소 성분은 피부를 자극할 수 있습니다. 수영을 하기 전에 미리 바셀린 같은 보습제를 몸에 얇게 펴 바르면 어느 정도 예방이 가능합니다. 수영한 뒤에도 오일 성분이 들어 있는 보습제로 피부의 회복을 도와주면 좋습니다.

실내 수영장의 경우는 수영장 물을 소독할 때 사용하는 소독제에 들어 있는 염소가 호흡기나 피부를 자극하기 때문에 위험하다는 연구 결과가 발표되었습니다.

Q_ 아토피가 심한데 예방접종을 해도 될까요?

A_ 얼마 전까지만 해도 달걀 알레르기가 있으면 MMR이나 독감 예방접종을 하지 않기도 했습니다. 하지만 달걀 알레르기가 있더라도 모든 예방접종이 다 가능합니다. 다만, 접종 후 심한 습진이나 알레르기가 생겼다면 소아과 의사와 상의해서 다음 접종을 하지 않거나 철저히 감시하면서 조심스럽게 접종을 하면 됩니다.

Q_ 요즘은 허브 성분이나 여러 가지 천연 재료를 이용한 건강 식품들이 많이 나와 있습니다. 한방으로 체질 개선을 하고 싶기도 하고, 허브 성분이 습진에 좋다고 해서 구입하고 싶은데 선생님 생각은 어떠세요?

A_ 사실 대답하기 참 힘든 질문입니다. 대체 의학이나 시중에 나와 있는 수많은 천연 제품들에 대한 견해를 물어 오면 대답하기가 여간 곤란한 것이 아닙니다. 하지만 일반적으로 학회에서 인정하는 사실만 말씀드리자면, 과학적으로 안정성이 검증되지 않았다는 점을 가장 주의해야 합니다. 경험 의학도 물론 이제까지 많은 업적을 이루어 왔지만, 이제는 경험을 바탕으로 이룩한 업적들을 과학적인 검증을 통해 확인하고 발전시켜 나가야 하는 시기입니다. 마음이 답답해서 어떤 방법이든 찾고 싶은 분들에게 반갑지 않은 정보가 없겠지만, 항상 우리 아이에게 사용할 것들을 선택할 때는 더 객관적으로 신중하게 결정할 것을 권해 드립니다.

눈이 아파요

아기의 눈이 한곳으로 몰리면 사시인가요?
결막염이 심하면 시력을 잃을 수도 있나요?
눈병에 걸리면 닭고기나 돼지고기를 먹으면 안 되나요?
눈다래끼는 왜 생기나요?

눈은 '마음의 창'이라고 합니다. 예쁘고 잘 생기지 않아도 눈은 내면의 아름다움을 보여줄 수 있는 창이라 할 수 있습니다. 갓 태어난 아이를 처음 안아 보는 감격만큼이나 아이와 처음 눈을 맞춘 순간, 세상의 모든 부모들은 감동을 받을 것입니다.

이렇듯 소중한 아이의 눈에 이상이 생기면 정말 걱정스럽습니다. 눈이 충혈되었거나 가렵다고 비비기만 해도 큰 이상이 있는 것은 아닐까 싶어 불안합니다.

"아이가 눈을 잘 뜨지 않아요."
"한쪽 눈만 뜨고 다른 쪽은 늘 감고 있어요."
"눈이 가운데로 몰리는 것 같아요. 사시가 아닐까요?"
"아이가 눈을 잘 맞추지 않아요."
"눈물이 고여 있어요."
"눈이 빨개요."
"눈을 너무 많이 비벼요."
"눈 주위가 부었어요."
"다래끼가 난 것 같아요."
"텔레비전을 너무 가까이 다가가서 봐요."
"우리 아이는 미숙아로 태어났어요. 눈에는 문제가 없을까요?"
"눈이 너무 노랗게 보여요. 황달이 생긴 것은 아닌가요?"

이렇듯 눈에 관한 질문들은 끝이 없을 정도입니다. 이런 눈의 질환도 연령에 따라 특성이 있습니다. 출생 직후에는 눈의 외상이나 염증 외에도 선천성 감염으로 인한 백내장이나 녹내장, 출혈, 혈종 등 드물지만 심한 질환들이 나타날 수 있습니다. 미숙아로 태어난 아이들은 미숙아 망막증을 예방하기 위해 애쓰기도 합니다.

🔴 태어나서 1개월까지는 신생아 결막염의 위험이 있어요

아기가 태어나서 신생아실에 도착하면 먼저 몇 가지 처치를 합니다. 먼저 마른 수건으로 몸을 닦아 체온이 떨어지지 않게 해주고, 입과 코 안의 이물질을 제거해 주고, 탯줄을 소독해 줍니다. 거기에 꼭 빠지지 않는 것이 눈을 깨끗한 거즈로 닦고 안연고를 발라 주는 과정입니다. 신생아기의 눈 질환은 출생 과정 중 오염된 균 때문에 생기는 염증이나, 드물지만 엄마가 임신 중 감염이 있을 경우, 태아 때 이미 감염되어 1개월 이내에 증상이 나타나는 선천성 감염에 의한 결막염 등이 있습니다. 최근에는 산후조리원을 이용하는 산모들이 많아지면서 집단 감염의 위험이 신생아들을 위협하기도 합니다.

특히 산모가 임신 중 풍진과 같은 바이러스에 감염되었을 때는 선천성 백내장이 생기기도 하고, 선천성 녹내장을 일으키는 질병들도 있습니다. 물론 위중한 질환이라면 의사에게 진단을 받고 집중 치료를 받아야 합니다.

예전에는 신생아실에서 1% 질산은으로 신생아의 눈을 소독했습니다. 그런데 화학적 결막염이 생길 위험이 있어 요즘에는 항생제 연고를 사용합니다.

🔴 생후 2개월이 지나면 아이들이 눈을 맞추기 시작해요

생후 2개월이 지나면 아기는 엄마와 눈을 맞춥니다. 이 시기가 지나도록 눈을 맞추지 못하거나, 수평으로 움직이는 물체를 따라 가며 보지 못하면 즉시 안과에서 검진을 받아야 합니다. 아기가 사물을 주시하기 시작하면 눈동자가 가운데로 몰리는 듯한 현상을 자주 볼 수 있습니다. 보통 신생아들은 코뼈가 낮아 눈 안쪽 피부가 눈의 흰자위를 일부 덮고 있어 아기가 사물을 주시할 때 안쪽 눈동자가 더 가운데로 몰려 있는 것처럼 보입니다. 이런 경우를 '가성내사시'라고 합니다. 가성내사시는 아이가 자라면서 사라집니다. 그렇지만, 사시가 의심될 때는 반드시 병원에 가서 확인을 받아야 합니다. 왜냐하면 생후 6개월 이전에 '유아내사시'가 생길 수 있고, 가성내사시와는 달리 '유아내사시'는 제때 치료를 받아야 합니다. 미숙아들도 대부분의 치료가 끝나고 퇴원할 때 반드시 6개월 안에 안과 정기 검진을 받도록 하고 있습니다. 이는 적어도 6개월에는 사시가 생겼는지의 여부를 확인하고 필요하면 치료를 시작해야 하는 시기이기 때문입니다.

그리고 이 시기에는 선천코눈물관폐쇄_{비루관폐쇄}가 아주 흔합니다. 눈물이 배출되는 통로는 눈과 코 사이에 있습니다. 정상적으로도 아이들은 안면의 윤곽이 뚜렷하지 않기 때문에 여전히 낮은 코와 안쪽 눈 사이에 있는 눈물 배출관이 상대적으로 눌려 있습니다. 물론 콧물이 나거나 코점막이 부으면 눈물 배출관을 누르거나 막기도 합니다. 선천코눈물관폐쇄가 있는 아이들은 눈물이 잘 고이고 눈곱이 자주 낍니다. 심한 경우 결막염이 생기기도 하지요. 보통 선천코눈물관폐쇄가 있는 아이들은 자라면서 자연히 좋아지기 때문에 눈물이 잘 나오도록 마사지를 해주고, 눈곱이 심해서 염증이 있는 경우에는 의사의 처방에 따라 안약을 넣어 주기도 합니다.

6개월이 지나면서부터는 약시나 사시와 같은 시력의 이상 유무를 정기적으로 확인하는 것이 좋습니다. 6개월부터 초등학교에 들어가기까지는 특별

♥ 눈 마사지하는 방법

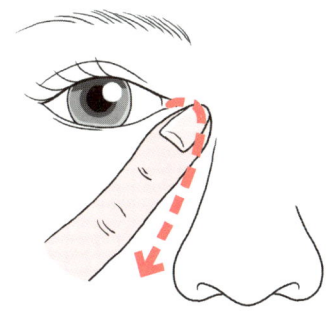

한 이상이 눈에 띄지 않으면 간과하기 쉬운 시기입니다. 요즘은 2~3세만 되어도 컴퓨터 모니터를 보고 오랜 시간 텔레비전을 봅니다. 이 시기에는 텔레비전 앞에 바짝 다가가 앉거나, 눈을 가늘게 뜨고 화면을 보거나 또는 좀 더 자기 의견을 표현할 줄 아는 아이들은 머리가 아프다거나 눈이 아프다고 하는 경우가 있습니다. 이럴 때는 바로 안과에 가서 검진을 받아야 합니다.

● 아이들에게 흔한 눈 질환

01_ 결막염

결막염은 말 그대로 결막에 염증이 생긴 것입니다. 결막은 눈의 흰자위와 위 눈꺼풀, 아래 눈꺼풀을 싸고 있는 일종의 보호막 같은 것입니다. 흰자위가 빨갛게 충혈되고 눈곱이 끼기 시작하면 금세 '결막염에 걸렸구나' 생각할 수 있습니다. 누구나 쉽게 진단을 내리곤 하는 결막염은 실제로 여러 가지 원인에 의해 생기고 또 치료가 달라질 수도 있습니다.

세균이나 바이러스 감염에 의한 결막염 – 바이러스 결막염은 유행 성향이 강합니다. 흔히 알려진 아폴로 눈병(급성 출혈 결막염)이나 아데노바이러스 감염에 의한 유행성 결막염은 전염성이 강하고, 결막 충혈이나 통증, 눈물, 이물감, 눈부심, 심한 눈곱과 같은 증상을 보입니다. 가족 중에 이런 바이러스 결막염에 걸린 사람이 있다면 수건이나 비누 등 세면도구를 따로 사용하도록 하고, 어린이집이나 학교는 전염성이 없어질 때까지 쉬도록 합니다. 바이러스성 결막염은 인후염과 같은 상기도 감염의 증상을 동반하기도 합니다.

세균성 결막염의 원인은 주로 소아의 호흡기 감염과 관계가 깊은 폐구균, 헤모필루스균, 사슬알균, 포도알균, 녹농균 등으로 알려져 있습니다.

알레르기에 의한 결막염 – 보통 알레르기 질환인 비염이나 천식, 아토피성 피부염과 같은 질환과 함께 나타납니다. 눈이 자주 가렵고, 눈물이 나고 충혈이 되기도 합니다. 간혹 흰자위가 심하게 붓기도 하는데, 너무 놀라 다급하게 병원을 찾는 경우도 종종 있습니다. 무엇보다 몹시 가려운 것이 특징이며, 주로 환절기나 야외에 나갔을 때, 대기 오염이 심할 때, 날씨가 너무 건조할 때 증상이 심해집니다.

예전에는 눈병은 쳐다보기만 해도 옮는다고 해서 눈병에 걸린 사람을 일부러 멀리하기도 했습니다. 실제로 쳐다보기만 해서 옮는 병은 없습니다. 그렇지만, 전염에 대한 지식이 부족하고 세면도구를 따로 사용한다든가 접촉을 막을 수 있는 뾰족한 방법이 없었던 당시로서는 전염병을 예방하기 위한 선인들의 지혜일 수도 있다는 생각이 들기도 합니다. 아무튼 눈병은 쳐다보는 것만으로는 옮지 않습니다.

결막염 Q&A

Q_ 눈곱이 심하게 끼어 있으면 식염수로 자주 씻어 주는 것이 좋은가요?

A_ 심하게 눈곱이 끼어서 도저히 눈을 뜰 수가 없다면 식염수를 흘려 주면서 어느 정도는 씻어 줄 수도 있습니다. 신생아 결막염의 하나인 임균성 결막염은 화농성 눈곱이 너무 심한 것이 특징인데, 이때는 식염수로 눈을 씻어 주지 않으면 눈곱을 감당할 수 없을 정도입니다. 하지만, 대부분의 결막염은 어느 정도 눈의 염증을 보호할 정도의 눈물과 눈곱이 생깁니다. 굳이 깨끗이 씻어 낼 필요는 없습니다. 더구나 오래된 식염수를 사용하는 것은 위험합니다.

Q_ 결막염에 걸린 것 같아서 전에 사두었던 안약을 넣어 주었는데 괜찮을까요?

A_ 안약은 함부로 사용하면 안 됩니다. 흔히 약국에서 구입할 수 있는 일반 안

약은 눈의 충혈을 가라앉히거나 건조함을 예방하는 데 사용하는 것들입니다. 잘못 사용했다가 오히려 눈에 해를 끼칠 수도 있습니다.

Q_ 안약은 어떻게 넣어 주는 것이 좋은가요?

A_ 안약을 사용할 때 주의해야 할 점들이 몇 가지 있습니다. 먼저 안약을 넣기 전에 손을 깨끗이 씻어야 합니다. 그리고 안약을 넣을 때는 약병의 끝이 속눈썹에 닿으면 안 됩니다. 균이 오염될 가능성이 있기 때문입니다. 특히 아이의 눈에 안약을 넣어 줄 때는 아기가 위를 보도록 하고 아래 눈꺼풀을 젖힌 뒤 안약을 떨어뜨려야 합니다. 눈이 작거나 아이가 스스로 위를 볼 수 없을 때는 양쪽 눈꺼풀을 다 벌려야만 아래 눈꺼풀에 안약을 넣기가 쉽습니다. 또한 다른 사람이 쓰던 안약을 함께 사용하면 안 됩니다.

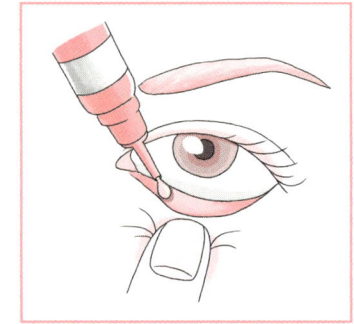

Q_ 결막염이 심해도 시력을 잃을 수가 있나요?

A_ 결막염은 대부분 회복이 되지만, 간혹 결막염이 심해서 각막에 염증이 생기면 시력에도 손상을 줄 수 있습니다.

Q_ 눈병에 걸리면 돼지고기나 닭고기는 먹으면 안 되나요?

A_ 이 질문은 제가 어릴 때도 자주 듣던 말입니다. 그러나 실제로 눈병과 돼지고기와 닭고기와의 연관성은 과학적으로 입증되지 않았습니다.

02_ 눈다래끼

눈다래끼는 속눈썹의 뿌리 부분에 있는 피지선에 염증이 생긴 것입니다. 옛 조상들은 눈다래끼가 났을 때 속눈썹을 뽑아서 이웃집 문지방에 붙여 두면 다른 사람한테 다래끼를 옮겨 주고 자신은 낫는다고 생각했습니다. 눈다래끼가 났다고 약 올리던 친구들을 골탕 먹이는 우리 조상들의 해학이 담겨 있는 속설입니다. 그런데 이 속설은 과학적으로 일리가 있습니다. 실제로 다래끼가 난 부위의 속눈썹을 뽑으면 그 아래 피지선의 고름이 나오면서 염증이 가라앉을 수 있습니다.

눈다래끼는 깨끗하지 않은 손으로 자주 눈을 비비는 아이들에게 잘 생깁니다. 보통 4~5일이 지나면 치료하지 않아도 시간이 지나면 곪아서 고름이 나오면서 좋아집니다. 하지만 상태에 따라 항생제나 안약을 처방받을 수도 있습니다. 그러나 간혹 심하게 부은 눈을 다래끼 때문인 줄 알고 그대로 두었다가 눈 전체가 퉁퉁 붓는 안와격막전봉소염을 놓칠 수도 있습니다.

03_ 산립종(콩다래끼)

눈꺼풀 아래 경계가 명확하고 동글동글하게 구슬 같은 것이 만져지는 콩다래끼는 그대로 두어도 시간이 지나면 저절로 흡수되기도 하지만, 그렇지 않을 때는 안과에서 긁어 내야 합니다. 통증이 없고 약간의 이물감을 느끼는 정도여서 쉽게 발견하지 못하는 경우도 있습니다. 소염제를 복용하는 것만으로도 치료되는 경우도 있습니다.

04_ 안와격막전봉소염

눈꺼풀 전체가 심하게 붓고 염증이 안와 안으로 번져 심한 경우 시신경 주위 조직까지 염증을 일으키는 병입니다. 자칫하면 시력을 잃을 수도 있어서 전문적인 치료를 받아야 합니다.

05_ 부안검(덧눈꺼풀)

속눈썹이 눈을 찌르는 병을 말합니다. 흔히 동양 사람에게 나타나는데, 속눈썹이 눈을 찌르게 되면 눈물을 많이 흘리거나, 햇빛을 잘 보지 못하고 눈곱이 자주 끼기도 합니다. 자라면서 좋아지기도 하지만, 각막을 자꾸 찌르면 각막이 손상될 수도 있어서 안과에서는 눈썹을 뽑아 주기도 합니다. 하지만 자꾸 재발하고 각막 손상이 심하다면 수술이 필요합니다.

06_ 안검하수(눈꺼풀 처짐)

간혹 위 눈꺼풀이 눈을 덮고 있는 경우가 있습니다. 선천적으로 위 눈꺼풀 올림근이 제대로 발달하지 못해 생기는 선천성 안검하수는 눈꺼풀이 시야를 가리면 시력 발달에 지장을 주어 약시가 되기도 합니다. 반면에 후천적으로 생기는 안검하수는 뇌출혈이나 뇌종양, 외상 등으로 위 눈꺼풀 올림근이 약해지거나 중증근무력증과 같이 서서히 근육의 힘이 약해지는 근육병의 초기 증상으로 나타나거나, 위 눈꺼풀 올림근을 지배하는 신경의 마비로 인해 생길 수 있습니다.

근무력증으로 생긴 안검하수는 약물 치료를 하기도 하지만 근본적인 치료를 하기는 어렵습니다. 또 뇌종양이나 뇌출혈과 같은 원인 질환이 있을 때는 원인 질환을 해결함으로써 안검하수를 치료할 수도 있습니다. 그러나 단지 미용이나 시력 발달의 장애만 문제가 된다면 정기적으로 안과 검진을 받으면서 적절한 시기에 교정 수술을 해줄 수도 있습니다.

진료실 이야기

<u>개원하고</u> 얼마 되지 않았을 때였습니다. 천식으로 고생하던 아이가 병원에 다니면서 많이 좋아졌다며 기뻐하시던 엄마가 어느 날 몹시 언짢아하며 저를 찾아왔습니다. 전날 분명히 아이의 눈이 부은 것 같으니 눈을 좀 봐 달라고 했는데 개원 초보였던 저는 잔뜩 긴장을 해서인지, 차분하게 아이의 눈을 살펴보지 않고 그냥 환자를 보내 버린 것입니다.

다음 날 아이의 눈이 너무 심하게 부어서 안과를 찾아갔는데, 안과 의사가 "왜 이제야 왔느냐? 눈이 이렇게 되도록 무엇을 했느냐?"면서 호통을 치더랍니다. 나름대로 믿었던 제게 실망한 엄마는 화가 많이 나셨지요. 미처 눈을 살펴보지 못했노라고 사과를 하긴 했지만, 그때의 실수는 이 후 제게 경각심을 잃지 않도록 붙잡아 주는 '경고등' 같은 역할을 하고 있습니다. 아마 그 아이는 안와격막전봉소염을 앓았던 것 같습니다.

햇빛 손상

6개월 된 아이에게 자외선 차단제를 발라 주어도 되나요?
자외선 차단제는 안전한가요?
자외선을 오래 받으면 망막이 손상될 수도 있나요?
어린이용 선글라스의 렌즈도 어두운 게 좋은가요?

아이들의 피부는 약해서 강한 햇빛에 오랜 시간 노출되면 쉽게 화상을 입을 수 있습니다. 6개월 미만의 아이들은 땀 분비선이 햇빛에 노출되면 쉽게 파괴되어 막히고 땀 분비가 적어져 열이 날 수도 있습니다. 또 햇빛에 예민한 아이들은 반드시 보호가 필요합니다. 태양 광선이 가장 강한 시간인 오전 10시에서 오후 4시 사이에는 가능한 아이들이 햇빛에 직접 노출되지 않도록 해야 합니다.

특히 눈이나 물, 모래는 태양 광선을 반사시켜 훨씬 더 강한 자극을 일으킵니다. 겨울철에 스키장에 가거나 여름에 해수욕을 즐길 때, 주의해야 하는 까닭이 이 때문입니다. 부득이 노출이 강한 시간에 외출을 하거나 야외 활동을 해야 한다면 가능한 소매가 긴 옷을 입고, 챙이 넓은 모자를 쓰도록 하세요. 또 아이들의 눈을 보호하기 위해 선글라스를 쓰는 것도 도움이 됩니다. 야외에서는 양산이나 모자 외에도 나무 그늘처럼 햇빛을 피할 수 있는 장소를 이용하는 것도 좋습니다.

❤ 자외선 차단제

최근까지도 여러 기준에 의해 6개월 이전아이들이 자외선 차단제를 바르는 것을 권장하지 않았습니다. 하지만 햇빛에 의한 손상이 자외선 차단제 부작용보다 더 심각하다는 것이 확인된 후에는 6개월 전이라도 얼굴이나 손등과 같은 노출이 많은 부분에 자외선 차단제를 발라 주도록 권하고 있습니다.

❤ 선스크린과 선블록

선블록은 자외선을 반사시켜 피부에 도달하지 못하게 하는 것이고, 선스크린 크림은 자외선을 흡수해 피부에 닿지 않게 합니다. 선블록은 자외선 A와 B(UVA, UVB)를 모두 차단해 주고, 피부에 바르면 흰색으로 나타납니다. 선스크린 크림은 피부에 바르면 거의 눈에 띄지 않지만 장시간 햇빛에 노출되면 분해되어 다시 피부에 발라 주어야 합니다.

보통 자외선 차단 지수(SPF: sun protection factor)를 확인해서 선택하는데, 최소한 SPF15 이상, 특히 SPF30이 가장 적당합니다. SPF30은 보통 선블록을 바르지 않은 피부에 비해 자외선 노출 시간이 30배 이상 길어져도 화상을 입지 않을 정도를 의미합니다. 외출할 때마다 반복해서 발라 주어야 하고, 외출 후 집에 돌아와서는 물로 깨끗이 씻어 피부에 잔류물이 남아 있지 않도록 해야 합니다. 선블록 크림을 발랐다고 해서 오랜 시간 야외에 있어도 안전하다고 생각해서는 안 됩니다.

최소한 외출하기 20~30분 전에 자외선 차단제를 발라 주는 것이 가장 효과적입니다. 하지만 무엇보다 중요한 것은 옷이나 모자, 챙이 달린 유모차나 선글라스로 자외선을 차단하는 것이 더 중요합니다.

♥ 자외선과 눈

자외선에 오랜 시간 노출되면 망막이 손상되어 백내장의 원인이 될 수 있습니다. 눈은 한번 손상되면 자연 재생이 안 되어 영구적으로 손상될 수 있습니다. 요즘은 환경오염이 심각해져 오존층이 파괴되어 자외선에 의한 피해도 커지고 있습니다. 특히 10세 이전 아이들의 눈은 수정체가 투명해서 자외선에 아주 민감합니다.

아이들이 외출할 때는 모자나 햇빛 가리개를 이용하는 것이 좋습니다. 그러나 가장 좋은 것은 선글라스를 쓰는 것입니다. 특히 오전 10시부터 오후 2시 사이에는 반드시 선글라스를 쓰는 습관을 만들어 주세요. 선글라스를 선택하는 것도 요령이 있습니다. 대부분의 선글라스는 UVB를 차단합니다. 그러나 UVA나 UV400을 99~100% 차단하는지를 확인해야 합니다. 또 렌즈가 너무 어두워서도 안 됩니다. 렌즈가 너무 어두우면 동공이 더 열려서 오히려 자외선으로 인해 수정체나 망막이 손상되기 쉽습니다.

요즘에는 어린이용 선글라스도 쉽게 구입할 수 있습니다. 아이들은 잘 떨어뜨리거나 부러뜨리기 쉽기 때문에 비싼 선글라스보다는 값싸고 가벼우면서 UVA를 차단해 주는 제품을 구입하는 것이 좋습니다.

특히, 6개월 미만의 아이들은 햇빛에 직접 노출되는 것을 피해야 합니다. 햇빛이 강하게 내리쬐는 시간대에 아이들의 눈이 직접 노출되지 않도록 해야 합니다

19 아이들에게 흔한 외상과 응급 상황

아이가 침대에서 떨어졌어요.
아이가 뜨거운 국물에 화상을 입었어요.
장난감을 가지고 놀다가 손을 크게 베었어요.
아이가 감기약 한 통을 전부 먹어 버렸어요.

❤ 머리 손상

방글방글 웃고 있는 아이를 안고 들어서는 엄마의 모습이 어딘지 모르게 불안하고 초조해 보일 때는 십중팔구 아이가 침대나 식탁 의자에서 떨어진 경우입니다.

"잠깐 뒤돌아본 사이에 '쾅' 소리가 나서 보니 아이가 그만 침대에서 거꾸로 떨어져 울고 있었어요. 안고 달래주니 금세 울음은 멈췄는데, 혹시 머리를 다치기라도 한 건 아닐까요?"

실제로 아이들이 높은 곳에서 떨어지는 일은 자주 일어납니다. 아이들이 몸을 가누기 시작하면 잠시도 가만히 있지 않기 때문입니다. 아이가 침대나 의자에서 떨어져도 응급 치료나 의학적 조치를 받는 경우는 오히려 드물답니다.

추락하기 전 아이의 상태가 양호했는지, 추락 한 뒤에도 바로 정상적인 행동이나 상태를 보였는지, 얼굴이나 머리에 찰과상은 없는지, 다른 곳은 다치지 않았는지 먼저 살펴보세요.

평소 경기를 하거나 발달 지연을 보이던 아이, 쉽게 멍이 드는 아이, 2세 미만의 너무 어린 아이, 학대를 받으며 자란 아이가 아니라면 대부분의 경우 추락으로 인한 머리 손상은 심각한 편이 아닙니다.

01_ 아이가 식탁에서 떨어졌어요. 처음에는 자지러지게 울었지만, 바로 괜찮아졌어요. 혹시 머리를 다친 것은 아닌가요?

보통 아이들이 머리를 부딪히거나 떨어져서 뇌진탕이 생겨도 10분이면 곧 울음을 그치고 아무 일도 없었다는 듯이 평소대로 행동합니다. 그런데 10분 이상 울음을 그치지 않고, 아이의 표정이 어딘지 불안해 보인다면 곧바로 병원에 가야 합니다.

보통 3세 미만의 영·유아들은 활동성이 두드러진 편이어서 조금만 부주의해도 부딪히고, 떨어지고, 넘어지는 등 사건 사고를 많이 일으킵니다. 그런데 놀라운 것은 이런 어린 아이들은 머리를 다치더라도 뇌를 감싸고 있는 두개골이 아직 성인처럼 단단하지 않아서 오히려 충격을 흡수해서 뇌를 보호하는 능력이 뛰어난 편입니다. 아이들의 발달 과정을 살펴보면 이런 두개골 성숙의 정도도 아이들 스스로 보호할 수 있도록 마련된 자연의 섭리인 것처럼 여겨지기도 합니다.

02_ 머리를 다치면 어떤 증상이 나타나나요?

머리에 심한 손상을 추측할 만한 증상들을 몇 가지 나열해 보겠습니다.

- 6개월 미만의 영아
- 잠깐이라도 의식을 잃은 경우
- 10분 이상 울음이 그치지 않을 때
- 구토를 계속할 때(보통 처음 2~3회의 구토는 가벼운 뇌진탕일 때 나타날 수 있음)
- 귀나 코에서 피가 흐르거나 맑은 액체가 흐를 때
- 귀 위쪽이 점점 빠르게 부어 오를 때
- 제대로 걷거나 말하지 못할 때
- 두 눈의 동공의 크기가 다를 때
- 두통이 점점 더 심해지거나 울음의 강도가 점점 더 심해질 때
- 목이 아프다고 할 때
- 경련을 할 때
- 다친 후 얼굴이 창백할 때

이와 같은 증상이 있으면 바로 병원에 가야 합니다. 특히 목이 아프다고 하거나, 머리를 잘 움직이지 못할 때는 가능한 목을 움직이지 않도록 주의하면서 아이를 병원으로 옮겨야 합니다. 이런 정도라면 119 구조대의 도움을 받는 것이 더 안전합니다.

03_ 머리를 다쳤을 때 어떤 검사를 받아야 하나요?

보통 머리 손상의 정도와 종류를 감별하기 위해서는 CT 촬영을 합니다. CT 검사는 통증이 없고, 두개골의 골절이나 두개골 안의 출혈, 뇌의 손상을 관찰할 수 있습니다. 그러나 단순 두개골 촬영만으로는 뇌출혈이나 뇌부종과 같은 손상을 확인할 수 없습니다.

다만, 아이가 대화가 가능하고 촬영이 진행되는 몇 분간 스스로 움직이지 않고 견딜 수 있는 정도라면 굳이 검사 전에 수면제를 먹여서 재울 필요는 없습니다. 그러나 대부분 3세 미만의 영·유아들은 잠깐의 촬영이라도 놀라거나 무서워하기 때문에 검사 전에 미리 수면제를 먹이고 재워야 합니다. 수면제를 먹이고 재운다고 하면 대부분의 부모님들은 그 순간 머리 손상에 대한 두려움에 앞서 수면제의 부작용이 걱정되어 고개를 절레절레 흔듭니다. 그러나 이런 검사는 어느 정도 규모가 갖추어진 병원에서만 가능하고, 항상 어떤 상황이라도 의료진의 도움을 받을 수 있기 때문에 지나치게 걱정할 필요는 없습니다.

04_ 병원에 가지 않고 집에 아이를 살펴볼 때 어떡해야 하나요?

보통 사고가 난 후 적어도 24시간 정도는 보호자가 아이의 곁을 지켜야 합니다. 아이들은 좀 더 시간이 지난 뒤에 증상이 나타나기도 해서 며칠 동안 주의 깊게 아이를 지켜볼 필요가 있습니다. 흔히 외래에서는 1주일에서 길게는 한 달을 지켜보자고 하는 경우도 있습니다. 처음에 아주 미세한 출혈이 있는 경우는 CT 촬영으로 발견하기 어렵고, 또 CT 소견이 정상이고 아이도 건강해 보이면 더 심도 있는 검사를 하지는 않습니다. 따라서 검사 소견이 정상이라도 적어도 하루에서 한 달까지 아이에게 이상 징후가 나타나는지 관찰해 볼 필요가 있습니다. 내출혈이 미세한 경우라도 보통은 24~48시간 내에 출혈이 진행하면서 새로운 증상이 나타날 수 있기 때문입니다.

05_ 흔들린 아이 증후군

제가 레지던트일 때 경험한 일입니다. 11개월 된 세준이는 입양을 기다리는 아이였어요. 세준이는 유난히 눈이 똘망똘망했어요. 그런데 어느 날부터 세준이의 눈망울이 점점 힘을 잃어 가기 시작했어요. 제법 병실 침대의 사이드 바를 잡고 걷던 아이가 갑자기 힘을 잃고 털석 주저 앉아 버리곤 했습니다. 그런데 더 놀라운 것은 그로부터 하루가 다르게 세준이의 눈동자가 위로 치솟고, 머리 둘레가 커져만 갔습니다. 결국 세준이는 '흔들린 아이 증후군'으로 밝혀졌습니다. 세준이가 언제 어떻게 학대를 당했는지는 아무도 몰랐습니다. 오히려 누군가 아이를 안고 흔들다가 우연히 생긴 사고였는지도 모릅니다. 갑자기 털썩 주저 앉는 행동은 '경련'을 의미합니다. 물론 여러 차례 수술을 받으면서 우여곡절을 겪긴 했지만, 세준이는 다행히 상태가 많이 좋아져서 미국의 한 가정으로 입양되어 잘 자라고 있다는 소식을 들었습니다.

세준이의 경우는 처음 사고의 시점을 알 수 없었기 때문에 좀 더 주의 깊게 관찰하지 못해 두개골 내 출혈이 심하게 진행되어서야 발견한 대표적인 예입니다. 두개골의 봉합선이 닫히지 않은 연령에서는 어느 정도 출혈이 생겨 진행이 되더라도 두개골이 벌어지면서 뇌를 누르지 않기 때문에 상당한 시간이 지나서야 뒤늦게 증상이 나타날 수 있습니다.

보통 봉합선이 닫히고 두개골이 단단해진 연령의 아이들은 처음 1~2일 이내에 증상이 나타납니다. 하지만 아직 두개골이 완전히 닫히지 않은 어린 연령에서는 다른 어떤 증상보다도 갑자기 머리가 커지기 때문에 구토나 경련, 심하게 보채는 전형적인 증상 외에도 머리 크기의 변화에 주의를 기울여야 합니다.

♥ 화상

화상은 85% 정도가 집에서 발생합니다. 담뱃불, 전기, 물이나 음식 등이 화상의 주요 원인입니다. 그러나 뭐니뭐니해도 아이들 화상의 대부분은 물이나 음식이 원인입니다. 한참 기어 다니기 시작한 아이부터 3세 전후의 아이들이 화상을 입을 위험이 아주 높습니다.

화상은 정도에 따라 1도 화상, 2도 화상, 3도 화상으로 나눕니다. 1도 화상은 피부의 바깥층에만 제한되어 있지만, 2도 화상은 피부의 깊은 부위인 진피까지 손상되어 물집이 생기고, 3도 화상은 표피와 진피가 파괴되고, 상처가 수축되고 변형되어 치료를 받더라도 흉터가 남고 피부 이식을 해야 합니다.

2도 화상과 3도 화상은 피부 표면에서 화상이 얼마만큼 차지하는가에 따라 화상 표면적을 산출해 치료의 방향을 결정합니다. 신생아는 몸 전체 표면적의 5분의 1이 머리이고, 10세는 약 11%, 성인은 약 7%가 됩니다. 그만큼 신체의 다른 부위보다 머리와 얼굴에 입은 화상은 상대적으로 광범위 화상에 해당됩니다.

01_ 화상을 입었을 때 응급 조치

먼저 심한 화상이라고 판단이 되면 바로 119에 연락해 병원에 가야 합니다. 물론 그 전에 집에서 먼저 취해야 할 조치들을 알아보겠습니다.

- 화상 부위를 식혀 주세요. 1~2도 정도의 화상은 흐르는 깨끗한 물로 몇 분 동안 씻어 줍니다. 생리식염수를 이용하는 것도 좋습니다. 물론 시원한 물로 씻어 주어야 합니다. 이런 과정을 통해 더 이상 화상이 진행하는 것도 막고, 통증도 줄여 주고, 화상 부위가 빨갛게 변하거나 붓지 않도록 해줄 수 있습니다. 3도 화상은 차가운 수건으로 화상 부위를 감싼 뒤 구조대를 기다리거나 병원으로 가야 합니다.
- 타버린 옷가지들을 벗겨 주세요. 아이를 똑바로 눕힌 뒤 옷을 벗기고 다

른 장신구가 있으면 함께 제거해 주세요. 가능하면 화상을 입은 부위가 위로 향하도록 고정해 주세요. 그러나 옷이나 장신구가 몸에 달라붙어 있으면 억지로 떼어 내지 말고 병원으로 가야 합니다. 억지로 제거하려다 자칫 손상 부위가 더 악화될 수 있습니다.

- 물집이 생겼다면 일부러 터뜨리지 말고 마른 거즈나 수건으로 화상 부위를 감싸주세요. 함부로 연고를 발라 주면 안 됩니다. 일부러 물집을 터뜨리고 연고를 발라 주면 오히려 세균 감염을 일으켜 화상으로 인한 손상을 더 악화시킬 수 있습니다. 필요한 조치는 의사에게 맡기도록 하세요.
- 아이가 체온을 잘 유지할 수 있도록 도와주세요.
- 수분을 충분히 섭취해야 합니다.
- 15% 이상의 광범위 화상이 의심될 때는 함부로 음식을 먹이지 마세요. 병원에서 조치를 지시할 때까지는 금식해야 합니다.
- 일반적인 화상 처치가 끝나면 아이의 안정과 영양에 신경을 써주세요. 더욱이 화상 부위가 넓고 심할수록 손상된 부위가 빨리 회복될 수 있게 단백질이 풍부한 식사를 할 수 있도록 해주세요.
- 스트레스를 많이 받고, 놀라서 불안해하는 아이들을 안정시켜 주세요.

02_ 집에서 화상 연고를 발라 주면 되나요?

최근 연구에 의하면, 화상 연고로 많이 사용하는 실버silver 제제들의 치료 효과에 대해 다소 회의적인 것 같습니다. 집에 비상약으로 구비해 둔 화상 연고만 믿고 병원에서 받을 수 있는 전문적인 치료를 놓친다면, 아이를 볼 때마다 미안한 마음이 들겠죠?

03_ 전기 화상

전기 화상은 아주 심각한 화상입니다. 전기는 순식간에 몸속까지 광범위하게 심한 화상을 일으킬 수 있어서 매우 위험합니다. 반드시 구조대와 의사의 도움을 받아 적절한 조치를 받아야 합니다. 모든 전기 화상, 얼굴, 손, 발, 성기나 관절 부분의 1도 이상의 화상은 최대한 빨리 의사에게 치료를 받아야 합니다.

04_ 화상을 입으면 소주로 상처를 씻어도 되나요?

화상을 입었을 때 소주로 씻으면 깨끗이 낫는다는 이야기를 듣기는 했습니다. 그렇지만 화상이 심할수록 식염수나 흐르는 깨끗한 물로 상처 부위를 씻어 주어야 합니다. 소주의 알코올 성분은 그 자체로도 화학적 화상의 원인이 될 수 있습니다. 가벼운 화상이라면 크게 문제가 안 될 수도 있지만, 화상의 정도가 심각할수록 알코올 성분으로 인한 손상이 오히려 상처를 더 악화시킬 수 있습니다.

피부의 창상

아이들에게 창상은 아주 흔합니다. 한참 혼자 걸어 다닐 수 있게 된 2~3세 아이들은 여기저기 부딪혀서 퍼렇게 멍든 자국이 사라질 새가 없습니다. 같은 부위를 반복해서 부딪히는 아이, 이마에 주먹만한 혹을 달고 있는 아이, 콧등, 광대뼈 부위, 눈 주위 등 창상을 입는 부위도 다양합니다.

창상은 형태에 따라 개방형 창상과 폐쇄형 창상이 있습니다. 개방형 창상에 비해 폐쇄형 창상은 손상된 부분이 외부로 노출되지 않아서 감염이나 외부 간섭의 영향을 받지 않고 자연스럽게 치유되는 장점이 있습니다.

창상의 종류도 다양하고 회복 과정도 다양해서 한마디로 설명하기는 어렵습니다. 먼저 창상의 유형과 원인을 파악해야 합니다.

먼저 멍이 들었을 때는 냉찜질이 효과적입니다. 몹시 아파하는 아이에게는 진통제를 조금 먹일 수도 있습니다. 하지만 멍든 부위가 너무 넓고, 통증이 심한 경우에는 병원을 찾는 것이 가장 좋습니다.

종이에 베이거나 잘린 상처는 먼저 상처 부위를 깨끗하게 씻어서 불순물이 상처에 남아 있지 않도록 합니다. 이때 식염수를 사용하는 것이 좋습니다. 피가 계속 나면 깨끗한 거즈로 출혈 부위를 압박해 줍니다. 출혈이 멈추면 항생제 연고를 발라 주고 다시 깨끗한 거즈로 감아 줍니다. 상처가 벌어진 경우에는 봉합을 해야 하기 때문에 지체하지 말고 병원을 찾도록 하세요. 가능한 상처가 생기고 6~8시간 이내에 봉합을 해야 합니다. 늦어도 24시간을 넘지 않도록 해주세요.

찔린 상처는 특히 주의가 필요합니다. 뾰족한 물체나 칼 등이 몸속 깊이 찔려 있을 때는 즉시 병원에 가야 합니다. 함부로 제거하면 급격한 출혈이나 응급 상황이 생길 수도 있으니까요.

창상의 회복은 물론 손상된 정도와 부위에 따라 다릅니다. 다행스럽게도 아이들은 어른에 비해 재생과 회복 능력이 빠르기 때문에 제때 치료하면 흉터가 남지 않습니다.

01_ 밴드의 사용

최근에는 붙이기만 하면 상처의 회복과 재생을 돕는 기능성 밴드들이 다양하게 나와 있습니다. 그렇지만 밴드를 구입할 때는 꼼꼼하게 살펴보아야 합니다. 왜냐하면 과거에 일부 밴드는 상처의 염증성 분비물들이 스며들어 굳어져 오히려 상처 부위에 밴드로 인한 이차적인 손상이 생기기도 했기 때문입니다.

그런데 최근에는 상처를 보호하고 회복될 때까지 안전하게 지켜주는 기능성 밴드들이 많이 나와 있습니다. 그러나 구입할 때 밴드의 성분을 꼼꼼하게 확인하고, 필요하면 약사나 의사에게 물어보는 것이 좋습니다.

02_ 소독약은 빨간 약?

예전에는 머어큐롬이라는 빨간 약이 상처 치료의 만병통치약처럼 여겨지곤 했습니다. 요즘은 병원에서나 사용할 것 같은 이름의 소독약들을 일반인들도 많이 사용하고 있지요. 특히 많이 알려진 이름은 포비돈 아이오다인과 알코올일 겁니다. 이들 두 소독약은 작용이 빠르지만 약간의 차이가 있습니다. 포비돈 아이오다인은 경우에 따라서는 상처 외적인 부분에 독성 작용을 일으킬 위험이 있어서 주의를 기울여야 합니다.

일반적으로 알코올은 60~90%가 가장 효과적인 것으로 인정받고 있습니다. 알코올의 장점은 빠르게 작용하고 잔여물을 남기지 않기 때문에 안전하게 보편적으로 사용할 수 있습니다.

 중독

5세 미만의 아이들이 중독에 노출되어 있다면 좀 이상하게 들릴 것입니다. 물론 의도적인 중독을 의미하는 것은 아닙니다. 약이나 세제, 화장품 등을 무조건 입으로 가져가는 아이들이 중독 증상으로 응급실을 찾아옵니다. 또 처방받은 약이 너무 맛이 있어서 몰래 한꺼번에 먹어 버리는 경우도 정말 흔하게 봅니다.

중독이 의심될 때는 가장 먼저 아이가 무엇을 먹었는지 확인해야 합니다. 종류와 양을 정확하게 알면 대처하기가 훨씬 쉬워지겠지요. 어떤 물질이든 중독이 의심되면 급히 병원으로 아이를 옮겨야 합니다. 중독이 의심되는 약물의 종류와 양, 시간의 경과를 침착하게 확인하고 의사에게 알려 주면 적절한 처치를 하는 데 많은 도움을 줄 수 있습니다. 눈이나 피부로 흡수된 독물이라면 가능한 빨리 물로 세척하거나 비눗물로 씻어 내야 합니다.

간혹 집에서 아이가 억지로 토해 내도록 손가락을 넣거나 함부로 물을 먹이는 것은 정말 위험합니다. 잘못하면 점막의 손상이나 오히려 독물의 흡수를 돕는 역효과를 초래할 수도 있으니 가급적 아이의 의식이나 호흡 등을 확인하면서 119에 연락해 병원으로 이송하는 것이 가장 안전한 방법입니다.

01_ 아이들이 흔히 실수로 먹는 약품들

아이들이 실수로 먹는 약품들에는 해열제, 소독제, 표백제, 제초제 등이 있습니다. 그리고 처방받아 복용 중인 약을 한꺼번에 다 먹기도 합니다.

한번은 알레르기 질환으로 고생하는 아이에게 자디텐시럽을 처방했을 때였습니다. 갑자기 아이 엄마가 다급하게 전화를 해서 아이가 시럽이 맛있다면서 홀짝홀짝 다 먹어 버렸다고 했습니다. 자디텐시럽은 과다 복용하면 부정맥을 일으키기도 합니다. 급하게 응급실을 찾았지만 다행히 아이는 큰 문제 없이 지나갔습니다.

또 한 번은 아이가 변비약을 한꺼번에 다 먹어서 급히 병원에 왔습니다. 물론 심한 설사와 복통을 앓고는 좋아지기는 했습니다. 그 밖에 아이들은 화장품이나 식기 세정제 등을 먹기도 합니다.

02_ 돌보는 법

- 우선은 가까운 응급 센터나 병원에 빨리 가야 합니다.
- 가능한 중독 물질을 빨리 제거해야 하지만, 집에서 함부로 구토 유발제를 먹인다거나 손가락을 넣어서 억지로 토하게 해서는 안 됩니다.
- 중독을 일으킨 약품이 무엇인지 확인하고, 가능하면 병원에 갈 때 가지고 가는 것이 좋습니다.
- 위험한 약품이나 용기들은 아이들의 손이 닿지 않는 곳에 보관하세요.
- 간혹 고의적으로 약물을 먹는 아이들이 있습니다. 이런 경우에는 아이들의 양육 환경이나 정서적인 문제, 학대, 또 최근에는 학교에서의 집단 왕따와 같은 위험 요인을 찾아 문제가 있다면 정신과 상담을 받아 치료해야 합니다.

사진으로 보는 여러 질환

● 신생아 질환

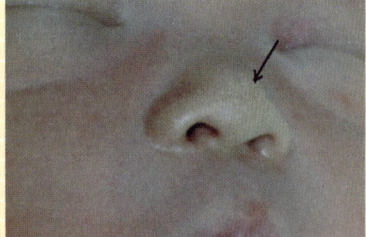
미립종

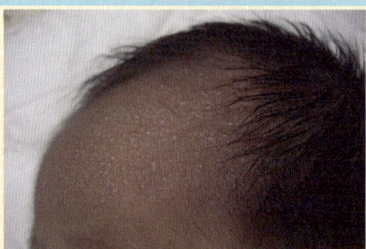
수정양땀띠

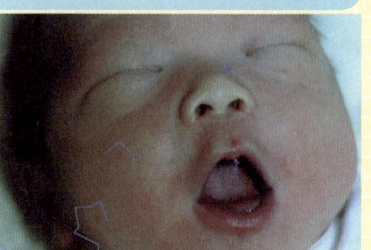
중독 홍반, 미립종, 구순결절

● 신생아 질환

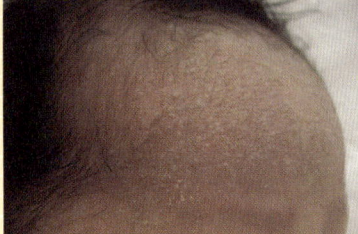
지루 피부염

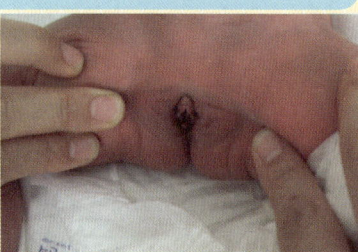
질의 혈성 분비물

● 예방접종

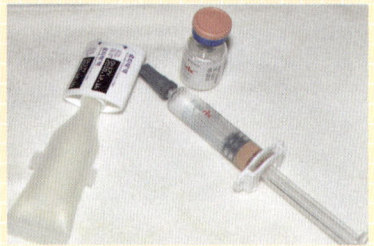
로타바이러스 백신

● 귀지 제거하기

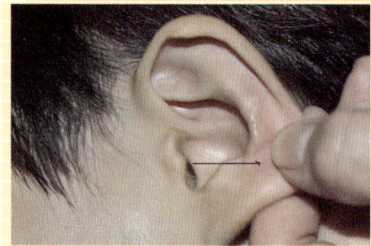
어린아이 귀 관찰할 때

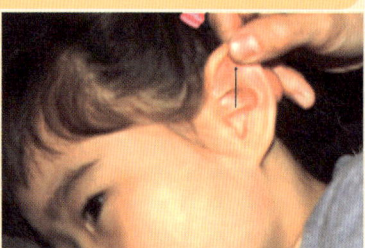
큰 아이 귀 관찰할 때

● 비뇨생식기 질환

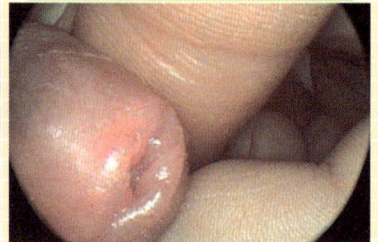
귀두포피염

● 비뇨생식기 질환

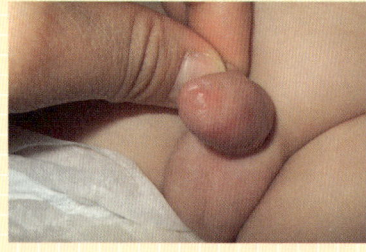
곤충에 물린 음경에 생긴 염증성 부종

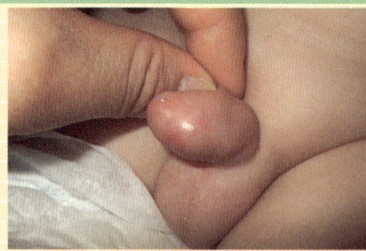
곤충에 물린 음경에 생긴 염증성 부종

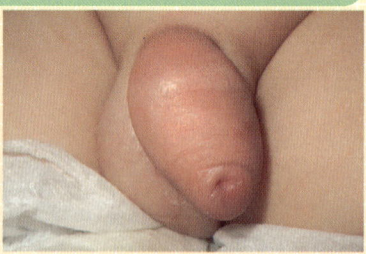
곤충에 물린 음경에 생긴 염증성 부종

비강 세척하는 법

변의 이상

점액성 묽은 변

변의 이상

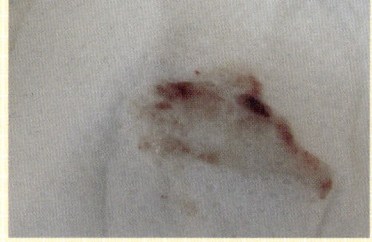

점액성 혈변

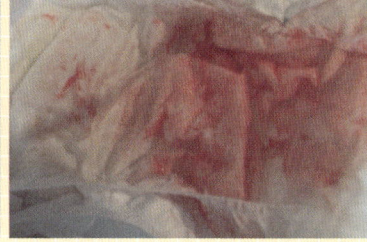

신생아 혈변

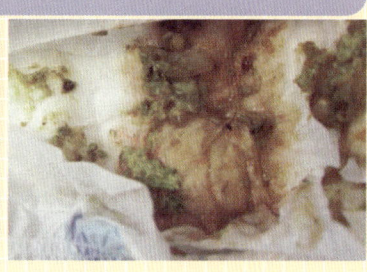

염증성 혈변

변의 이상

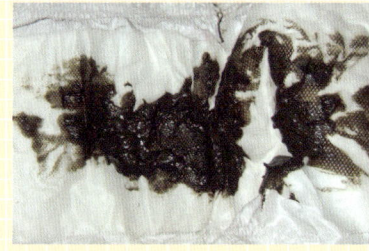

녹변

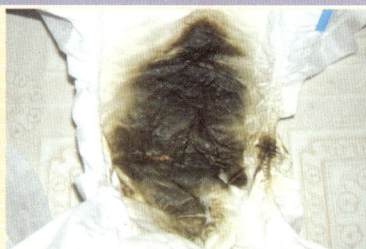

녹변

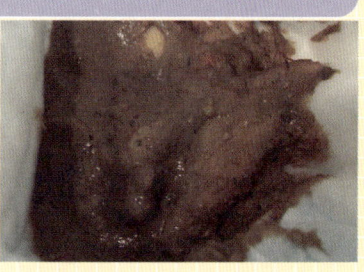

소화되지 않은 묽은 변

변의 이상

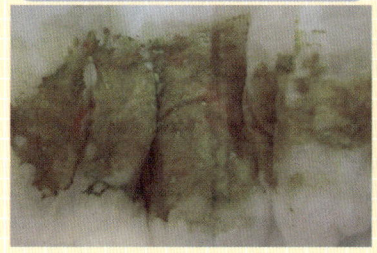

신생아 혈변(항문 열상이 있는 경우)

변비

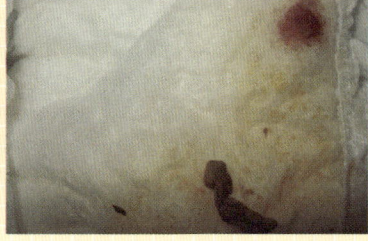

조약돌 같은 대변 덩어리와 항문 열상 때문에 묻어난 피

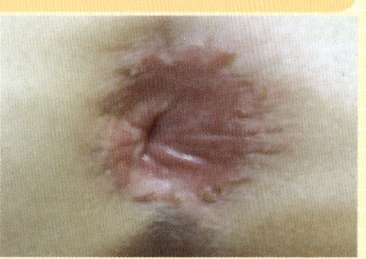

심한 변비로 비대해진 직장 점막의 일부가 드러난 모습

설사

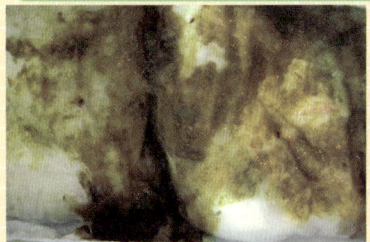
급성 장염에 의한 설사(소화되지 않은 찌꺼기 포함)

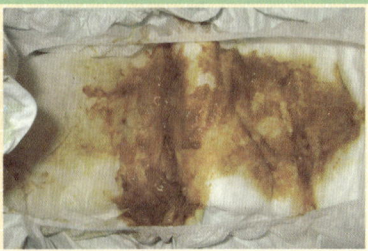
급성 장염에 의한 설사

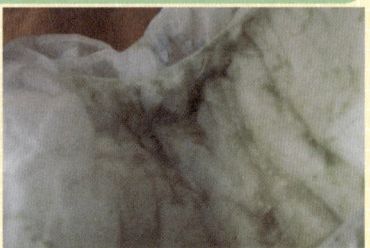
급성 수양성 설사(콜레라 또는 로타바이러스 장염에 걸렸을 때 흔히 보임)

설사

급성 장염에 의한 설사

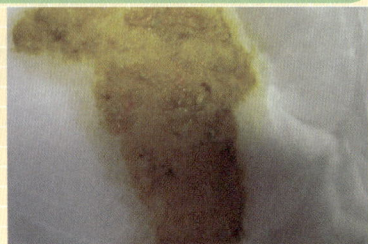
소화되지 않은 찌꺼기가 나온 묽은 변

감염성 습진

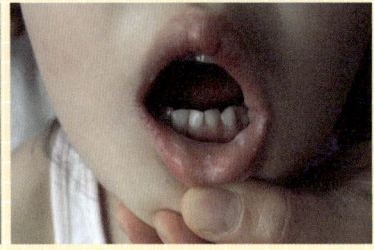
아구창

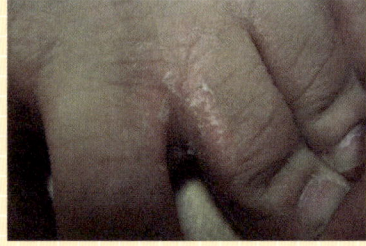
체부 백선

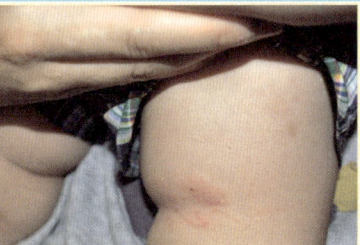
체부 백선(곰팡이 감염에 의한 습진)

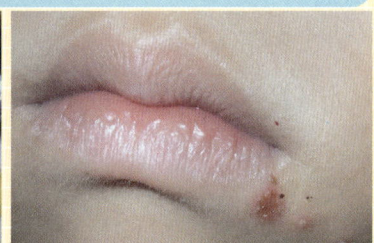
입 주위 헤르페스

감염성 습진

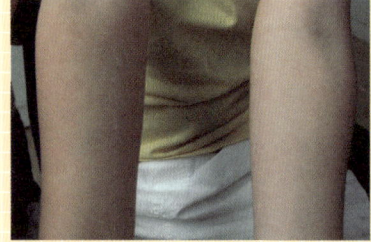
감염 홍반

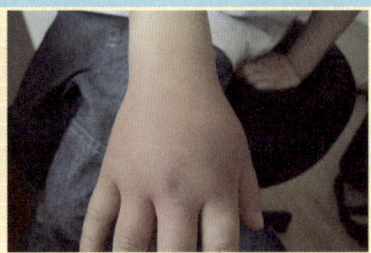
모기 물려서 심하게 부은 손

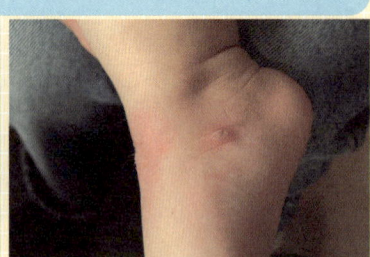
모기 물린 자리에 생긴 수포성 습진

● 감염성 습진

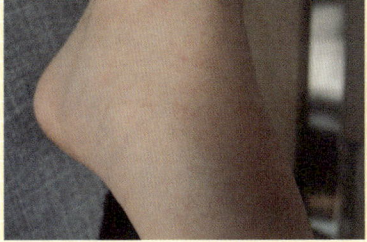
바이러스성 발진

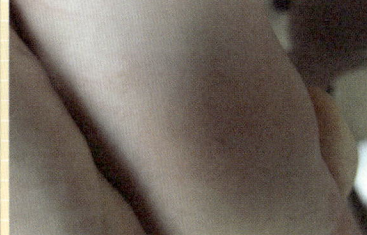
벌레 물린 자국

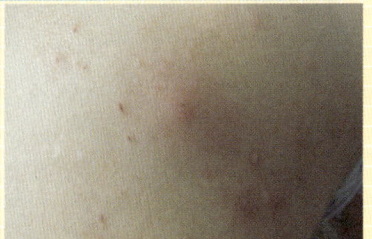
수두

● 감염성 습진

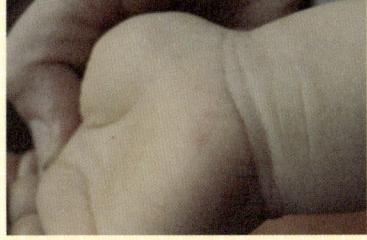
수두 접종을 받은 아이의 수두

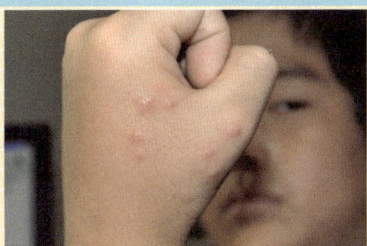
수두

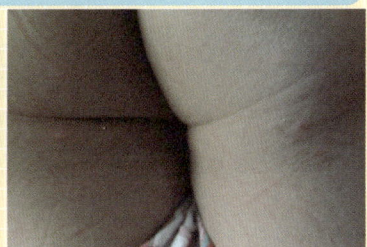
수족구(엉덩이 부위에 생긴 발진)

● 감염성 습진

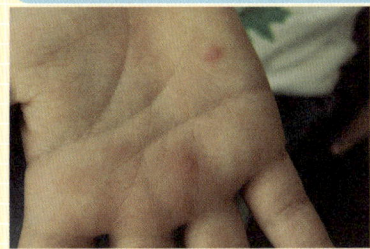
수족구

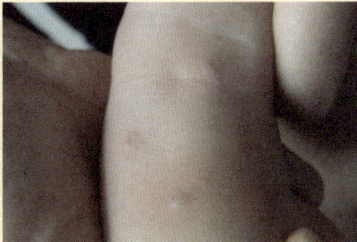
수족구

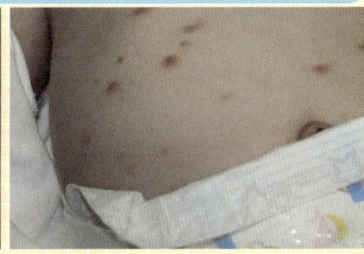
옴

● 감염성 습진　　　　　　　　　● 습진성 피부염

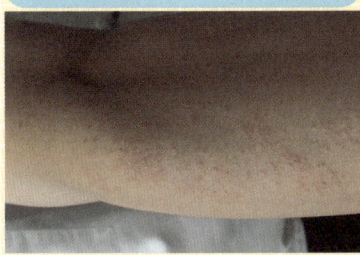
옴

농가진

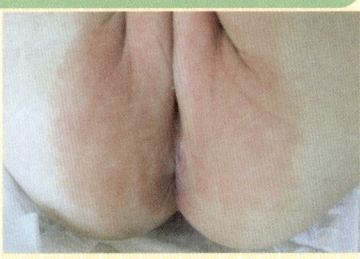
기저귀 발진

습진성 피부염

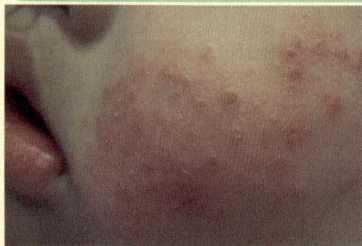
포진성 습진

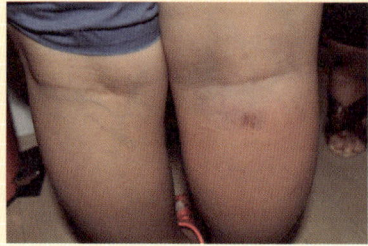
피부 감염(연조직염)

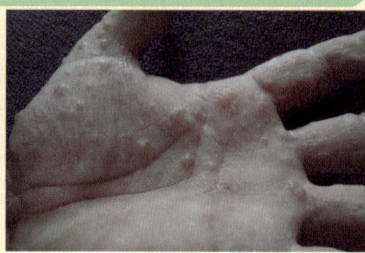
한포진

습진성 피부염

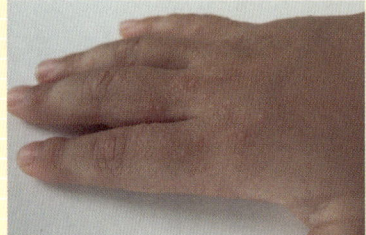
한포진

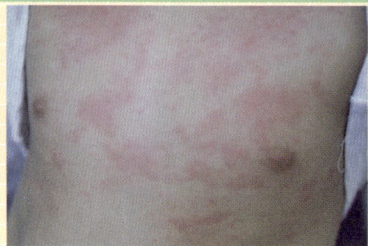
땀 흘린 후 생긴 두드러기

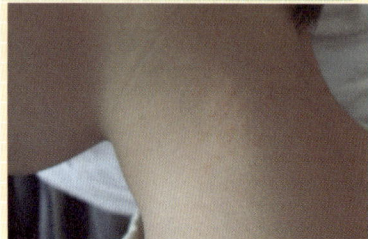
모공각화증

습진성 피부염

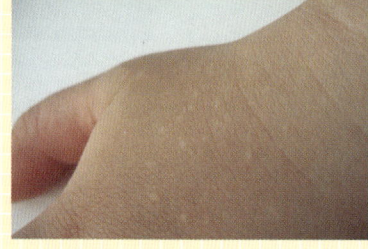
모공각화증

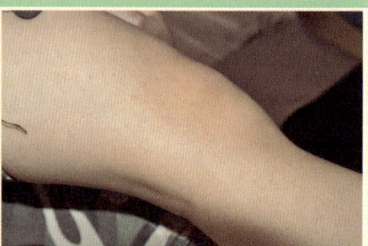
모공각화증

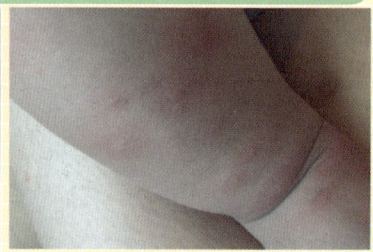
모기 물린 자리 두드러기

습진성 피부염

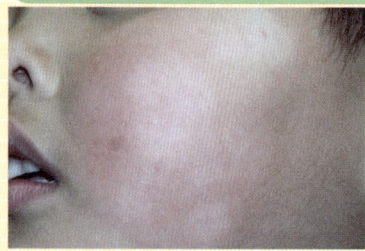
백색 잔비늘증

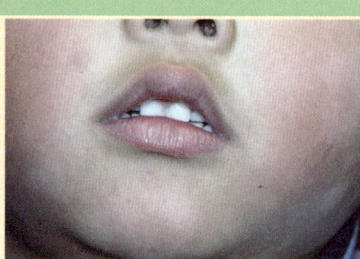
백색 잔비늘증

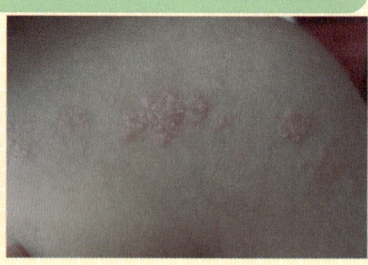
선상태선

● 습진성 피부염

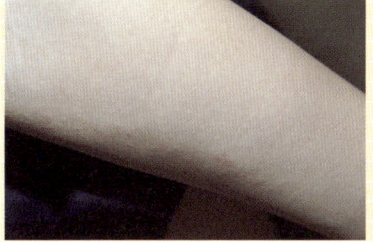
선상태선

선상태선

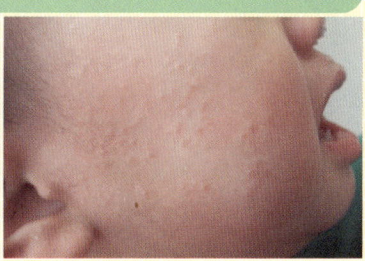
낭포성 구진 각화증

● 습진성 피부염

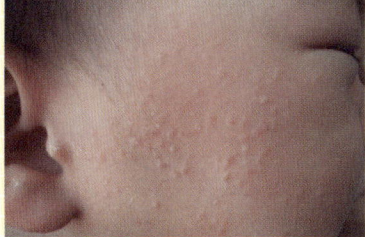
낭포성 구진 각화증

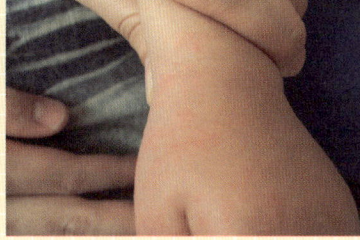
소매 아래 부분에 생긴 일광 화상

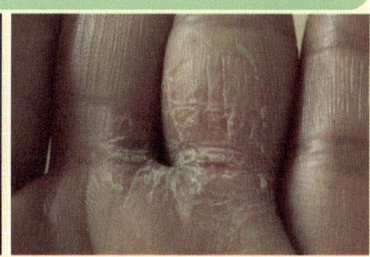
쓸림 부위 건선

● 습진성 피부염

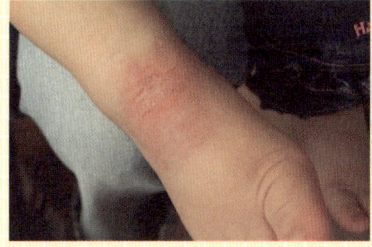
아토피 피부염

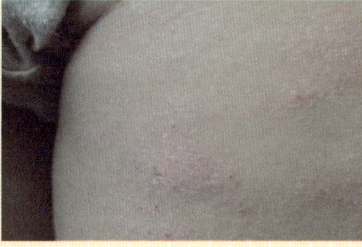
아토피 피부염

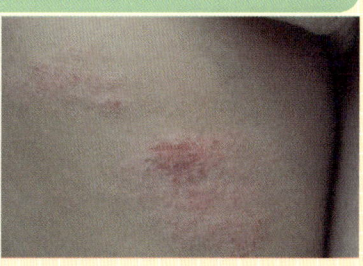
아토피 피부염

● 습진성 피부염

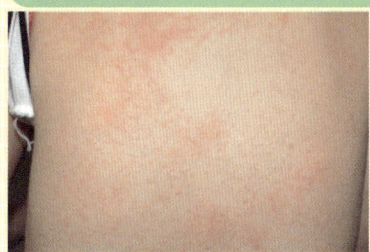
일광과 땀에 의한 알레르기

장미색 잔비늘증

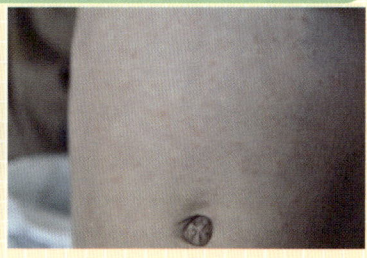
장미색 잔비늘증

이가서 아동문학
빨간우체통

문자와 기호로 바뀐 가슴 설레던 편지. 따뜻하고 정겨운 마음을,
꼭꼭 숨기고픈 나만의 비밀을 담아 전하던 그때 그 시절 한 그리움이 다른 그리움으로
새록새록 피어나면 빨간우체통 더욱 온몸을 붉힙니다.
호기심이 피우는 꽃 빨간우체통. 모든 이들에게 속 달게 다가가고자 합니다.
날과 씨로 만나서 하나의 꿈을 엮고자 합니다.

국내 최초로 발간되는 박목월 동화집
001_ 눈이 큰 아이
박목월 글 | 원혜영 그림 | 128쪽 | 8,900원

'순정, 순결의 시인' 이 그리는 별처럼 반짝이는 아이의 세계
002_ 산울림
윤동주 시 | 김점선 그림 | 박해석 엮음 | 112쪽 | 8,900원

강원도의 전설과 설화가 살아 숨쉬는 책!
003_ 접동새 이야기
오정희 글 | 원혜영 그림 | 116쪽 | 8,900원

머리에 꽃이 핀 사슴과 국어책 읽는 염소를 만나자!
004_ 참새네 칠판
강소천 시 外 | 강정선 그림 外 | 박덕규 편저 | 166쪽 | 8,900원

환경오염이 가장 싫어하는 것은 바로 사람들의 사랑이다!
005_ 초롱이가 꿈꾸는 나라
엄광용 동화 | 임옥상 그림 | 166쪽 | 8,900원

바다를 사랑하는 시인의 시가 바다를 사랑하는 아이들의 그림과 만났다
006_ 상어에게 말했어요
김명수 동시 | 해양경찰청 바다사랑 어린이 그림그리기 대회 수상 그림 | 180쪽 | 9,800원